the Belt and Road

一帶一路

機遇與挑戰

王義桅 著

中華書局

□ 責任編輯：熊玉霜
□ 封面設計：李婧琳
□ 排　版：時潔
□ 印　務：林佳年

一帶一路 —— 機遇與挑戰

□
編著
王義桅

□
出版
中華書局（香港）有限公司
香港北角英皇道 499 號北角工業大廈一樓 B
電話：（852）21372338　傳真：（852）27138202
電子郵件：info@chunghwabook.com.hk

□
發行
香港聯合書刊物流有限公司
香港新界大埔汀麗路 36 號
中華商務印刷大廈 3 字樓
電話：（852）21502100　傳真：（852）24073062
電子郵件：info@suplogistics.com.hk

□
印刷
美雅印刷製本有限公司
香港觀塘榮業街 6 號 海濱工業大廈 4 樓 A 室

□
版次
2016 年 3 月初版
2018 年 1 月第 3 次印刷
© 2016 2018 中華書局（香港）有限公司

□
規格
16 開（230mm×170mm）

□
ISBN：978-988-8366-40-8

本書繁體字版由人民出版社授權出版

目錄

前言：建設"一帶一路"，
融通中國夢與世界夢

中華民族偉大復興的中國夢通過什麼途徑來實現？中國崛起關鍵階段通過什麼偉大倡議以確立國際話語權？中華民族偉大復興對人類文明有何擔當？"絲綢之路經濟帶"與"21世紀海上絲綢之路"（簡稱"一帶一路"）的提出，就是對這些重大問題的切實回答。

為什麼這個時候提出"一帶一路"？為什麼是"絲綢之路經濟帶"而不是"新絲綢之路"？為何強調"21世紀"——它與歷史上的海上絲綢之路有何區別？"一帶一路"是中國的戰略還是偉大倡議？跟已有的地區合作框架、全球體系是什麼關係？"一帶一路"包含哪些國家和地區？為何選擇在哈薩克斯坦、印尼兩國提出"一帶"與"一路"？如何建設"一帶一路"？"一帶一路"面臨哪些機遇與風險？"一帶一路"預示着中國與世界的關係發生了怎樣的變化？需要多長時間建成？建成又對中國與世界帶來什麼樣的變化？

本書對這些根本性問題試圖作出系統回答。概言之，"一帶一路"是全方位對外開放的必然邏輯，也是文明復興的必然趨勢，還是包容性全球化的必然要求，標誌着中國從參與全球化到塑造全球化的態勢轉變。

從人類文明史和全球化格局看，"一帶一路"偉大倡議肩負三大擔當，具有"三五效應"：

（一）五千年未有之變局：推動傳統中華文明的轉型

"一帶一路"肩負推動中華文明轉型的歷史擔當。

作為文明型國家，中國正在經歷從內陸文明向海洋文明、從農耕文明向工業—信息文明、從地域性文明向全球性文明轉型。這是五千年未有之變局，正在開創人類古老文明復興與轉型並舉的奇跡。"一帶一路"戰略的提出，充分展示了中國在全球化時代的文明自信與文明自覺。

中華文明長期受制於北方威脅，局限於內陸。海防還是塞防，長期困惑中國的防禦佈局；走向海洋還是西進，也不斷在困擾中國的發展佈局。"一帶一路"明確中國同時從陸上和海上走出去，既發揮傳統陸上文明優勢，又推動海洋文明發展，使中國陸海文明協調發展，真正成為陸海兼備的文明型國家。

兩條絲綢之路首先是一個歐亞地區交通網絡：由鐵路、公路、航空、航海、油氣管道、輸電線路和通信網絡組成的綜合性立體互聯互通的交通網絡，將來還可在政策、交通、貿易、貨幣、民心等"五通"基礎上增加第六通——網通，建設網上絲綢之路，將會沿這些交通線路逐漸形成相關的產業集群，由此通過產業集聚和輻射效應形成建築業、冶金、能源、金融、通訊、信息、物流、旅遊等綜合發展的經濟走廊。因此，"一帶一路"是高技術之路，是以中國資本、技術換取歐亞大市場，推動中國製造成為國際標準，見證着中國從農耕文明到工業—信息文明的轉型。

"一帶一路"將中國十幾個省份與亞非拉廣大地區對接，並延伸到南太地區，將世界與中國互聯互通起來。隨着北極航線的開通，"一帶一路"重構了世界地緣政治、地緣經濟版圖，並推動中國企業包括軍工走出去，是中國提供給全球化的公共產品，標誌着中國從地域性文明向全球性文明轉型。

（二）五百年未有之變局：推動近代人類文明的創新

"一帶一路" 肩負推動人類文明創新的現實擔當。

首先是推動全球化向更加包容性方向發展。

傳統全球化由海而起，由海而生，沿海地區、海洋國家先發展起來，陸上國家、內地則較落後，形成巨大的貧富差距。傳統全球化由歐洲開闢，由美國發揚光大，形成國際秩序的 "西方中心論"，導致東方從屬於西方、農村從屬於城市、陸地從屬於海洋等一系列負面效應。如今，"一帶一路" 正在推動全球再平衡。"一帶一路" 鼓勵向西開放，帶動西部開發以及中亞、蒙古等內陸國家的開發，在國際社會推行全球化的包容性發展理念；同時，"一帶一路" 是中國主動向西推廣中國優質產能和比較優勢產業，將使沿線國家首先獲益，也改變了歷史上中亞等絲綢之路沿途地帶只是作為東西方貿易、文化交流的過道而成為發展 "窪地" 的面貌。這就超越了歐洲人所開創的全球化造成的貧富差距、地區發展不平衡，推動建立持久和平、普遍安全、共同繁榮的和諧世界。

其次是推動歐亞大陸回歸人類文明中心。

東西方兩大文明經過歷史上的絲綢之路聯繫在一起，直至奧斯曼土耳其帝國崛起切斷絲綢之路（史稱 "奧斯曼之牆"），歐洲才被迫走向海洋，而歐洲走向海洋也得益於中國的指南針、火藥等四大發明經過阿拉伯傳到歐洲。歐洲走向海洋，以殖民化方式開啟全球化，這繼阿拉伯人開闢海運之後，進一步加速了絲綢之路的衰落，東方文明走向封閉保守，進入所謂的近代西方中心世界。直至美國崛起，西方中心從歐洲轉到美國，歐洲衰落，歷經歐洲一體化而無法根本上挽回頹勢。如今，歐洲迎來了重返世界中心地位的歷史性機遇，這就是歐亞大陸的復興。歐亞大陸被英國地緣政治學家麥金德譽為 "世界島"，其一體化建設將產生布熱津斯基《大棋局》一書所說的讓美國回歸 "孤島" 的戰略效應和讓亞歐大陸重回人類文明中心的地緣效應，重塑全球地緣政治及全球化版圖。歐盟的互聯互通計劃[1] 與中國的 "一帶一路" 對接，以政策、貿易、交通、貨幣、民心這 "五通" 對接和平、增長、改革、文明這中歐 "四大伙伴" 關係，讓歐亞大陸回歸人類文明中心，並輻射至非洲大陸。

再次是創新人類文明，實現全球再平衡。全球化是歐洲人開啟的，美國又後來居上，迄今世界的海上物流主要在跨大西洋、跨太平洋之間，如圖 1 所示。

"一帶一路" 在太平洋與大西洋之間搭起了兩條經濟帶，讓世界更均衡發展，推動內陸文明的復興、海上文明與內陸文明的對接。

"絲綢之路" 不僅是歐亞大陸貿易通道，也是歐亞文明交流的紐帶。"絲綢之路經濟帶" 不僅在全球化時代繼承了古老貿易與文明通道，更開啟陸上全球化以對沖海上全球化風險，開啟文明交流互鑒以實現歐亞大陸的和平與繁榮，並以經濟建設、政治建設、文化建設、社會建設、生態文明建設 "五位一體" 的理念開啟可持續發展的人類新文明。"經濟帶" 概念就是對地區經濟合

1　歐盟也提出歐洲新絲綢之路計劃，目標是建立從里斯本到符拉迪沃斯托克的自貿區，讓伙伴國不必 "在莫斯科和布魯塞爾之間作出選擇"，這就為中歐洲際合作提供了對接的可能。

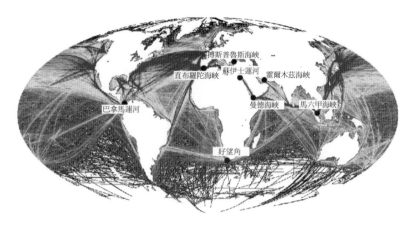

博斯普魯斯海峽
蘇伊士運河
直布羅陀海峽　　　　　霍爾木茲海峽
曼德海峽　　　馬六甲海峽
巴拿馬運河
好望角

圖 1　世界海上物流圖[1]

作模式的創新，其中經濟走廊——中俄蒙經濟走廊、新歐亞大陸橋、中國—中亞經濟走廊、孟中印緬經濟走廊、中國—中南半島經濟走廊、海上經濟走廊等，以經濟增長極輻射周邊，超越了傳統發展經濟學理論。中國是世界最大貿易國家，卻奉行不結盟政策，提出與作為海上霸主的美國建設新型大國關係。這就要求中國提出 21 世紀海洋合作新理念，創新航運、物流、安全合作模式，通過特許經營權、共建共用港口等方式，推進海上與陸上絲路對接。"21 世紀海上絲綢之路"貴在"21 世紀"：表明中國既不走西方列強走向海洋擴張、衝突、殖民的老路，也不走與美國海洋霸權對抗的邪路，而是尋求有效規避傳統全球化風險，開創人海合一、和諧共生、可持續發展的新型海洋文明。

1　　參見 National Center for Ecological Analysis and Synthesis, https://www.neptune.nceas.ucsb.edu/cumimpacts2008/impacts/transformed/jpg/shipping.jpg（accessed 29 July 2014）。

（三）五十年未有之變局：推動中國夢的實現

"一帶一路" 肩負着實現中國夢的未來擔當。

"一帶一路" 與 "兩個一百年" 的中國夢契合。實現中華民族偉大復興的中國夢提出後，需要實現的可行路徑和路線圖。"一帶一路" 承載了這一重託，2021 年是首期工程，2049 年基本建成。

"一帶一路" 視野下的中國夢，尤其體現在以下三方面：

一是中國從融入到塑造全球化，從向世界開放到世界向中國開放的態勢轉變。近五十年來，中國 60 多年確立了獨立自主的和平發展道路，但是中國始終不是世界潮流的開啟者。五十年前，兩個拳頭打人，奠定中國特色社會主義的底氣；改革開放後讓西方帶我們玩；現在是我們帶亞歐非玩。兩條 "絲綢之路" 的提出，標誌着中國對外開放戰略翻開了歷史的新篇章。從開放的內涵上來講："引進來" 轉向 "走出去"，引進來和走出去更好結合，培育參與和引領國際經濟合作競爭新優勢，以開放促改革；從開放的廣度上來講：為發展中國西部地區，實施向西、向南開放的戰略，形成全方位開放新格局；從開放的深度上來講，順應世界區域經濟一體化發展趨勢，以周邊為基礎加快實施自由貿易區戰略，實現商品、資本和勞動力的自由流動。中國最大的安全戰略迴旋空間在西部，西部也是中國平衡發展、可持續發展的關鍵。"一帶一路" 超越了西部大開發，將中國內部市場一體化提升為歐亞大市場建設。

二是中國塑造歐亞一體化，鞏固大周邊依託。"一帶一路" 構成的互聯互通將把作為世界經濟引擎的亞太地區與世界最大經濟體的歐盟聯繫起來，給歐亞大陸帶來新的空間和機會，並形成東亞、西亞和南亞經濟輻射區。推進貿易投資便利化，深化經濟技術合作，建立自由貿易區，最終形成歐亞大市場。對域內貿易和生產要素進行優化配置，促進區域經濟一體化，實現區域經濟和社會同步發展。近年來，歐盟提出從里斯本到符拉迪沃斯托克的歐亞一體化戰略構想。俄羅斯也提出歐亞經濟聯盟戰略。"一帶一路" 比這些更大、更切實、更包容，有效破解美國試圖通過 TPP（跨太平洋戰略經濟伙伴關係協定）、TTIP（跨大西洋貿易與投資伙伴關係協定）等更高標準全球化排斥中國的企圖。中國在設置議程、機制和理念，不再是搭美國主導的國際體系（如WTO）"便車"，而是讓亞非歐搭中國 "便車"、"快車"。"一帶一路" 還是中國經營大周邊的戰略舉措。歷史上，大國崛起無不是先立足周邊，後輻射世界的。周邊是中國安身立命之所、發展繁榮之基。"一帶一路" 以歷史上的文明共同體理念為基礎，按照經營全球化、歐亞一體化的戰略佈局，打造中國大周邊的利益共同體、責任共同體、安全共同體，最終建設命運共同體，必將極大提升中國國際影響力和軟實力。

三是重塑中國全球化戰略的比較優勢，全面提升中國競爭力。"一帶一路" 是中國在全球分工體系中通過全方位開放塑造新的比較優勢。在新一輪全球化競爭中，中國從全球產業鏈低端向高端邁進，比較優勢也從勞動—資源密集向技術—資本密集升級。"一帶一路" 就是中國從全球產業鏈高端向低端轉移優質產能的過程，將中國以互聯互通為基礎的相關行業人力、物力、財力、經驗、標準的全方位比較優勢充分發揮，全面提升中國在技術、資本、標準等領域的國際競爭力。

古代海陸絲綢之路曾是中國聯繫東西方的 "國道"，是中國、印度、希臘三種主要文化交匯的橋樑；今天，絲綢之路重煥活力，成為新形勢下中國對外開放重要戰略佈局。"一帶一路" 沿線包括中亞、東盟、南亞、中東歐、西亞、北非等 65 個國家，44 億人口，經濟容量約為 21 萬億美元，分別佔全球的 63% 和 29%。[1]2013 年中國與"一帶一路"沿線國家的貿易額超過 1 萬億美元，佔中國外貿總額的四分之一，過去 10 年中國與沿線國家的貿易額年均增長為 19%，較同期中國外貿額的年均增速高出 4 個百分點。今後還有更大增長空間。正在制定的"十三五"規劃中，中國將進口 10 萬億美元的商品，對外投資超過 5000 億美元，出境遊客約 5 億人次，中國的周邊國家以及絲綢之路沿線國家將率先受益。正如習近平主席所言，"一帶一路"是中國騰飛的兩隻翅膀，也是亞洲騰飛的兩隻翅膀。"一帶一路"強調共商、共建、共用原則，強調開放、包容理念——一是與當地已有合作架構的相容，儘量不另起爐灶；二是與域外力量的包容，不是排擠俄美歐日等域外勢力，強調其國際合作的公共精神與公共產品屬性，而非中國單方面的戰略。這就在踐行"中國夢是與世界各國人民追求美好生活的夢想相通"的理念。斯里蘭卡夢、俄羅斯復興夢、印尼海洋強國夢、蒙古夢等與絲路夢對接，充分將中國機遇變成世界機遇，將世界機遇變成中國機遇。"一帶一路"將沿途國家、地區與中國戰略合作伙伴做實，也是將全球伙伴網絡接地氣，為此中國可擇機提出包容、開放、可持續的"絲路安全觀"，向國內外派宣講團，闡釋其意圖、策略及給當地帶來的好處，強調聯合國開發計劃署（UNDP）的前期貢獻，將"一帶一路"納入聯合國 2015 年後可持續發展議程，踐行中共十八大報告提出的"五位一體"理念，建設綠色絲綢之路。

1　"一帶一路"是開放的，不限於 65 個國家。

　　“一帶一路”不是一個實體和機制，而是合作發展的理念和倡議，是依靠中國與有關國家既有的雙多邊機制，借助既有的、行之有效的區域合作平台，旨在借用古代“絲綢之路”的歷史符號，高舉和平發展的旗幟，主動地發展與沿線國家的經濟合作伙伴關係，共同打造政治互信、經濟融合、文化包容的利益共同體、命運共同體和責任共同體。

　　當然，“一帶一路”大戰略不是孤立的，也不是中國大戰略的全部，它立足於中國國內的全面深化改革和全方位開放（四個自貿區、長江經濟帶、京津冀一體化），與亞太自貿區（FTAAP）構成中國的“一體兩翼”大戰略，共圓中國夢。

　　總之，“一帶一路”既有實現中國夢的路徑選擇，又有大國崛起話語權和比較優勢的戰略規劃，還肩負中國讓世界更美好的人類擔當。世界日益增長的需要與落後的全球化供給之間的矛盾，就是中國發展和“一帶一路”建設的動力。“一帶一路”是新的長征，是中國在沿途國家的宣言書、宣傳隊、播種機，將中國與有關國家的合作與友誼拓展與深化，極大提升中國製造、中國營造、中國規劃的能力與信譽，提升中國威望。五千年、五百年及五十年未有之變局，是“一帶一路”大戰略的“三五效應”，或曰三個“五”效應，每個“五”又含三個“三”，三三得九，九九歸一——“一帶一路”以“絲路夢”成就中國夢，助推世界夢。依此理念，傳播絲路文化、講好絲路故事、闡明絲路精神，是絲路公共外交的努力方向。

一、"一帶一路"的歷史超越

　　"絲綢之路經濟帶"與"21世紀海上絲綢之路"（簡稱"一帶一路"）成為21世紀聯繫亞非歐的政策、貿易、設施、資金、人心通暢的跨地區合作模式，它既超越古代絲綢之路，也超越美國在戰後初期推行的"馬歇爾計劃"，具有21世紀融通中國夢與世界夢的未來擔當。

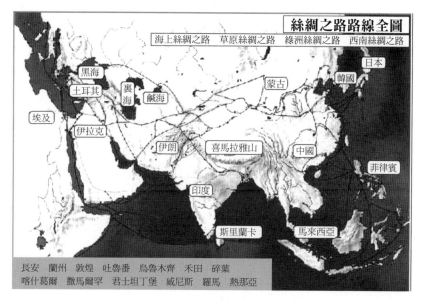

圖 2　古代絲綢之路全線圖

　　"無數鈴聲遙過磧，應馱白練到安西"，在唐代詩人張籍的筆下，千年之前古絲綢之路的盛況可見一斑。一條絲綢之路，撐起了漢唐的盛世榮耀，絲綢、茶葉、陶瓷不斷出口，世界為之陶醉。在張騫開闢絲綢之路後，逐步形成陸上絲綢之路與海上絲綢之路兩種運輸方式，其中陸上絲綢之路又分為北線與南線。"具體而言有西漢張騫出使西域的官方通道'西北絲綢之路'；有北向蒙古高原，在西行天山北麓進入中亞的'草原絲綢之路'；還有從中國南海出發，穿過南海，進入太平洋、印度洋、波斯灣，遠及非洲、歐洲的海上絲綢之路。"[1]1913 年，法國漢學家愛德華·沙畹首先提出了"海上絲綢之路"的概念，他在其所著的《西突厥史料》中提出："絲路有陸、

1　袁新濤：《"一帶一路"建設的國家戰略分析》，《理論月刊》2014 年第 11 期。

海兩道。北道出康居，南道為通印度諸港之海道。"

　　古代海上絲綢之路的歷史可追溯到兩千多年前。它經歷了漢武帝開闢經東南亞至印度的海上通道、唐朝把對外貿易重心從陸路轉向海路，以及宋元時期鼓勵阿拉伯商人來廣州與泉州等地貿易，遂從原先僅從廣州經東南亞至南印度，發展到越過印度洋、進入波斯灣至阿拉伯沿岸一帶。到了明代中葉，隨着歐洲殖民者的東來，以及明朝在福建漳州月港部分開放海禁，准許私人海外貿易船出海貿易。尤其是西班牙殖民者為維持在菲律賓的殖民統治，開闢了從馬尼拉至墨西哥阿卡普爾科的大帆船貿易航線，把中國商船載運到馬尼拉的中國生絲和絲織品經太平洋轉運到美洲大陸，然後又經大西洋再運到歐洲各地。這使中國古代海上絲綢之路發生了巨大變遷，即從區域貿易航線發展成為聯繫東西方的全球貿易航線。

　　絲綢之路是友誼與財富之路，交流與共榮之路，商賈絡繹不絕，不同文明得以再次碰撞交融，相容並包的理念伴隨着絲綢之路的興盛，綿延至今並被賦予新的時代內涵。

　　古代陸上絲綢之路與海上絲綢之路，在今天要交匯了，這不再是絲綢之路 —— 因為中國不再只是絲綢之國，絲綢不再能代表"中國製造"了，而是以高速公路、高速鐵路、油氣管道、電網、海上通道等代表的互聯互通。

　　德國地理學家李希霍芬大概沒有想到，他1877年命名的"絲綢之路"會在21世紀復活，重塑世界政治經濟格局。其實，"絲綢之路"只是對兩千年來東西方貿易、文化交流的統稱。首先，它不是一條路，而是絲綢、茶葉、草原、瓷器、香料之路的統稱；其次，絲綢並非東西方貿易的主要動力 —— 只是因為絲綢乃中國特產，且為羅馬帝國貴族喜愛，故以其命名，這也反映出絲路運輸成本高且風險大，只有運送輕柔易帶且貴如黃金的絲綢才合算；歐洲人對東方的首要需求其實是香料,這一點從"奧斯曼之牆"切斷絲綢之路後歐洲人被迫走向海洋的動機就得到證實,葡萄牙人達‧伽馬環球航行到達美洲,但誤將美洲當作印度,因為印度是生產香料的國度,是歐洲人海上冒險的目的地。後來,對黃金和其他財富的攫取,成為西班牙、荷蘭等歐洲殖民者的動力。

什麼原因讓絲綢之路在今天得以復活?今天的絲綢之路與歷史上的又有何區別與聯繫?

(一)古代絲綢之路的形成與發展

在張騫出使西域以前,西方世界就早已有中國向其出口絲綢的記載。例如,公元前三世紀左右,古羅馬地理學家已經稱中國為"賽里斯國","賽里斯"在希臘語中同"蠶"、"蠶絲"的意思密切相關。在西方世界看來,中國乃以絲立國,以絲強國。可見,在漢武帝真正將絲綢之路官方化的百年前,中國的絲綢早已傳至西方,成為當時諸國了解中國的重要媒介,這為張騫的"鑿空之旅"奠定了基礎。

西漢時期,北方匈奴力量強大,張騫奉命出行"大月氏",以求聯合共壓匈奴之威。西行途中,張騫被匈奴扣押達數十年之久,最終達到"大月氏"所在領地,在其地傳播漢族文化,汲取西域諸國營養,成功架起東西方溝通之路。新莽政權時期,絲綢之路由於政權更迭、國內矛盾突出未能獲得發展,趨於停滯。東漢政權建立之後,班超重走故人之路,再開西域,並將其範圍延伸到了地中海附近,二次"鑿空",進一步促進了東西方之間的物質文化交流。

圖 3　13 世紀的絲綢之路

　　"壯志西行追古蹤，孤煙大漠夕陽中；駝鈴古道絲綢路，胡馬猶聞唐漢風。"千年之後的今日，我們依舊可以從詩人的描寫之中感知到當時的盛況。

　　隋唐期間，絲綢之路真正地發揮了其獨特的作用，為中西方帶來了空前的繁榮。中國的茶業、絲綢、陶瓷不斷出口，西方香料、科技也不斷湧入，在唐都城長安，胡商絡繹不絕，太宗被尊稱為"天可汗"，受各國擁戴。唐"安史之亂"後，陸上絲綢之路逐漸受阻，海上絲綢之路漸趨興盛。兩宋時期，由於北方陸上絲路通道長期為遼、金、西夏王朝控制，因此北宋時陸上絲路開展受阻。南宋時期，偏安一隅，借助臨安有利形勢，發展海運事業，海上絲綢之路不斷興盛，逐漸地取代了傳統陸上絲綢之路的主導地位，成為溝通東西方的有效形式。明朝初年，海上絲綢之路的發展達到鼎盛，廣州、泉州、杭州等成為重要港口，但因朱元璋的"海禁政策"而漸趨衰弱。

　　縱觀歷史上絲綢之路的發展軌跡，在其千年的演變之間，儘管沉浮多變，但綿延不衰，對中西方作出了巨大的歷史貢獻。首先，繁榮了中西方的貿易和商業往來。千餘里的絲路上，商賈來往不斷，駝鈴陣陣，繁華相望於道。在貿易過程中，各類奇貨數見不鮮，在相互交換的過程中極大地推動了中西方物質的繁榮，推動了財富網、資源網以及人員網的流動。其次，促進了沿線各民族之間的穩定。由於各民族之間經貿往來頻繁，同時伴隨着文化交流所帶來的相互理解，各族之間沒有爆發較大規模的衝突戰爭。同時，絲路上各民族之間也呈現出融合的趨勢，各族獲得不同程度的發展進步。最後，絲綢之路不僅僅是一條經貿之路，更是一條文化之路，各類文明匯聚此道，以其包容開放的精神，發展了世界文化的多樣性，搭建了世界文化溝通交流的平台。尤其需要指出的是，佛教就是借由絲綢之路，經印度傳至西域，後到達中原地區，並在中國廣泛傳播。其他各類教派，如景教、拜火教、摩尼教等也先後傳入，對塑造中國民眾的宗教認同，提升自身精神境界，維護社會穩定意義重大。了解中國古代絲綢之路的發展脈絡，有利於從宏觀上把握當今"一帶一路"建設同古代絲路的聯繫，從而更加全面地了解兩者之間的聯繫和異同。

（二）"一帶一路"對古代絲綢之路的超越

1. 什麼是"一帶一路"？

　　2013 年 9 月，中國國家主席習近平訪問哈薩克斯坦，在哈薩克斯坦納扎爾巴耶夫大學發表了題為《弘揚人民友誼　共創美好未來》

重要演講。在演講中，習近平指出："為了使我們歐亞各國經濟聯繫更加緊密、相互合作更加深入、發展空間更加廣闊，我們可以用創新的合作模式，共同建設'絲綢之路經濟帶'。這是一項造福沿途各國人民的大事業。"由此，中國建設"絲綢之路經濟帶"的戰略構想首次被提出。

2013 年 10 月，在出席亞太經合組織（APEC）領導人非正式會議期間，習近平提出，東南亞地區自古以來就是"海上絲綢之路"的重要樞紐，中國願同東盟國家加強海上合作，使用好中國政府設立的中國—東盟海上合作基金，發展好海洋合作伙伴關係，共同建設 21 世紀"海上絲綢之路"。

"絲綢之路經濟帶"與"21 世紀海上絲綢之路"（簡稱"一帶一路"）成為 21 世紀聯繫亞非歐的政策、貿易、設施、資金、人心通暢的跨地區合作模式，它既超越古代絲綢之路，也超越美國在戰後初期推行的"馬歇爾計劃"，具有 21 世紀融通中國夢與世界夢的未來擔當。拿國家發改委、外交部、商務部 2015 年 3 月 28 日聯合發佈的《推動共建絲綢之路經濟帶和 21 世紀海上絲綢之路的願景與行動》的話來說就是："共建'一帶一路'旨在促進經濟要素有序自由流動、資源高效配置和市場深度融合，推動沿線各國實現經濟政策協調，開展更大範圍、更高水平、更深層次的區域合作，共同打造開放、包容、均衡、普惠的區域經濟合作架構。"

"絲綢之路經濟帶"戰略分為三條線路：即以歐亞大陸橋為主的北線（北京—俄羅斯—德國—北歐）、以石油天然氣管道為主的中線（北京—西安—烏魯木齊—阿富汗—哈薩克斯坦—匈牙利—巴黎）、以跨國公路為主的南線（北京—南疆—巴基斯坦—伊朗—伊拉克—土耳其—意大利—西班牙）。

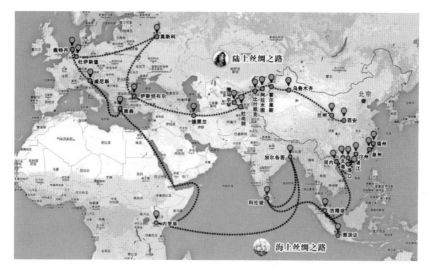

圖 4　內地有關媒體發佈的"一帶一路"全圖[1]

　　絲綢之路經濟帶重點暢通中國經中亞、俄羅斯至歐洲（波羅的海）；中國經中亞、西亞至波斯灣、地中海；中國至東南亞、南亞、印度洋。中巴、孟中印緬、新亞歐大陸橋以及中蒙俄等經濟走廊基本構成絲綢之路經濟帶的陸地骨架。其中，中巴經濟走廊注重石油運輸，孟中印緬強調與東盟貿易往來，新亞歐大陸橋是中國直通歐洲的物流主通道，中蒙俄經濟走廊偏重國家安全與能源開發。

　　而"21世紀海上絲綢之路"重點方向是從中國沿海港口過南海到印度洋，延伸至歐洲；從中國沿海港口過南海到南太平洋。

　　絲綢之路經濟帶是在"古絲綢之路"概念基礎上形成的一個新的經濟發展區域。絲綢之路經濟帶首先是一個"經濟帶"概念，體

1　媒體稱此圖為新華社所發佈，其實並沒有得到官方認可。因為"一帶一路"強調"開放"、"共商"原則，不能認為只有圖上標註的國家才有份兒，包括下文提及的 65 個國家也是同樣的道理。

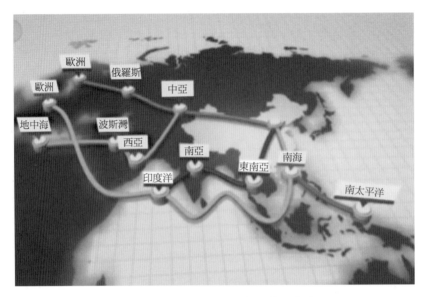

圖 5　中央電視台播發的"一帶一路"框架圖

現的是經濟帶上各城市集中協調發展的思路。絲綢之路沿線大部分
國家處在兩個引擎之間的"塌陷地帶",整個區域存在"兩邊高,
中間低"的現象,發展經濟與追求美好生活是本地區國家和民眾的
普遍訴求。這方面的需求與兩大經濟引擎通聯的需求疊加在一起,
共同構築了絲綢之路經濟帶的國際戰略基礎。

　　海洋是各國經貿文化交流的天然紐帶,共建"21世紀海上絲綢
之路",是全球政治、貿易格局不斷變化形勢下,中國連接世界的
新型貿易之路,其核心價值是通道價值和戰略安全。尤其在中國成
為世界上第二大經濟體、全球政治經濟格局合縱連橫的背景下,"21
世紀海上絲綢之路"的開闢和拓展無疑將大大增強中國的戰略安
全。21世紀海上絲綢之路和絲綢之路經濟帶、上海自貿區、高鐵戰
略等都是基於這個大背景下提出的。

　　21世紀海上絲綢之路的戰略合作伙伴並不僅限於東盟,而是以

點帶線，以線帶面，以重點港口為節點，共同建設通暢安全高效的運輸大通道，增進同沿邊國家和地區的交往，將串起連通東盟、南亞、西亞、北非、歐洲等各大經濟板塊的市場鏈，發展面向南海、太平洋和印度洋的戰略合作經濟帶，以亞歐非經濟貿易一體化為發展的長期目標。由於東盟地處海上絲綢之路的十字路口和必經之地，將是新海絲戰略的首要發展目標，而中國和東盟有着廣泛的政治基礎和堅實的經濟基礎，21 世紀海上絲綢之路戰略符合雙方共同利益和共同要求。

2. 為何要建設"一帶一路"？

"一帶一路"直擊三個戰略問題，其中"三通"——通路、通航和通商是"一帶一路"解決戰略問題的發力點。"三通"範疇下的相關行業將率先直接受益於"一帶一路"建設的落地，其中通路是絲綢之路經濟帶首要解決的問題，通路的暢通對於解決中國的三個戰略問題意義重大。

(1)"一帶一路"直擊三個戰略問題

"一帶一路"作為中長期最為重要的發展戰略，其要解決中國過剩產能的市場、資源的獲取、戰略縱深的開拓和國家安全的強化這三個重要的戰略問題。

A 中國的富餘優質產能的市場問題

過剩產能對經濟的運行造成了很大的問題，但對人家可能是優質產能。通常健康且創利的產業產能利用率應當在 85% 以上，而據國際貨幣基金組織測算，中國全部產業產能利用率不超過 65%。中國傳統的出口國較為單一和狹窄，美國、歐洲和日本佔據出口的核心國位置，佔比很高，但這些傳統的出口市場已經開拓得較為充分，增量空間已經不大，國內的富餘優質產能很難通過它們進行消化，在國內消費加速啟動難以推進的情況下，通過"一帶一路"來開闢新的出口市場是很好的抓手。

B 中國的資源獲取問題

中國的油氣資源、礦產資源對國外的依存度較高，現在這些資源主要通過沿海海路進入中國，鐵礦石依賴於澳大利亞和巴西，石油依賴於中東，管道較為單一。中國與其他重要資源國的合作還不深入，經貿合作也未廣泛有效地展開，使得資源方面的合作不穩定和牢固。"一帶一路"新增了大量有效的陸路資源進入通道，對於資源獲取的多樣化十分重要。

C 中國的戰略縱深開拓和國家安全的強化問題

中國的資源進入現在還主要是通過沿海海路，而沿海直接暴露於外部威脅，在戰時極為脆弱。中國的工業和基礎設施也集中於沿海，如果遇到外部的打擊，整個中國會暫態失去核心設施。在戰略縱深更高的中部和西部地區，特別是西部地區，地廣人稀工業少，還有很大的工業和基礎設施發展潛力，在戰時受到的威脅也少，通過"一帶一路"加大對西部的開發，將有利於戰略縱深的開拓和國家安全的強化。

（2）通路是"一帶"的抓手

"一帶一路"直擊了中國的三個重要的戰略問題，而通路、通航和通商則是"一帶一路"解決戰略問題的發力點。

要解決中國的產能過剩，需要通盤考慮，如前所述，"一帶一路"是系統性解決此問題的最好抓手，從現實來說，考慮到西部基礎設施薄弱，為了更好地外聯內呼，打通順暢的交通動脈是第一位的，也符合"一帶一路"的題意，即首先着手的必將是通路、通航。

"一帶"主要是從通路着手，通路所推進的地區基礎設施薄弱，提升空間更大,其對接的是西部廣闊的腹地,將在交通設施建設和油氣管道建設上發力。

交通設施建設:包括鐵路、公路、口岸、民航。重點方向是中亞、南亞、東南亞。中老、中泰、中緬、中巴、中吉烏等鐵路項目可能會優先考慮。中塔公路、中哈公路可能會成為重點改造的路段。

油氣管道建設:西北、西南、東北、海上都是油氣運輸的戰略通道。包括中俄、中亞天然氣管道,中緬油氣管道都會作為重點項目建設。西南電力通道、中俄電力通道都會進行部署、建設或升級改造。

交通設施建設和油氣管道建設,只是"一帶一路"戰略構想中互聯互通的基礎,除此之外還有中國與沿線國家間政策、貿易、貨幣與人心多層互通的內涵。

概言之,為何要建設"一帶一路"?就是要提升境外直接投資,開闢海外市場,擴大產品出口,消化過剩產能,破除貿易壁壘,最終確立符合中國長遠利益的全球貿易及貨幣體系。

(三)"一帶一路"對古絲綢之路的創新型傳承與發展

"一帶一路"的提出由於繼承了古絲綢之路開放包容、兼收並蓄的精神,因此和古絲路具有相似之處;另一方面,由於"一帶一路"政策在新的時代背景之下,被賦予了新的時代氣息,因此得以在"空間"和"性質"兩大方面,超越了傳統絲綢之路的內涵,在創新性繼承的基礎之下得以繼續發揚廣大,為沿線國家提供了更多的發展機遇。

1. "一帶一路" 政策的歷史傳承

　　古代絲綢之路在經貿合作、文化交流、民族穩定三個方面發揮了積極作用，而當今 "一帶一路" 的建設，也同樣會發揮古絲綢之路這三大獨特作用，以負責任的風範與真誠包容的大國態度同世界分享自身發展紅利。正如習近平主席所提到的，這有利於歐亞各國經濟聯繫更加緊密，相互合作更加深入，發展模式更加廣闊，這是一項造福沿途各國人民的大事業。放眼古今絲綢之路，兩者同為 "親善之路"、"繁榮之路"、"交流之路"。

　　"親善之路" 指的是當今 "一帶一路" 建設立足於古絲綢之路對民族穩定、和諧共處的貢獻，在和平發展日益成為時代主題的當下，將 "一帶一路" 打造成一條福澤各國民眾的發展之路，促進沿線不同國家、不同民族之間的友好往來與和睦共處。目前，伴隨着中國的崛起，西方世界影響下產生的 "中國威脅論" 使得世界各國對中國崛起心存疑慮，將中國的強大看作對世界現存政治秩序的威脅。而這條 "親善之路" 充分地體現了中國堅持走和平發展的道路，不謀求世界霸權，在國力強大的今天，將 "引進來" 與 "走出去" 更好地結合，同世界分享自身發展紅利，在互聯互通的基礎之上，同各國平等發展，互利共贏。

　　"繁榮之路" 是指當今 "一帶一路" 建設同古代絲綢之路聯繫東西方貿易，創造大量社會財富一樣，在當今貫穿亞歐非大陸，一頭是活躍的東亞經濟圈，一頭是發達的歐洲經濟圈，能夠在經貿交流的過程中推動東西方兩大市場的繁榮，為沿線國家提供巨大的發展機遇和潛力。從 "一帶一路" 的議程設置來看，伴隨着一系列自貿區,如中日韓自貿區、中國—東盟自貿區以及各類經濟走廊,如孟中印緬經濟走廊、中蒙俄經濟走廊的建設升級,這能夠有效地促進產業合理分工,減小各國相互間的貿易壁壘,便利各國進出口運營以及經貿投資,從而建立起高效運行的"財富流通網"、"物資運輸網"與"貨幣交換網"。

"交流之路"是指當今"一帶一路"不僅僅是一條經貿之路,也是一條文化交流、民眾交往之路。伴隨着各國基礎設施的不斷完善以及經貿合作的不斷深化,建立在其基礎之上的文化交流也同樣會大放異彩。如今的"一帶一路",涵蓋 30 億人口,在建設的過程中,如能發揚傳統"和平合作、開放包容、互學互鑒、互利共贏"的"絲路精神",以開放包容的態度推動沿線各國民眾之間的交流,不僅能夠推動"民心相通"的早日實現,增強各國民眾對政策的支持和擁戴,而且能夠極大地推動文化多樣性的發展,在文化溝通交流的基礎上實現物質同精神的雙重結合,從經濟和人文兩個層面真正實現"共商"、"共建"、"共用"的合作理念。

當今"一帶一路"的建設,立足發展大局,在繼承傳統"親善"、"繁榮"、"交流"的古絲綢之路基礎上,打造互尊互信之路、合作共贏之路、文明互鑒之路。但是,需要注意的是,"一帶一路"建設是一個持續性的過程,難以一蹴而就。作為一項宏觀政策,應該立足長遠,從長期收益看待政策有效性。目前,應不斷完善相關的配套政策安排、加強基礎設施建設,審慎地處理各類問題,而非冒進地汲取短期效益,捨重就輕。

2. "一帶一路"政策的時代發展

中共十八屆三中全會通過的《中共中央關於全面深化改革若干

重大問題的決定》明確提出要推動"絲綢之路經濟帶"和"海上絲綢之路"的建設，開創中國對外開放新局面，"一帶一路"政策正式成為中國的重要國家戰略。當今的"一帶一路"政策，是在傳承傳統絲路精神的基礎上，結合當代國內外的局勢，賦予了其不同於古代絲綢之路的新內涵，實現了兩大超越。一方面，在空間上超越了傳統的絲綢之路的限制，所轄區域空間進一步擴大，合作空間也得以深化；另一方面，在性質上賦予了古絲路新的內涵，超越了傳統絲路的思維模式，以其"時代性"、"先進性"、"開拓性"穩健地推動着"一帶一路"建設的開展。

（1）空間上的超越

古代絲綢之路，正式開通了從中國通往歐、非大陸的陸路通道。這條道路，由西漢都城長安出發，經過河西走廊，然後分為兩條路線：一條由陽關，經鄯善，沿崑崙山北麓西行，過莎車，西逾蔥嶺，出大月氏，至安息，西通犁靬，或由大月氏南入身毒。另一條出玉門關，經車師前國，沿天山南麓西行，出疏勒，西逾蔥嶺，過大宛，至康居、奄蔡（西漢時遊牧於康居西北即咸海、裏海北部草原，東漢時屬康居）。[1] 可見，古代陸上絲綢之路主要是從東亞開始，經由中亞和西亞地區，從而同歐洲諸國相聯絡。在此過程中，東南亞、南亞等地區雖然一定程度上受到絲綢之路的影響，但和西亞、中亞等地相比，影響力還是有限的。

當今"一帶一路"的建設，其主體範圍大體仍遵循古絲綢之路的路徑，依託現存的亞歐大陸橋，通過中亞、西亞等重要區域，連接歐洲，實現沿線各區域之間的互聯互通。但是，中國在"一帶一

1　陳功：《從全球文明的高度看"新絲綢之路"》，《戰略觀察》第 346 期。

路"的建設過程中，開展了與其相配套的"經濟走廊"建設，通過經濟走廊，將歷史上並非陸上絲綢之路主體的區域也納入到了"一帶一路"建設的過程中。例如，"中巴經濟走廊"開創了由中國新疆地區經由巴基斯坦從而到達南亞的新途徑，加之同"孟中印緬經濟走廊"相互配合，南亞地區以及東南亞地區被成功地納入中國"一帶一路"的建設之中。同時，歷史上並非絲路主要途經區域的中國西南地區也承擔起了"一帶一路"建設的重任。除此之外，"中蒙俄經濟走廊"的建立，還會將東北亞地區納入"一帶一路"的區域範疇，大大地擴展了古絲綢之路的空間範圍。"一帶一路"建設在空間上的擴展，不僅大大激發了中國各省份的積極性，同時也將南亞、東南亞、東北亞、東亞、西亞、中亞乃至歐洲緊密地聯繫在一起，大大擴展了古代絲綢之路的地理空間概念，賦予了其新的時代生命。

國家主席習近平在講話中曾經提出要以點帶面、從線到片，從而逐步形成區域的大合作，同時實現五通，即"政策溝通"、"道路聯通"、"貿易暢通"、"貨幣流通"以及"民心相通"。從習近平的講話中，不難看出，當前"一帶一路"的建設，在"合作空間"上極大地超越了傳統絲綢之路以經貿為主的合作方式。新時代"一帶一路"的建設，"貿易通"僅僅是一方面，重要的是在貿易通的基礎上實現政策、基礎設施建設、科技文化乃至民心的全方位互聯互通，真正為新形勢下各區域之間的合作奠定堅實的基礎。

除以上兩點之外，中國還將海陸絲路建設並舉。中國歷史上，海上絲綢之路的興盛同陸上絲綢之路的衰退密切相關，因此並沒能出現"海陸同盛"的局面，而當今將"一帶一路"結合起來，就是致力於創造海陸並舉、協同開展的盛況。海陸空間的結合，其空間覆蓋範圍是古代絲綢之路難以比擬的。

（2）性質上的超越

"一帶一路"政策豐富了傳統絲綢之路的內涵，在"時代性"、"先進性"、"開拓性"三個方面對古絲路作出了創新性發展。

第一，時代性。古代絲綢之路雖然促進了陸上的大繁榮，但是僅僅依靠陸上絲綢之路，海上優勢遲遲得不到展現，最終導致了中國落後於大航海時代，並且造就了"閉關鎖國"的封閉心理，導致近代受西方世界的欺凌壓迫。當今時代，"海洋"已經成為重要的戰略資源，從"大河"走向"大海"，從"內陸"走向"海洋"，已經是中國發展的必然要求。改變傳統絲綢之路重陸地、輕海洋的態度，創新性地將"絲綢之路經濟帶"和"21世紀海上絲綢之路"結合起來，海陸統籌兼顧，協調並舉，體現了"海洋強國"要求下典型的新時代特點。除此之外，中國一帶一路的開展，也將西北、西南地區納入開放的前沿，有利於縮小同東部沿海省份的差距，推動實現國內各省份的共同富裕，這同樣符合深化改革開放、打造對外開放新局面這一典型的時代要求。

第二，先進性。中國古代以農耕經濟為主，商業活動受到打擊，士農工商影響下的中國古代社會，導致陸上絲綢之路將農產品或農業加工品作為出口的重要組成部分，可見當時出口結構並不完善，沒能充分發揮自身的資源優勢。當今的"一帶一路"政策，在操作路徑和操作理念兩個方面，具有高度的先進性。首先，從路徑來講，"五通"將政治、經貿、交通、貨幣、民心創新性地結合在一起，能夠充分發揮中國的戰略優勢，同世界各國分享自身發展紅利，這本就是平等協作的典型創舉；其次，從理念來看，中國堅持古絲綢之路開放包容的精神，並在此基礎上將世界看作統一的命運共同體，謀求"共同富裕"，這一點超越了歷史上各國的"謀利"心理。

第三，開拓性。通過上文的論述，不難發現，中國在開展"一帶一路"建設的過程中，不謀求稱霸，也不會稱霸，而是將世界看作一個統一的整體，號召沿線國家共同參與，通過相互之間的平等協作，溝通了解，共建繁榮世界，分享發展成果，從而共同應對目前多變的國際局勢。中國這一創新，以互利共贏的形式，超越了傳統的區域合作方式，為世界各國的發展提供了新的發展思路。同古代絲綢之路相比，"一帶一路"以其開拓性，給予了框架中沿線各國遠超古時的發展生機和活力。

《後漢書·西域傳》曰："馳命走驛，不絕於時月；胡商販客，日款塞下。"古代絲綢之路的繁榮可見一斑。當今的中國，繼往開來，在繼承絲路精神的基礎上，結合內外實際，賦予了這條古今之道以新的生機和活力，將歐亞緊密地聯繫在一起。這一傳承之下而出現的"一帶一路"創舉，必將促進沿線各國的友好協作，互惠共贏，共譜絲綢之路新華章。

古代絲綢之路並不穩定，與沿途國家的政治、經濟狀況密切相關，其興衰取決於中央王朝的統一與控制——唐朝"安史之亂"後，絲綢之路長期遭廢棄。此時，阿拉伯掌握航海術，通過海上到達廣州、泉州、寧波等地，陸上絲綢之路的價值就沒有了。[1]

"一帶一路"必須超越古代絲綢之路的不穩定性，承載重塑全球化的時代使命。"一帶一路"所塑造的歐亞地區交通網絡，將作為世界經濟引擎的亞太地區與世界最大經濟體歐盟聯繫起來，給歐亞大陸帶來新的空間和機會，並形成東亞、西亞和南亞經濟輻射區。推進貿易投資便利化，深化經濟技術合作，建立自由貿易區，最終形

1　葛劍雄：《"一帶一路"的歷史被誤讀》，《金融時報》中文網，2015 年 3 月 11 日。

成歐亞大市場，是兩條絲綢之路建設的基本方向和目標。對域內貿易和生產要素進行優化配置，促進區域經濟一體化，實現區域經濟和社會同步發展。亞歐大陸自貿區或歐亞大市場的形成，對當前世界經濟版圖產生重要影響，促進新的全球政治經濟秩序的形成。

（四）"一帶一路" 對馬歇爾計劃的超越

除了超越古代絲綢之路外，"一帶一路" 還超越了其他國家的類似戰略。早在 2009 年 1 月 5 日，《紐約時報》就稱中國的 "走出去" 戰略為 "北京的馬歇爾計劃"。"一帶一路" 倡議提出後，這種說法更流行了。其實，"一帶一路" 不僅不是中國版的馬歇爾計劃，更超越了馬歇爾計劃。

二戰結束後不久，美國啟動對被戰爭破壞的西歐國家給予經濟援助和參與重建的計劃，以當時美國國務卿名字命名，史稱 "馬歇爾計劃"，也稱歐洲經濟復興計劃。馬歇爾計劃被認為使歐洲和美國得到雙贏，但也造成了歐洲的分裂。對美國來說，鞏固了美國主導的布雷頓森林體系，推動了建立北約組織，美國成為 "馬歇爾計劃" 的最大受益方。

都是向海外投資來消化充足的資金、優質富餘產能和閒置的生產力，促進本國貨幣的國際化，"一帶一路" 戰略與 "馬歇爾計劃" 確有諸多類似之處，後者也給前者以歷史借鑒，但是，兩者時代背景、實施主體和內涵、方式等畢竟不同。

概括起來，"一帶一路" 戰略與馬歇爾計劃在以下諸多方面存在較大差異：

1. 時代背景不同

　　美國推動馬歇爾計劃是為了盡快使歐洲資本主義國家實現戰後復興，防止希臘、意大利等歐洲國家的共產黨乘戰後經濟百廢待興、政治混亂之機奪取政權，以對抗向西擴展的蘇聯和共產主義國家，是經濟上的"杜魯門主義"，也是冷戰的重要部分，是為美國最終實現稱霸全球服務。馬歇爾計劃為後來形成的區域軍事集團——北大西洋公約組織，奠定了經濟上的基礎。馬歇爾計劃開啟了冷戰的先聲，具有較強的意識形態色彩。

　　"一帶一路"則無冷戰背景和意識形態色彩，它既古老又年輕。作為古絲綢之路的現代復興，"一帶一路"繼承和弘揚了"和平合作、開放包容、互學互鑒、互利共贏"的絲綢之路精神；作為國際合作倡議，"一帶一路"是在後金融危機時代，作為世界經濟增長火車頭的中國，將自身的產能優勢、技術與資金優勢、經驗與模式優勢轉化為市場與合作優勢的結果，是中國全方位開放的結局。

2. 實施意圖不同

　　馬歇爾計劃本意是美國通過援助使歐洲經濟恢復，並使之成為抗衡蘇聯的重要力量和工具，同時也可使美國更方便地控制和佔領歐洲市場。美國當年提出馬歇爾復興計劃時，附加了苛刻政治條件，歐洲的所有親蘇聯國家都被排斥在外。即使是盟國，美國也為進入該計劃的國家制定了標準和規則，受援的西歐國家只能無條件接受，不僅有時間期限，且還款利息高。該計劃的最終結果導致了歐洲的分裂。馬歇爾計劃充分展示美國控制歐洲的戰略意圖，肩負穩固歐洲以對抗蘇聯擴張的戰略使命，催促了北約的誕生。

　　"一帶一路"則是一個共同合作的平台，是中國的國際合作倡議和中國向國際社會提供公共產品，強調"共商、共建、共用"原則，宣導新型國際關係和 21 世紀地區合作模式。中國提出的"一帶一路"倡議建立在合作共贏的基礎上，提倡同沿線國家進行平等友好的經濟往來、文化交流，以促進沿線國家的經濟發展，同時加強中國同相應國家的經濟合作，所有的經濟文化交流都建立在平等自願的基礎上。

3. 參與國構成不同

　　"馬歇爾計劃"的參與國家是以美國、英國、法國等歐洲發達國家為主的 20 世紀資本主義強國，將社會主義國家以及廣大第三世界國家排除在外，是第一世界對第二世界的援助。

　　"一帶一路"則以古代"陸上絲綢之路"和"海上絲綢之路"沿線國家為主，並拓展、延伸到其他國家，多為發展中國家，也有新興國家、發達國家，有利於發展中國家相互間促進經濟合作和文化交流，推動各類國家的優勢互補、錯位競爭和經濟整合，開創南南合作、區域合作與洲際合作的新模式。

4. 內容不同

　　"馬歇爾計劃"主要內容是，美國對西歐提供物質資源、貨幣、勞務和政治支持，其中美國的資金援助要求西歐國家用於購買美國貨物，儘快撤除關稅壁壘，取消或放鬆外匯限制；受援國要接受美國監督，把本國和殖民地出產的戰略物資供給美國；設立由美國控制的本幣對應基金（counterpart fund），作用是將馬歇爾計劃的援助資金轉換成為由當地貨幣構成的資金；保障美國私人投資和開發的權利。其結果，美國獲得了大量對歐出口，使美元成為西歐貿易中主要的結算貨幣，幫助建立了美國戰後的金融霸權，鞏固和擴大了美國在歐洲的政治經濟影響。此外，"馬歇爾計劃"還包含削減同社會主義國家的貿易、放棄"國有化"計劃等較強烈的冷戰色彩的內容。

"一帶一路"是中國與絲路沿途國家分享優質產能，並非馬歇爾計劃那樣單方面的輸出，後者是共商項目投資、共建基礎設施、共用合作成果，內容包括政策溝通、設施聯通、貿易暢通、資金融通、民心相通等"五通"，比"馬歇爾計劃"內涵豐富得多。

5. 實施方式不同

"馬歇爾計劃"於 1947 年 7 月正式啟動，並整整持續了 4 個財政年度之久。在這段時期內，西歐各國通過參加經濟合作發展組織（OECD）總共接受了美國包括金融、技術、設備等各種形式的援助合計 130 億美元，相當於馬歇爾演說當年美國 GDP 的 5.4% 左右，佔整個計劃期間美國 GDP 的 1.1%。若考慮通貨膨脹因素，那麼這筆援助相當於 2006 年的 1300 億美元。計劃的核心以美國為主導，依靠美國二戰後強大的經濟實力，通過對戰後西歐各國提供贈款貸款、重建協助、經濟援助、技術支持，快速實現受援國家的戰後經濟重建，體現的是"美國——西歐諸國"的一對多的援助形式。

"一帶一路"由中國發起倡議，由"絲路"沿線國家共同參與合作完成。沿線國家積極開放邊境口岸，共同完善交通建設，為經濟的合作與文化的交流創造完善的基礎設施，體現的是"絲路"沿線國家多對多的合作模式。"一帶一路"特別強調沿線國家發展戰略、規劃、標準、技術的對接，旨在將中國發展機遇變成沿線國家的發展機遇，謀求不同種族、信仰、文化背景的國家共同發展，通過設立絲路基金和亞洲基礎設施投資銀行，為周邊國家和區域合作提供更多的公共產品。"一帶一路"實施周期比馬歇爾計劃長遠得多，基本上是中國"三步走"戰略的延伸，通過中亞、中東、東南亞、南亞等線路從陸上和海上同時開展經濟走廊、工業園區、港口建設等項目，逐步建立起歐亞非互聯互通的網絡。

因此，"一帶一路"並非中國版的馬歇爾計劃，而是超越馬歇爾計劃。當然，"馬歇爾計劃"的成功與其初期宣傳手段以及機制化的實施方式是分不開的，有些方面也值得借鑒。比如，美國政府在國內組織"馬歇爾計劃聲援委員會"，通過工會組織和利益團體宣傳，重點強調歐洲各國在爭取援助中的主動權地位，需要歐洲自行聯合並提出要求，顯示出了美國積極支持歐洲走向一體化的態度。再比如，在實施上，馬歇爾計劃重視國內立法保障合法性，國際合作走向機制化，充分調動社會力量。這些經驗對中國推動"一帶一路"合作發展戰略被周邊國家接受，被世界強國認可，不無借鑒意義。

（五）"一帶一路" 超越其他絲綢之路復興計劃

中國並非復興古老絲綢之路的首創者，恰恰相反，是後來者。"一帶一路"如何做到後來居上？

以往各國提出的絲路計劃與中國最近提出的 "絲綢之路經濟帶" 有很大的區別。"絲綢之路經濟帶" 與古絲綢之路一脈相承，屬於跨國經濟帶，其規模超出了一般意義上的經濟帶，遠景目標是構建區域合作新模式，與周邊國家形成"利益共同體"和"命運共同體"。目前來看，"絲綢之路經濟帶"還是一個相對抽象的構想，對於該經濟帶覆蓋的地理範圍、合作領域和合作機制安排、具體實施路徑、實施階段及目標等都需要儘快具體化。[1]

聯合國教科文組織和開發計劃署的"絲綢之路復興計劃"。早在 1988 年，聯合國教科文組織就宣佈啟動為期 10 年的"綜合研究絲綢之路──對話之路"項目，旨在促進東西方之間的文化交流，改善歐亞大陸各國人民之間的關係。此後，聯合國教科文組織圍繞"絲綢之路"問題舉辦眾多活動，諸如科學考察、國際學術研討會、有關文物展覽會、"絲綢之路"旅遊推介會等，激發了國際社會對"絲綢之路"的興趣。

2008 年，聯合國開發計劃署發起"絲綢之路復興計劃"。該計劃由 230 個項目組成，執行期限為 2008—2014 年，投資總額 430億美元，目的是改善古絲綢之路等歐亞大陸通道的公路、鐵路、港口、通關等軟硬件條件，使兩千年前的絲綢之路重現輝煌。俄羅斯、伊朗、土耳其、中國等 19 國參加，擬建立 6 條運輸走廊，包括中國至歐洲、俄羅斯至南亞，以及中東鐵路和公路的建設體系等。

日本"絲綢之路外交"戰略。2004 年日本提出將中亞五國及外高加索三國定為"絲綢之路地區"，並把該地區擺在日本新外交戰略的重要地位。根據"絲綢之路外交"的構想，日本將從地緣政治考慮着眼，謀求在中亞和外高加索地區這個世界戰略要地站住腳跟；同時，日本還要從經濟利益考慮出發，搶佔這一儲量不亞於中東的

1　參見李建民：《"絲路精神"下的區域合作創新模式 —— 戰略構想、國際比較和具體落實途徑》，《人民論壇·學術前沿》2013 年 12 月上。

能源寶庫，通過加強政治影響和經濟滲透來爭取該地區能源開發及貿易的主導權。

美國的"新絲綢之路"計劃。美國的"新絲路"計劃分智庫和官方兩個層面。從智庫層面看，2005年，美國約翰斯·霍普金斯大學中亞高加索研究院院長弗雷德里克·斯塔爾提出了"新絲綢之路"構想：建設一個連接南亞、中亞和西亞的交通運輸與經濟發展網絡，以阿富汗為樞紐，將油氣資源豐富的中亞、西亞國家與經濟發展迅速的印度乃至東南亞連接起來，促進各國以及幾大區域間的優勢互補，推動包括阿富汗在內的該地區國家的經濟社會發展。

2011年，美國官方提出了"新絲綢之路"計劃：以阿富汗為中心，意在美國等國軍隊從阿富汗撤出後，由美國主導阿富汗戰後重建工作，希望阿富汗鄰國投資、出力而維護美國在歐亞大陸腹地發展過程中的主導地位。這實際上是以美國為推手，以阿富汗為中心，連接中亞、南亞，建立一個區域性地緣政治、經濟結構，最重要的是這些國家須有美國的軍事基地，用來圍堵遏制中、俄和伊朗。

美國認為，"新絲綢之路"不是指一條路線，而是指形成廣泛的地區交通和經濟的聯繫網絡。按照美國官方的解釋，"新絲綢之路"計劃的建設包括軟件和硬件兩個方面。軟件建設是指貿易自由化、減少貿易壁壘、完善管理制度、簡化過境程序、加快通關速度、克服官僚作風、消除貪污腐敗、改善投資環境等。硬件建設則是指修建連接中亞、阿富汗和南亞的鐵路、公路、電網、油氣管道等基礎設施。通過軟件和硬件兩方面的建設，推動商品、服務、人員跨地區的自由流動。

俄羅斯的"新絲綢之路"。俄羅斯曾多次將正在建設中的、由中國經過中亞和俄羅斯直抵德國杜伊斯堡，並連通歐洲鐵路網和港口的"中歐運輸走廊"稱為"新絲綢之路"，並表示俄羅斯將在"新絲綢之路"上發揮決定性作用。

伊朗的"鐵路絲綢之路"。2011 年，伊朗稱開始啟動將伊朗鐵路線通過阿富汗、塔吉克斯坦和吉爾吉斯斯坦三國同中國鐵路線連通的計劃。這條鐵路線被外界稱為"鋼鐵絲綢之路"或"絲綢鐵路"。

哈薩克斯坦的"新絲綢之路"項目。2012 年，哈薩克斯坦總統納扎爾巴耶夫在外國投資者理事會第 25 次全體會議上宣佈開始實施"新絲綢之路"項目。提出哈薩克斯坦應恢復自己的歷史地位，成為中亞地區最大的過境中心，歐洲和亞洲間獨特的橋樑，在哈薩克斯坦主要的運輸走廊上建立起統一的具有世界水平的貿易物流、金融商務、工藝創新和旅遊中心。

"一帶一路"如何超越這些絲路復興計劃？這就涉及其未來擔當問題。

（六）"一帶一路"戰略的未來擔當

從世界地圖看，"一帶一路"東邊牽着亞太經濟圈，西邊連着歐洲經濟圈，被認為是"世界上最長、最具有發展潛力的經濟大走廊"。為了搶佔先機，搭上國家戰略的"順風車"，國內諸多省區市紛紛提出自己參與"一帶一路"的規劃和設想。

兩條"絲綢之路"立足國內的全面開放戰略，促進西部經濟的發展。西北五省（區）：陝西、甘肅、青海、寧夏、新疆；西南四省（區市）：重慶、四川、雲南、廣西；東部五省：江蘇、浙江、福建、廣東、海南，構成"一帶一路"的地方依託。

表 1　"一帶"九個省（區市）定位

省區	功能定位	節點城市
新疆	"一帶"核心區	烏魯木齊、喀什
甘肅	"一帶"黃金段	蘭州、白銀、酒泉
寧夏	"一帶"戰略支點	
雲南	戰略支點、通道樞紐	
廣西	重要門戶、戰略節點	
陝西	重要支點	西安
青海	向西開放的主陣地	西寧、海東、格爾木
四川	"一帶一路"的重要交通樞紐和經濟腹地	
重慶	長江上游綜合交通樞紐，打造內陸開放高地	

表 2　"一路"五個省份功能定位

省份	功能定位	節點城市
福建	"一路"核心區	福州、廈門、泉州、平潭
廣東	"一路"橋頭堡	廣州、深圳、惠州
江蘇	"一帶一路"交匯節點	徐州、連雲港
浙江	"一帶一路"戰略經貿合作先行區、網上絲綢之路試驗區、貿易物流樞紐區	杭州、寧波、溫州
海南	"一路"門戶戰略支點	海口、三亞

　　"一帶一路"打破原有點狀、塊狀的區域發展模式。無論是早期的經濟特區還是去年成立的自貿區，都是以單一區域為發展突破口。"一帶一路"徹底改變之前點狀、塊狀的發展格局，橫向看，貫穿中國東部、中部和西部，縱向看，連接主要沿海港口城市，並且不斷向中亞、東盟延伸。這將改變中國區域發展版圖，更多強調省區之間的互聯互通、產業承接與轉移，有利於加快中國經濟轉型升級。

　　由此看出，"一帶一路"是中國的第二次改革開放，是中國地方

走向世界的重要媒介，促進中國社會與外部世界的進一步融合。正
如波蘭駐華大使塔德烏什・霍米茨基所言："一帶一路的戰略計劃會
加強波蘭和中國之間的省份或城市之間的合作。這種合作已成為波
中戰略合作伙伴關係的關鍵組成部分之一。" [1]

1. 注重發揮優勢

省（區）	主要內容
新疆	建設"五大中心"（交通樞紐、商貿物流、金融、文化科教和醫療服務）
青海	"一帶"戰略通道、重要支點、人文交流中心
寧夏	以阿拉伯國家和穆斯林地區為重點，加快構建開放型經濟新體系
廣西	建設國際大通道，"一路"主要節點和重要平台
江蘇	打造東部隴海產業帶和城鎮軸
浙江	陸海統籌、東西互濟，南北貫通開放新格局
海南	對接與服務"一帶一路"戰略，增強經濟開放度

2. 促進互聯互通

省份	互通互聯重點
甘肅	重點推進綜合交通、能源通道建設
青海	"一橫三縱"綜合運輸通道
雲南	"七出省"、"四出境"通道
陝西	中國向西開放的重要樞紐
浙江	加強與上海國際航運中心的互聯互通

1　《波蘭：一帶一路重要參與者》，《對外投資》2015 年 3 月。

3. 提供載體平台（一路）

省份	載體平台建設
雲南	中國南亞博覽會、昆交會、孟（加拉國）中（國）印（度）緬（甸）區域合作論壇等合作平台
江蘇	中國—哈薩克斯坦（連雲港）物流合作基地
浙江	聯通"一帶一路"沿線的物流通道和合作平台

4. 提供載體平台（一帶）

省（區）	載體平台建設
陝西	"中國—中亞經濟合作園區"、特色出口商品基地和中亞五國能源交易平台
甘肅	蘭州新區、敦煌國際文化旅遊名城和中國絲綢之路博覽會三大戰略平台
寧夏	內陸開放型經濟試驗區平台，中阿博覽會"金字品牌"
廣西	中國—東盟博覽會、中國—東盟商務與投資峰會、中國—東盟自貿區論壇等重要平台

5. 打造節點城市

城市	功能定位
湛江	打造廣東對接東盟的先行區、21 世紀海上絲綢之路的主要節點和重要平台
惠州	21 世紀海上絲綢之路橋頭堡、優勢產業合作發展聚集區、濱海旅遊聯動發展示範區、民間交往文化交流活力區
舟山群島	21 世紀海上絲綢之路的重要區域和港口節點

6. 形成發展合力

區域	協定內容
江蘇、陝西、寧夏、新疆等	絲綢之路經濟帶物流聯動發展合作聯盟
西北五省區	《絲綢之路經濟帶西北五省區文化發展戰略聯盟框架協議》
廣東	加強與沿線國家合作，推動陸海統籌
雲南	規劃建設孟中印緬經濟走廊
泉州、寧波、廣州、南京等	9 個城市聯合申報"海上絲綢之路"文化遺產

由此看出，"一帶一路"超越了鼓勵中國公司"走出去"戰略，而是讓中國的地方"走出去"，建立中國與世界深入而全面互動的新途徑，具有更大的未來擔當。

"一帶一路"提出的一個基本背景是中國與世界的關係變了，不是簡單地中國在融入全球化，而是要創造新的全球化標準。全世界都在搞各種各樣的地區合作，美國也積極推動跨太平洋戰略經濟伙伴關係協定（TPP）、跨大西洋貿易與投資伙伴關係協定（TTIP），全球層面的投資協定談判、國際秩序和國際規則本身在變化，原來的國際體系已經很難持續了。中國已經不是一個簡單的利益相關方，尤其是金融危機後，國際社會認為中國是全球化最大的受益者，所以現在制定出很多規則讓中國不能再"搭便車"，要付出更高的成本。因此，中國要積極創造新的貿易規則、投資規則。

中國以前的比較競爭優勢是便宜的勞動力，世界各地的原材料和資源到中國來加工，然後再輸送到世界各地。這種模式是不可持續的。原來我們希望通過開放市場來換發達國家的技術，但核心的技術是無法用市場換來的。而現在，我們在技術上不是很落後了，有些領域甚至已經領先，資本也比較充裕，有 4 萬億美元的外匯儲備。當資本和技術上都有了一些優勢，就需要尋找更大的市場，把技術和資本的優勢變成一種標準的優勢，比如高鐵和電網經過推廣成為"中國標準"，使中國在新一輪的全球化競爭中從產業鏈的低端、中端向高端發展。

改革開放以來，中國經濟增長長期靠投資和出口拉動。2008 年以來，受全球金融危機影響，出口發達國家市場萎縮，投資的拉動效應更明顯。2013 年，投資對經濟增長的貢獻率達 54.4%，而其他國家歷史上最高時都沒超過 40%。怎麼把投資拉動的比例進一步下降，那就是大量的投資要到海外去。以前的 "Made in China" 是對整個世界生產的，現在世界消費不了那麼多，中國經濟也進入了所謂的"新常態"，這種情況下中國的很多產能就要轉到海外去。外交是內政的延續，所謂內政，實際上就是生產方式以及中國與世界關係的轉變。外交上必須謀勢而動就是基於這個轉變。而中國現在也越來越有能力主動塑造國際規則了，除了資本和技術的一定優勢，還有一個因素就是美國的相對衰落，美國制定遊戲規則的能力和意願在下降。因此，中國已經不簡單是全球化的利益相關方，而是全球化的發動機。中國的生產方式在全球分工體系中的地位決定了中國與世界關係的變化，進而決定了外交政策的應對方式。中國與世界關係從買賣關係、投資關係向發展關係升級，從利益共同體、責任共同體向命運共同體升級。尤其是 "一帶一路" 倡議提出一年多的時間，沿線 60 多個國家表示回應，明確表態支持，或將本國發展規劃與之對接。"一帶一路" 成為中國外交今後的重點努力方向之一，這就超越了 "以經濟建設為中心" 的韜光養晦外交階段，轉向積極倡議並提供國際公共產品的奮發有為的階段。

以前，追求中國與世界的共贏就可以了，但是你贏了 99%，別人贏了 1%，人家就會覺得你贏得太多了，所以對中國進行圍堵指責。我們對發達國家還要強調共贏，但是對發展中國家，不能僅強調共贏，中國已經不是一般的發展中國家了，要對其他發展中國家進行更多的援助、前期投入和技術轉讓，所以我們現在對第三世界提出了正確的“義利觀”、“責任共同體”，對發達國家講“利益共同體”，對周邊國家講“命運共同體”。亞洲新安全觀就是命運共同體的體現，要解決周邊的一些麻煩，找到中國與周邊國家的長遠相處之道，外交就從原來的經濟建設為中心，變成發展和安全兩輪驅動。這個發展包括可持續發展、氣候變化、能源、安全多個方面，就比經濟發展更廣泛一些。

　　一言以蔽之，從“世界養育中國”到“中國回饋世界”，是“一帶一路”戰略提出的時代背景，融通中國夢與世界夢，是“一帶一路”的未來擔當。

二、"一帶一路"的機遇

　　"一帶一路"戰略是中國提出的偉大倡議和國際合作公共產品，面臨着全方位開放機遇、周邊外交機遇、地區合作機遇、全球發展機遇。

　　"一帶一路"戰略是中國提出的偉大倡議和國際合作公共產品，面臨着全方位開放機遇、周邊外交機遇、地區合作機遇、全球發展機遇。

　　首先，"一帶一路"戰略為中國提供了全方位開放機遇。"一帶一路"戰略豐富了對外開放政策的內涵，從政策上為對外開放的全方位發展提供指導，啟動了全方位開放中的機遇。"一帶一路"戰略承接了改革開放三十多年來對外開放概念和實踐的發展，在對外開放中努力消除政治因素在經濟、文化等諸多領域的影響，繼續強調平等互利、獨立自主，打破了對外開放中經濟為主的戰略，發揮文化先導的作用，在對外開放的內涵上進行了新的突破。"一帶一路"戰略豐富了中國對外開放的佈局，特別是在地域上為中國西部和南部的對外開放提供了新的機遇。對在對外開放總體中呈現的"東強西弱、海強邊弱"局面進行了適時的調整，在地域上形成全方位協調對外開放的新局面。"一帶一路"戰略既為東部沿海地區提供了產業轉型升級的機遇，也為中西部內陸地區提供了加速對外開放的機遇，從經濟發展相配套的基礎產業、基礎設施建設、相關政策協調性的相對不足等突出問題入手，打造協調發展的對外開放態勢。在致力於經貿合作及其相關基礎產業合作的同時，"一帶一路"也擴展了對外開放的領域，為文化、教育、旅遊、醫療衛生等諸多領域的對外開放帶來了機遇。一方面，中國政府從相關支撐產業發展、貿易便利化政策、交通及基礎設施建設等方面入手，為打造健康可持續的經貿合作作出努力[1]；另一方面，"一帶一路"戰略致力於強調歷史傳承，以文化先行化解世界對於"一帶一路"的誤解，推進相

1　參見劉勁松：《"一帶一路"將給工商界帶來八大機遇》，大公網，2015年5月19日。

關國家對戰略的認同感，從而促進其他領域合作的有效性，真正把
"一帶一路"戰略打造成為對外開放中的文化交流品牌，為中華文化
"走出去"和拓展國際影響力提供新的戰略機遇。

其次，"一帶一路"戰略為中國帶來了周邊外交機遇。在當代中
國的外交實踐中，"周邊是首要"的提法也體現出周邊外交在中國外
交格局中的首要地位。中國政府認識到了周邊形勢與周邊環境的變
化，中國同周邊國家的經貿聯繫更加緊密、互動空前密切，這使得
中國的周邊外交工作也需要因時而變，與時俱進。在周邊外交中強
調睦鄰友好、以誠待人、互惠互利、開放包容，這也貫穿於"一帶
一路"戰略的始終。在東亞地區，中韓關係發展與中韓自貿區建設
將為"一帶一路"沿線自貿區提供樣本；面對"政冷經冷"的中日
關係，"一帶一路"戰略將提供轉型的契機。在東盟層面上，"一帶
一路"戰略，在對中國 ── 東盟自由貿易區這一雙邊交往平台運用的
基礎上，將會重塑中國 ── 東盟雙邊關係，為雙方帶來增進彼此戰略
互信的機遇。而在矛盾錯綜複雜的南亞地區，斯里蘭卡將成為"21
世紀海上絲綢之路"在印度洋上的支點，巴基斯坦將為中國的能源
安全提供新的戰略保障，印度則在與中國的競爭中努力找尋雙方的
利益契合點和合作的增長極。在中亞地區，由於深處亞歐大陸的腹
地，中亞地區缺少出海口的地緣特徵一直成為其經濟發展的瓶頸。
"一帶一路"戰略將有效應對中亞地區的突出矛盾，將把中亞地區建
成連接歐亞的戰略通道，擴展中亞各國與外界的聯繫，共同應對恐
怖主義威脅，促進中亞國家經濟的快速發展。

第三，"一帶一路"戰略為中國帶來了地區合作機遇。其一，
"一帶一路"貫穿歐亞大陸，連接了亞太經濟圈和歐洲經濟圈，沿線
國家在經濟和投資結構上有着較強的互補性。在基礎設施建設、道
路交通、物流、商品產業鏈等領域進行更加完善建設的基礎上，"一

帶一路"戰略將會推動經貿關係發展，加速區域經濟一體化建設。其二，亞太地區面臨着錯綜複雜的安全問題，難以保持長期穩定的周邊環境也是限制亞太地區經濟及其他領域發展的制約因素之一。其中，恐怖主義是亞太安全環境的制約因素之一。"一帶一路"戰略將沿用上合組織的合作平台，並為這一平台增添更多域內外的合作伙伴，促進反對恐怖主義的聯動效應。其三，對於"一帶一路"戰略，雖然支持的聲音成為主流，但是也並不缺乏質疑和反對的聲音。針對這些質疑，民心互通成為"一帶一路"戰略的突破口。在"一帶一路"戰略制定和發展的過程，中國政府擺脫了單純考慮經濟利益的慣常思維，宣導民心相通在合作中的基礎性作用，重視文化交往和人文交流在戰略中的作用，從而為"一帶一路"戰略夯實民意基礎。最後，亞太經濟圈和歐洲經濟圈由於交通、物流等一系列原因，相互間的往來顯得較為缺乏，貫通亞歐的"一帶一路"將為亞歐市場的整合和亞歐合作的深入開展提供契機。

最後，"一帶一路"戰略為整個世界帶來全球發展的機遇。由於中國提起"一帶一路"戰略的初衷並不是建立一個封閉的、利己的合作體系，而是一個開放性的合作平台，具有較強的相容性，世界各國都將在這一戰略中獲得發展的機遇。"一帶一路"戰略表明了中國希望更多地參與國際事務、承擔起更多國際責任的良好願望，將會向世界展示中國有能力、有擔當的國際形象，將會重塑世界對中國的認識與定位，從而更加有效地帶動中國與世界的相互合作與交流。當前的世界經濟尚未從危機中走出並且呈現出復蘇乏力的跡象，"一帶一路"戰略作為連接中國與世界的新的橋樑，將會使中國模式和中國紅利惠及世界。"一帶一路"加強了世界的聯通，將世界各國經濟發展納入了同一個平台之中。世界各國，無論國家大小、無論距離中國遠近，都將被納入這一戰略的軌道之中，發揮本國的

比較優勢，創造一種互利共贏的國際經濟合作新模式。而面對由東
盟主導的區域全面經濟伙伴關係協定（RCEP）、由美國主導的跨太
平洋戰略經濟伙伴協定（TPP）、各國家間的自由貿易協定（FTA）
等一系列方案在推動區域和全球經濟整合問題上的不同特點，"一帶
一路"戰略所提倡的是一種伙伴性而非競爭性的關係，各方應當努
力探尋各區域經濟整合模式中的共通點和利益共同點，從而帶動模
式間的協調、互補與合作，將為全球經濟整合和全球發展提供新的
增長點。

（一）全方位開放機遇

　　改革開放三十多年以來，對外開放一直是中國的基本國策，對
國民經濟的發展起到重要的推動作用。中國政府一直致力於大力發
展和不斷加強對外經濟及技術交流，積極參與國際交換和國際競
爭，使中國經濟結構由封閉型經濟轉變為開放型經濟，從而推動國
民經濟健康快速發展。但是，隨着世界政治經濟進入轉型調整期、
中國對外經濟形勢出現重大轉變以及中國經濟進入新常態，對外開
放政策在面臨着新挑戰的同時也暴露出一些新問題。而在這樣新的
歷史時期，"一帶一路"戰略的提出將成為"構建對外開放新格局、
引領中國經濟進一步融入世界的強力引擎"[1]，能夠豐富和完善中國的
對外開放格局，有效解決對外開放中存在的固有問題，中國將會迎

1　王優玲：《"一帶一路" 戰略構建中國對外開放新格局》，http：//news.
xinhuanet.com/fortune/2015-01/04/c_1113870302.htm。

來新的全方位開放機遇。這種全方位開放的機遇體現在對外開放政策理論上的擴展、對外開放地域佈局的更加平衡以及對外開放中產業和領域的拓展。

第一，"一帶一路"戰略豐富了對外開放政策的內涵，從政策上為對外開放的全方位發展提供指導，啟動了全方位開放中的機遇。對外開放，作為中國的基本國策，本身就是一個包容性極大的概念，其發展過程也是內涵拓展的過程。1980 年 6 月，鄧小平在一次接見外賓時，第一次把 "對外開放" 作為中國對外經濟政策公之於世。1981 年 11 月召開的五屆全國人大四次會議上的政府工作報告，又進一步明確指出："實行對外開放政策，加強國際經濟技術交流，是我們堅定不移的方針。" 1982 年 12 月，對外開放政策被正式寫入中國憲法。在 20 世紀 80 年代到 90 年代初期，經濟特區、沿海開放城市、沿海經濟開放區逐步建立。但在這一時期，"對外開放" 的內涵並沒有得到釐清，政府主導下的 "對外開放" 僅僅是提供了一個讓中國了解世界、讓世界了解中國的窗口，成為對外開放的 "試驗田"，其開放的領域和廣度都極為有限，起到的作用更多地在於打破中國經濟的封閉局面，以對外開放的窗口來培育中國的市場經濟因素。

在 1992 年鄧小平南方談話以後，這種有限的對外開放局面得到擴展：沿江、內陸和沿邊城市逐步對外開放，由南到北、由東到西層層推進，形成了 "經濟特區 —— 沿海開放城市 —— 沿海經濟開放區 —— 沿江和內陸開放城市 —— 沿邊開放城市" 這樣一個寬領域、多層次、有重點、點線面結合的對外開放新格局。在這一時期，對外開放已經突破了窗口和展示的作用，堅持以工業為主、吸收外資為主、拓展出口為主的 "三為主" 方針，致力於發展高新技術產業，開始使中國經濟融入世界，注重世界市場對於經濟發展的作用，在獨立自主、自力更生、平等互利的原則下充分利用國際國內兩個市場、兩種資源，積極發展與世界各國的經濟貿易往來。

進入 21 世紀後，中國在 2001 年加入世界貿易組織，由此，對外開放的內涵有了突破性的擴展。中國開始將體制與規則向國際通行的規則接軌，政府的宏觀調控方式要發生重大變化。2002 年，中共十六大報告第一次提出了"走出去"戰略，指出實施"走出去"戰略是對外開放新階段的重大舉措。2007 年，中共十七大報告在此基礎上指出，"拓展對外開放廣度和深度，提高開放型經濟水平。堅持對外開放的基本國策，把'引進來'和'走出去'更好結合起來，擴大開放領域，優化開放結構，提高開放品質，完善內外聯動、互利共贏、安全高效的開放型經濟體系，形成經濟全球化條件下參與國際經濟合作和競爭新優勢"。2012 年，中共十八大報告提出，全面提高開放型經濟水平，強調適應經濟全球化新形勢，必須實行更加積極主動的開放戰略，完善互利共贏、多元平衡、安全高效的開放型經濟體系。由此可以看出，對外開放政策由以前有限範圍和有限領域內的開放，轉變為全方位的開放；由以試點為特徵的政策主導下的開放，轉變為法律框架下可預見的開放；由單方面為主的自我開放，轉變為與世貿組織成員之間的相互開放。在這一時期，中國對外開放的產業得到進一步擴展，生產和資本國際化程度進一步提高，前兩個時期從未涉足的金融領域開始融入世界金融體系，對外開放的內涵在發展中得到進一步深化。

而 "一帶一路" 戰略承接了以上三個時期對外開放概念和實踐的發展，同時作出了新的突破。"一帶一路" 戰略承接了對外開放的基本內涵，即在對外開放中較少地加入其他條件的限制。"一帶一路" 繼續強調平等互利，作為開放包容的經濟合作倡議，不限國別範圍，不是一個實體，不搞封閉機制，有意願的國家和經濟體均可參與進來，成為"一帶一路"的支持者、建設者和受益者。雖然"一帶一路"的戰略構想和實踐思路是由中國提出的，但是中國在此戰略中並不干涉別國內政、不謀求主導權、不尋求勢力範圍，在對外開放中堅持獨立自主和不干涉其他國家內政的原則，"一帶一路"不應該是以中國為主、應該是相關國家共同為主，實施"一帶一路"戰略中，中國堅持將相關國家作為一個整體通盤思考和統籌推進，把有關項目納入到相關國家的發展戰略中，同時要通過雙邊協商或多邊論壇傾聽各方意見，爭取把"一帶一路"上升到"利益共同體"和"命運共同體"的高度。

在平等互利、開放自主等基本內涵的基礎上，"一帶一路"對對外開放的內涵進行了拓展。改革開放以來，中國的對外開放多以經濟、貿易和金融領域為主，其他領域則較少。"一帶一路"不僅僅是一條經濟合作之路，更是文化交流、民心互通之路。"一帶一路"打破了對外開放中經濟為主的戰略，而是從人文領域做起，重視民間交往、人員往來、輿論宣傳等人文交流的先導作用，從經濟、文化、科技、交通等多方面對外開放，使得外向型經濟的進一步發展有了依託。對外開放不再是孤立的經濟戰略，"一帶一路"建設要超越經濟利益的共贏，更加注重與沿線國家實現多領域、全方位的互利共贏，打造共同發展繁榮的命運共同體。"一帶一路"更是對在對外開放中的中國角色進行了新的定位。在過去三十多年的改革開放中，中國一直以發展中國家作為定位，把自身作為全球經濟的參與者和規則的追隨者，不斷接納國際規則，享受全球經濟發展對自身的推動作用。隨着中國綜合國力的日益加強，中國有責任與義務為國際社會提供更多的公共產品，"一帶一路"戰略的提出表明了中國從被動的追隨者轉變為主動的引領者，為世界的發展貢獻了中國責任，為世界各國提供一種可資選擇的新的遊戲規則，使中國發展的紅利惠及周邊國家乃至全世界。

　　同時，"一帶一路"戰略修正了對外開放三十多年來存在的一些問題和不足，為中國未來的全方位開放拓寬了道路。長期以來，對外開放一直是政府主導下的行為，國家在戰略中發揮着極大的作用，推行"企業走出去"的戰略也無法擺脫政府在企業背後的影響。這樣的特點成為"中國威脅論"持續發酵的溫床，中國企業的對外行為很容易被其他國家看作是中國政府主導下的行為，從而對雙邊合作產生難以互信的影響。特別地，經濟利益主導下的對外開放與政府主導下的企業行為相交織，使得一些普通的商業行為泛政治化，一些商業爭端也擺脫不了政府在背後的影子。在這樣的情況下，中國商人所帶有的國家背景使得投資的難度加大，例如，2011年，中國中坤投資集團董事長黃怒波曾希望購買冰島東北部的一塊土地，經過冰島政府的多次延擱、"改買為租"等多次波折之後，這一計劃還是宣告流產。同樣的情況也發生在 2014 年黃怒波購買挪威北極圈內的一處土地的進程之中。挪威當地報紙《北極光報》的一篇評論表示："不必懷疑，億萬富翁黃怒波是中國共產黨及中國當局的擋箭牌。"[1] 挪威極地科學研究院院長維利‧奧斯特倫也認為渴望得到能源的中國已經"公開宣佈了其北極野心"[2]。而"一帶一路"戰略承接中國政府提出的新義利觀，努力消除政治因素在經濟、文化等諸多領域的影響，努力發揮企業自主性，使中外企業能夠在開放交流中發揮更好的主體作用。隨着中國成為資本淨輸出國，投資的對外開放結構也需要擺脫原有的粗放型特點，通過與相關國家的互

1　《外媒：黃怒波在挪威北部地區購地引起軒然大波》，參考消息網，2014年 9 月 29 日。

2　同上。

聯互通更好地進行資本國際化運作。

第二,"一帶一路"戰略豐富了中國對外開放的佈局,特別是在地域上為中國西部和南部的對外開放提供了新的機遇。實行對外開放戰略以來,中國相繼實施沿海、沿江、沿邊開放政策,逐漸形成"陸海統籌、東西兩向"的全面開放格局。在對外開放的進程中,中國並沒有採取全國同步開放的方針,而是採取多層次、滾動式、逐步向廣度和深度發展的方針。由於中國地區經濟發展很不平衡,地理條件差異較大,特別是在長期實行封閉型的高度集中的計劃經濟體制、價格體系和產業結構同世界經濟割裂的情況下,實行由點到面逐步推進對外開放發展的戰略是符合中國國情的和能夠促進經濟快速發展的,但這也使得中國各個地區的對外開放水平在起點上便是不一致的。在對外開放的發展進程中,沿海、沿江、沿邊三種開放政策的實施受到了地域特徵等諸多因素的影響,其實際效果也是有差別的。中國不均衡的開放戰略也導致了各地區對外貿易及吸引外資發展的不平衡。在這之中,受沿邊地區經濟發展落後、產業支撐不足、周邊國際政治環境複雜等因素的影響,與東部沿海地區相比,沿邊開放的整體水平還不高,對外開放總體呈現"東強西弱、海強邊弱"的局面。2012 年,由國家發展和改革委員會首次發佈的《中國區域對外開放指數研究報告》也印證了中國對外開放發展格局的直觀判斷,反映了中國區域對外開放的差別和不平衡情況。中國區域對外開放指數設置經濟、技術、社會三個一級指標,全面評估區域對外開放水平,根據報告,上海、北京、廣東位居排行榜前三位,而貴州、青海和西藏則排名墊底。特別地,作為對外開放前沿陣地的上海在經濟開放度方面較大幅度領先於北京和廣東,體現了上海作為中國經濟、金融和航運中心在外向型經濟方面的優勢。雖然,對外開放三十多年來,東部沿海地區作為開放的前沿陣地,對中國經濟的發展和內地產業的轉型升級都起到了積極的促進作用，推動中國成為亞洲第一大、世界第二大經濟體。在總體上，中國經濟的發展速度並沒有因為對外開放格局的不平衡而有所減緩，一直保持着較高的增速。但是，近年來，中國經濟發展遭遇阻力，增速明顯放緩，中國經濟開始進入新常態。沒有中西部特別是西部邊疆省區的發展，中國將會因東西部地區經濟發展水平的落差抑制整體的發展水平，這種經濟發展水平的落差將會使得東西部地區經濟社會發展呈現出更加不平衡的態勢，進而威脅已經發展起來的東部省區，使得國家經濟發展呈現出一種病態的不平衡。因此，"一帶一路"戰略將會對在對外開放政策推行中形成的不平衡的發展態勢進行必要的政策性調整，是實現東西部地區、沿海與內陸地區經濟社會平衡發展以及中國經濟社會的整體發展而作出的戰略決策，將會為中國的東部和中西部地區帶來對外開放的新機遇，在地域上形成全方位協調對外開放的新局面。

"一帶一路"戰略為東部沿海地區提供了產業轉型升級的機遇。自對外開放戰略推行以來，東部地區無論從起點上還是發展速度上都處在國內的領先地位，對外開放水平和經濟發展速度也處於國內的前列，但是，這並不等於東部沿海地區的開放模式是完美無缺的，隨着國內國際經濟發展格局的變化和對外開放亟須進一步深化，東部沿海地區的對外開放也暴露出一些問題。雖然中國已經成為高技術產品的貿易大國，但是貿易順差不能代表產業國際分工地位的高水平，中國在國際分工中所處的層次還比較低，這一點在東部沿海地區的產業佈局上體現得較為明顯。在東部沿海地區的產業佈局上，第一、第二產業比重偏高，第三產業比重雖有擴大但仍偏低，而在高新技術產品出口領域，更是僅僅發揮着勞動力、土地、資源等要素的低成本比較優勢，這也使得東部沿海地區仍然處在國際垂直分工的低端位置,難以掌握較高水平的核心競爭力,在與其他國家進行競爭時處在弱勢的地位。具體到某個產業中,東部沿海各省份政府出於收益周期的考量,較多地發展勞動密集型產業,忽視了技術密集型產業的發展,對於高新技術的引進力度仍顯不足。

"一帶一路"戰略在地域上涵蓋了中國所有地區、中亞、東南亞、南亞、西亞、歐洲等多個區域,在戰略中既包含了日本、韓國、新加坡等發達國家,同時也包含了越南、菲律賓、哈薩克斯坦等發展中國家,甚至包含了孟加拉、馬爾代夫、緬甸等最不發達國家,在國家分佈上有着較大的層次特點,這也有利於東部沿海地區的產業轉型和技術引進。從產業轉型的角度而言,"一帶一路"戰略擴展了產業轉移的發展空間,東部沿海地區可以將一些勞動密集型、資源消耗型產業向國內和國際兩個方向轉移,既可以帶動相對落後地區的經濟發展,也在一定程度上為東部沿海地區的產業升級清除了障礙。從技術引進的角度而言,"一帶一路"所提供的更多在於一個產業交流的平台。在"一帶一路"構建互聯互通網絡的基礎上,國家間的技術交流也會步入一個新高度。特別是在中國經濟新常態下強調了從要素驅動、投資驅動轉向創新驅動,東部沿海地區可以以此為契機,拓展產業技術交流的深度與廣度,加大高新技術的引進力度,利用產業轉移的空間加速技術密集型產業的發展。

"一帶一路"戰略為中西部內陸地區提供了加速對外開放的機遇。從起點上講,直到 1992 年,中國對外開放的步伐才逐步由沿海向沿江及內陸和沿邊城市延伸,對外開放的時間比東部沿海地區晚了十餘年;從發展速度上講,由於受中西部內陸地區經濟發展水平相對落後、相關產業的支撐相對不足、周邊國家政治經濟環境相對複雜等因素的影響,中西部地區經濟發展速度相對緩慢,特別是沿邊開發的力度相對不足,導致了中西部對外開放程度相對較低。

　　絲綢之路經濟帶戰略致力於解決這些問題。中國中西部地區與諸多鄰國接壤，如果僅僅考慮中國自身的發展，片面地追求內陸地區的對外開放，則會將中國中西部地區與周圍國家的經濟社會發展水平進一步拉大，不利於區域內的經濟合作與貿易往來。因此，絲綢之路經濟帶戰略並不局限於中國自身的發展，也將帶動中國周邊國家的發展，將中國的中西部地區與中亞、南亞等地區打造成為一個利益共同體，以中西部地區自身的發展促進區域內經濟發展，以區域內經濟的協調發展保障中西部地區經濟發展的穩定性。中西部地區，特別是與周邊國家接壤的地區，安全環境成為限制對外開放程度的制約因素。"一帶一路"戰略雖然在本質上並非軍事安全戰略，但是為經濟發展打造良好的安全環境也是其目標之一。"一帶一路"戰略將會以上海合作組織在中亞地區的打擊恐怖主義聯合行動為依託，努力消除西部邊境地區安全環境中的不穩定因素，為中國與周邊國家的經濟合作打造安全穩定的戰略空間。

　　限制中西部地區對外開放程度的重要因素在於與經濟發展相配套的基礎產業、基礎設施建設、相關政策協調性的相對不足。在"一帶一路"戰略的施行中，先行的交通基礎設施互聯互通，被具體化為公路、鐵路、航運等領域的聯通項目，給中西部地區和相關國家的基礎設施建設企業帶來了龐大的市場機會。中國商務部部長高虎城在《人民日報》撰文表示："統籌謀劃陸上、海上、航空基礎設施互聯互通，積極推進亞歐大陸橋、新亞歐大陸橋、孟中印緬經濟走廊、中巴經濟走廊等骨幹通道建設，努力打通缺失路段、暢通瓶頸路段，加強海上港口建設及運營管理，增加海上航線和班次，暢通陸水聯運通道，拓展建立民航全面合作的平台和機制。”[1]2013 年 10 月，中國倡議籌建亞洲基礎設施投資銀行，願向包括東盟國家在內的本地區發展中國家基礎設施建設提供資金支持，這也成為基礎設施建設的重要經濟基礎。此外，通關便利化是提升沿邊開放水平的重要手段，但當前的便利化程度不高，仍有許多地方需要不斷改善。“一帶一路”含有的對話與協調機制將會解決這一問題，各國政府將針對在對外開放中存在的口岸開放不對等、通關能力受限、出入境手續繁雜等問題展開對話協商，以雙邊和多邊協調的方式應對相關政策協調性的相對不足的問題，為中西部地區的對外開放掃清障礙。

此外，雖然中西部地區在應對產業轉移中是作為接收產業的一方，但這並不代表中西部地區處在被動的地位。“一帶一路”戰略根據各地域的不同特點形成了因地制宜的發展戰略，中西部地區各地政府在接收政策指導的同時也應充分發揮各地的比較優勢，增強對外開放的自主性。“一帶一路”戰略延展了對外開放中的主體，將此前很大程度上由中央政府主導下的對外開放拓展到了各地方政府、企業甚至個人都可以在對外開放體系中發揮自主性。中西部在承接東部產業轉移過程中，應當有選擇、有條件地進行產業承接，大力發展與東部地區以及周邊國家的跨區域產業技術創新聯盟，促進中西部地區完善產業技術創新體系。同時，要保護好土地資源，防止對環境資源的破壞，對一些不能夠適應可持續發展理念的產業堅決予以淘汰，在產業轉移進程中保持與東部地區、周邊相關國家戰略的協調性。

1　參見高虎城：《深化經貿合作　共創新的輝煌》，《人民日報》2014 年 7 月 2 日。

　　第三，"一帶一路"戰略為對外開放中產業和領域的拓展提供了良好的機遇。經貿合作依然是"一帶一路"建設的基礎和先導，在"一帶一路"建設中要着力發揮好經貿合作的先導作用，推動沿線國家形成寬領域、深層次、高水平、全方位的合作格局。[1] 從這個角度來看，經貿合作仍然是"一帶一路"戰略和整個對外開放新格局的核心，通過經貿合作，擴大資源要素的配置空間，充分釋放沿線各國的發展潛力，既有助於給沿線各國人民帶來實實在在的好處，也能為其他領域的合作奠定基礎。但是，在談及實現"一帶一路"戰略具體措施時，政府強調，"一帶一路"建設的主要內容是政策溝通、設施聯通、貿易暢通、資金融通、民心相通，這也正是"一帶一路"戰略在全方位開放中為產業和領域的拓展提供的良好機遇。政策溝通、道路聯通、貿易暢通、貨幣流通承接經貿合作，表明了中國在經貿合作中由原來的利益導向轉變為更加注重經貿往來的協調可持續發展；而"民心相通"則概括了在"一帶一路"戰略中不僅僅局限於經貿合作一處，要將文化、教育、旅遊、醫療衛生等諸多領域納入"一帶一路"戰略之中，提升全方位開放中領域的廣度。

　　長期以來，對外開放中的經貿合作存在着一些問題，由於自身和外部的一些原因，導致了很多貿易爭端和貿易摩擦的產生，中歐紡織品、光伏產品等的貿易摩擦即是其中的例證。雖然貿易摩擦源自雙方的因素，但是在經貿合作中中國存在着一些固有的問題。中國的對外貿易戰略是引起中歐貿易摩擦的基本原因。長期以來，中國在外貿戰略上奉行"出口至上主義"，這既惡化了貿易條件也加

1　參見高虎城：《深化經貿合作　共創新的輝煌》，《人民日報》2014 年 7 月 2 日。

劇了國際貿易摩擦[1]，在與國際通行規則進行對接時往往會產生一些政策上的不協調。政府和企業往往只進行利益方面的考量，忽視了規則的約束作用和行業自律，在經貿合作中過分強調政府的作用，宏觀調控的手段需要適應市場化的形勢。而"一帶一路"戰略則從這個問題出發，在強調自身經濟發展的同時更注重平等互利、共同繁榮，重視正確義利觀在經貿合作中的作用，優化政府宏觀調控的手段，注重發揮市場的調節作用和企業在經貿合作中的自主性。一方面，繼續重視經貿合作對新常態下中國經濟的推動作用；另一方面，在戰略中打造利益共同體和命運共同體概念，設身處地地理解沿線國家面臨轉變發展模式、增強發展動力的共同任務以及密切經貿聯繫、擴大經貿合作的共同願望，"秉承和弘揚團結互信、平等互利、包容互鑒、合作共贏的絲路精神，緊密結合各國各方發展實際"[2]，強調經貿合作領域的戰略互信，將貿易摩擦消滅在萌芽狀態。

同時，在這一戰略推行的過程中，中國各級政府摒除利益優先的態度，不再把經貿合作看作是孤立的產業，而是從相關支撐產業發展、貿易便利化政策、交通及基礎設施建設等方面入手，為打造健康可持續的經貿合作作出努力，注重在經貿合作中真正為相關國家帶來國家發展與繁榮，以經貿合作帶動其他產業內的國際合作與對外開放。第一，促進中國與相關國家的雙向投資。打破過去簡單的商品貿易局面，促進與沿線國家的合作向相互投資轉變，貿易和投資都成為對外經濟開放中的一環，兩項並舉，共同發展。第二，

1　參見黨軍：《中歐貿易摩擦分析及對策建議》，《西安財經學院學報》2006年第 4 期。

2　高虎城：《深化經貿合作　共創新的輝煌》，《人民日報》2014 年 7 月 2 日。

推進區域基礎設施互聯互通。[1] 上文提及的亞歐大陸橋、新亞歐大陸橋、孟中印緬經濟走廊、中巴經濟走廊等骨幹通道都將成為基礎設施建設的重點，而基礎設施的互聯互通已經取得了一定的成果。值得注意的是，基礎設施建設不是孤立的產業，更不是單憑中國一己之力就可以完成的。基礎設施建設上要共同合作，這將會促進能源開發、金融合作、海港、物流交通等領域的戰略互信，從而實現 "以交通基礎設施為突破，實現亞洲互聯互通的早期收穫" 的願景。第三，建立融資平台，展現中國的大國擔當。2014 年 11 月，習近平宣佈，中國將出資 400 億美元成立絲路基金。絲路基金是開放的，歡迎亞洲域內外的投資者積極參與。絲路基金將為 "一帶一路" 沿線國基礎設施建設、資源開發、產業合作等有關項目提供投融資支持。作為世界第二大經濟體的中國首先在資金上作出了自己的貢獻，絲路基金將與亞洲基礎設施投資銀行一起成為 "一帶一路" 建設互聯互通的經濟基礎。第四，注重溝通機制，推進貿易便利化政策。在經貿合作中，雙邊或多邊中的政策不協調、貿易不便利成為阻礙合作進行的關鍵因素，也是引發貿易爭端和貿易摩擦的關鍵點。在過去粗放型的對外開放中，中國往往強調自身國情的特點，忽視了國際通行規則及與貿易對象國之間政策的協調。"一帶一路" 作為一個開放性的平台，其本身就具有雙邊和多邊磋商機制，能夠及時協商解決項目執行過程中遇到的問題，在海關、質檢、電子商務、過境運輸等影響貿易便利化的重點領域能夠及時開展溝通與政策協調。

在致力於經貿合作及其相關基礎產業合作的同時，"一帶一路"

1　高虎城：《深化經貿合作　共創新的輝煌》，《人民日報》2014 年 7 月 2 日。

也擴展了對外開放的領域,為文化、教育、旅遊、醫療衛生等諸多領域的對外開放帶來了機遇。從本質上講,"絲綢之路經濟帶"和"21 世紀海上絲綢之路"兩大戰略的提出都是有着深厚歷史和文化基礎的,戰略本身而言也有着文化先行的理念。2014 年 6 月,中國、哈薩克斯坦、吉爾吉斯斯坦三國聯合申報的古絲綢之路的東段——"絲綢之路:長安—天山廊道的路網"成功申報世界文化遺產,成為首例跨國合作、成功申遺的項目。"絲綢之路經濟帶"的提法承接了自古以來的絲綢之路,"21 世紀海上絲綢之路"的提法也承接了"海上絲綢之路"的概念,一起發掘沿線國家深厚的文化底蘊,繼承和弘揚"絲綢之路"這一"具有廣泛親和力和深刻感召力的文化符號"[1]。

"一帶一路"倡議致力於強調歷史傳承,以文化先行化解世界對於"一帶一路"的誤解,推進相關國家對戰略的認同感,從而促進其他領域合作的有效性。隨着"一帶一路"倡議逐步落實到項目規劃,特別是中國出資建立絲綢之路基金以來,對於"一帶一路"倡議的誤解不絕於耳,來自西方的誤讀把"一帶一路"倡議稱作"中國版的馬歇爾計劃",把中國推行這一戰略的努力解讀為在亞太地區謀求控制力乃至霸權。對於這種出於國家立場不同而產生的誤讀,從經濟領域進行互惠戰略的構建是遠遠不夠的,在"一帶一路"倡議推行中要以文化先行。中國宣導的"一帶一路"以發展為目標,弘揚的是"和平合作、開放包容、互學互鑒、互利共贏"的新絲路精神,對合作不附加任何政治條件。通過將歷史與現實的對接,表明了中國長期以來都在古代絲綢之路的基礎上進行和平友好、平等互利的經貿往來和人文交流,推進相關國家對戰略的認同感,消除

1　蔡武:《堅持文化先行　建設"一帶一路"》,新華網,2014 年 5 月 5 日。

對中國謀求霸權的疑慮。

"一帶一路"倡議為文化、教育、旅遊、醫療衛生等諸多領域的對外開放帶來了機遇。文化在對外關係發展中起橋樑作用，是一個國家核心競爭力的重要組成部分，搞好"一帶一路"戰略中的文化交流可以拓展中國的國際影響力，加強各國、各領域、各階層、各宗教信仰的交往與交流是中國和相關國家進行全方位合作的基礎。在文化領域，中國與沿線各國已經有了一些交流的平台，中國與沿線大部分國家都簽署了政府間文化交流合作協定及執行計劃，與上合組織、東盟、阿拉伯國家聯盟等多個組織成員國及中東歐地區都建立了人文合作委員會、文化聯委會機制，這是"一帶一路"戰略推進文化交流的平台和基礎。具體而言，文化年、藝術節、電影周和旅遊推介活動等都是文化交流中可以靈活運用的方式方法，而中國政府更是提出，"在未來5年，將為周邊國家提供2萬個互聯互通領域的培訓名額，幫助周邊國家培養自己的專家隊伍。中國也願派出更多留學生、專家學者到周邊國家學習交流"[1]。從整個文化交流戰略層面上看，中國政府在未來將會致力於"制定政府文化交流的中長期戰略規劃，落實好與'一帶一路'沿線國家的政府間文化合作協定和年度執行計劃，視情況在相關計劃中納入共建'絲綢之路'的內容，為中國與沿線國家開展文化交流與合作提供法律保障"[2]，真正把"一帶一路"戰略打造成為對外開放中的文化交流品牌，為中華文化"走出去"和拓展國際影響力提供新的戰略機遇。

1　習近平：《聯通引領發展　伙伴聚焦合作 —— 在"加強互聯互通伙伴關係"東道主伙伴對話會上的講話》，《人民日報》2014年11月9日。

2　蔡武：《堅持文化先行　建設"一帶一路"》，新華網，2014年5月5日。

（二）周邊外交機遇

經過多年的外交實踐，中國外交形成了"大國是關鍵，周邊是首要，發展中國家是基礎，多邊是重要舞台"的全方位外交佈局。其中，"周邊是首要"的提法也體現出周邊外交在中國外交格局中的首要地位。特別是自 2013 年以來，周邊外交在國家總體佈局中的地位被空前重視。2013 年 10 月 24—25 日，周邊外交工作座談會在北京召開，這是新中國成立 64 年來第一次召開周邊外交工作會議，也是新一屆中共中央召開的第一個重大外事工作會議。這反映出以習近平為核心的新一代中共中央領導集體對於周邊外交工作的重視。從實踐層面來看，中國與周邊國家領導人高層互訪日益頻繁，中國與土庫曼斯坦、塔吉克斯坦、吉爾吉斯斯坦等多個國家建立或者升級了雙邊戰略伙伴關係。2014 年 8 月，中國國家主席習近平在訪問蒙古時表示，中國願意為周邊國家提供共同發展的機遇和空間，歡迎大家搭乘中國發展的列車，搭快車也好，搭便車也好，我們都歡迎，這更是展現了中國希望與周邊國家發展日益緊密的外交關係的良好願望。

更進一步地，在中國經濟進入新常態之際，中國周邊外交也進入了新常態，呈現出一些與以往不同的特點。首先，中共中央認識到了周邊形勢與周邊環境的變化。中國同周邊國家的經貿聯繫更加緊密、互動空前密切，這使得中國的周邊外交工作也需要因時而變，與時俱進，要以周邊形勢的變化為導向，提出周邊外交工作中的新思路和新方法，"一帶一路"戰略即是符合時代變化而作出的工作創新。其次，中共中央進一步明確了周邊外交的基本方針，強調"堅持與鄰為善、以鄰為伴，堅持睦鄰、安鄰、富鄰，突出體現親、

誠、惠、容的理念，發展同周邊國家睦鄰友好關係"，在周邊外交中
強調睦鄰友好、以誠待人、互惠互利、開放包容。這也貫穿於"一
帶一路"戰略的始終，中國希望與周邊國家共同努力，加快基礎設
施互聯互通，加快沿邊地區開放，深化沿邊省區同周邊國家的互利
合作。第三，在周邊外交中強調互信、互利、平等、協作的新安全
觀，開始在周邊外交中重視共同安全的建構，注重區域安全合作和
戰略互信的建構。最後，突出強調公共外交、民間外交、人文交流
等低級政治層面的對外交往，與"一帶一路"戰略中的"民心相通"
形成對接，鞏固和擴大中國同周邊國家關係長遠發展的社會和民意
基礎，更好地培育周邊國家間的命運共同體意識。

　　未來 5 年，中國將進口 10 萬億美元的商品，對外投資超過
5000 億美元，出境遊客約 5 億人次，中國的周邊國家以及絲綢之路
沿線國家將率先受益。

　　具體而言，下文針對"一帶一路"戰略發展的幾個方向，探尋
其中分別為東亞、中亞、東南亞、南亞等不同區域的外交發展帶來
的新機遇。

1. 周邊外交機遇在東亞

（1）中韓關係發展與中韓自貿區建設：為"一帶一路"沿線自貿區提供樣本

　　自 2013 年以來，東北亞局勢發生了一些變化，日本政界右傾
化思維日益加深、美日同盟進一步鞏固、朝鮮半島局勢仍不明朗、
日朝關係趨於接近，這些新形勢都在重新塑造着中韓關係。同時，
中韓關係也受到朝鮮半島無核化問題懸而未決、韓美關係進一步發
展的不利影響。同樣，中韓兩國國內的外交政策也發生了一定的轉

向，中國政府推行的親、誠、惠、容的周邊外交理念與韓國政府提出的"信任外交"理念有着一定的共通性，在建立戰略互信上兩國有了進一步的發展。韓國方面強調中國的"一帶一路"與朴槿惠政府的"歐亞倡議"（Euraisa Initiatve）殊途同歸，希望"一帶一路"從海上向北延伸，與之對接。

2013 年 6 月和 2014 年 7 月中韓兩國首腦相繼互訪，雙方共同簽署了《中華人民共和國和大韓民國聯合聲明》。在這份聯合聲明中，中韓兩國的戰略伙伴關係未來的發展目標被定位為"實現共同發展的伙伴、致力地區和平的伙伴、攜手振興亞洲的伙伴、促進世界繁榮的伙伴"，豐富了中韓戰略合作伙伴關係的內涵。具體而言，中韓戰略伙伴關係的發展集中在以下四個領域：以互信為基礎，為增進朝鮮半島和東北亞的和平與穩定加強合作；致力於擴展雙邊經貿和產業合作，成為東亞區域一體化和全球經濟復蘇的引領力量；拓展人文交流的廣度與深度，將 2015 年和 2016 年分別確定為"中國旅遊年"和"韓國旅遊年"，定期舉辦由引領兩國未來的青年精英參與的"中韓青年領導者論壇"；就朝鮮半島核問題和朝鮮半島統一問題達成廣泛共識，再次確認反對半島核武器開發的堅定立場。

而在中韓關係中最為突出的是中韓自貿區建設。2015 年 2 月 25 日，中韓雙方完成中韓自貿協定全部文本的草簽，對協定內容進行了確認。至此，中韓自貿區完成全部談判。中韓自貿區談判於 2012 年 5 月啟動，是中國迄今為止對外商談的覆蓋領域最廣、涉及國別貿易額最大的自貿區。根據談判成果，在開放水平方面，雙方貨物貿易自由化比例均超過"稅目 90%、貿易額 85%"。中韓自貿區的正式成立，成為"一帶一路"戰略提出後在自貿區建設領域的第一個成果，不僅將帶動中韓企業間的互動，也將與中國—東盟自貿區形成相互呼應的效果，成為"一帶一路"沿線自貿區的樣本和突破口。

（2）"一帶一路"戰略與轉型中的中日關係：中日關係緩和的契機

相比於同處東北亞地區的中韓關係，中日關係自 2013 年以來呈現出更多的是彼此冷淡、"政冷經冷"的特點。日本政界右傾化思維嚴重，安倍政府推行"價值觀外交"，構建旨在遏制中國的"自由與繁榮之弧"，同時致力於"日本國家正常化"，突破戰後數十年以來行使集體自衛權有關的政府解釋，日本政府的對外政策難以與中國形成契合點。更為嚴重的是，兩國關係中的不穩定因素呈現着上升的態勢，在歷史認識、台灣問題、領土主權及海洋權益等問題上相繼出現矛盾，特別是在釣魚島主權爭端、參拜靖國神社、東海防空識別區等問題上存在着完全對立的尖銳衝突。在經貿領域，雙邊政治關係的惡化進一步導致雙邊關係"政冷經冷"，2013 年中日貿易額比上一年下降 6.5%，為連續兩年下滑。據中國海關統計，2013 年度中日貿易總額為 3125.5 億美元，其中，中國對日出口 1502.8 億美元，比上一年同比下降 0.9%，由日進口 1622.7 億美元，同比下降 8.7%。[1] 由於政治和經貿領域雙邊關係的持續惡化，中日雙方人員交流也陷入低谷。

從"政冷經熱"到"政冷經冷"，中日關係目前面臨着轉型期。"一帶一路"戰略應當成為兩國關係緩和與進一步發展的契機，其中，民間交流應當成為突破口。國內的民意往往是一個國家對外政策的基礎和反映，而中日民間互信基礎非常脆弱，其原因在於中日雙方民眾對彼此的了解太少以及新聞媒體在其中的推波助瀾。實際上，中日兩國民間交流有着較長的歷史，兩國關係正常化也來於此

1　參見李向陽編：《亞太藍皮書：亞太地區發展報告（2015）》，社會科學文獻出版社 2015 年版，第 172 頁。

前廣泛的民間往來。就當前的形勢而言,中日民間交流應當注重文化交流的獨特功能,推動中國文化與日本文化的相互理解,切實推進青少年的文化交流和民間往來,在民間形成中日戰略互信的基礎。同時,中日雙方在環保與節能減排、新能源開發、區域經濟一體化、海洋開發等諸多領域有着廣泛的利益共同點,中韓自貿區的建成將為處於僵局的中日韓自貿區提供發展的契機,也將成為"一帶一路"戰略中中日雙方經貿關係的突破口。

2. 周邊外交機遇在東盟

中國和東盟對話始於 1991 年,中國 1996 年成為東盟的全面對話伙伴國。1999 年,中國政府提出了加強與東盟自由貿易區聯繫的願望。2001 年 11 月,中國與東盟各國簽署了《南海各方行為宣言》,在當年"10+1"領導人會議上,中國與東盟達成了自貿區共識。2002 年 11 月 4 日,《中國與東盟全面經濟合作框架協定》簽署,自貿區建設正式啟動。經歷了近 8 年時間的談判,2010 年 1 月 1 日,擁有 19 億人口、GDP 接近 6 萬億美元、世界最大的自由貿易區——中國—東盟自由貿易區正式建立。目前,中國—東盟自由貿易區的發展已經進入了第五年,發展速度也呈現出上升的態勢,2014 年雙方貿易額達 4804 億美元,較上年增長 8.3%,比中國對外貿易 3.4% 的平均增幅快了一倍多。中國—東盟自貿區,已經成為日趨成熟的經貿發展及人文交流的平台,成為"21 世紀海上絲綢之路"建設中可以運用的平台基礎。

但是,中國與東盟間存在着一定的矛盾,將在一定程度上制約雙邊關係的發展。首先,中國與東盟內部國家間的貿易呈現不平衡的態勢。新加坡、馬來西亞、泰國、印尼、菲律賓、越南與中國的貿易額佔中國—東盟總貿易額的 95% 以上，而中國與緬甸、柬埔寨、汶萊、老撾的貿易額僅佔不足 5%。這種貿易結構上的不平衡將對中國—東盟經貿關係的進一步發展造成內部的不協調。其次，亞洲區域經濟一體化進程的加速使得區域全面經濟伙伴關係協定（RCEP）、跨太平洋戰略伙伴關係協定（TPP）等一系列旨在塑造區域經濟新格局的貿易規則湧入亞太地區，對中國—東盟自貿區形成了一定的衝擊。特別是由美國主導的 TPP，吸引了新加坡、汶萊、越南、馬來西亞四個東盟國家參與談判。在 2012 年提出的"美國—東盟擴大經濟合作"倡議的推動下，TPP 在東盟的影響力不斷擴展，將放大中國與東盟對美日市場的出口競爭，同時也會呈現出美日投資向東盟國家轉移的趨勢，與中國爭奪東盟市場。此外，南海問題也是影響中國—東盟經貿關係發展不可忽視的因素。在越南、菲律賓等東盟內部國家和美國等一些域外國家的合力推動下，東盟對南海問題的立場呈現出"從過去的中立轉向積極介入"，南海問題在東盟議程上正逐漸"從邊緣轉向中心"[1]，南海問題呈現出"東盟化"的趨勢。雖然東盟並沒有使南海問題進一步擴大為國際化的意願，但是仍然與中國政府的立場有一定的衝突，中國方面一貫致力於與當事國通過友好協商和談判解決爭議，並認為南海問題不是中國與東盟之間的問題，而是中國與特定爭議國家間的問題。同時，中國與相關國家在領土、經濟區、油氣資源等問題上的爭奪將會直接影響雙邊經貿關係的發展，對中國—東盟經貿關係也會造成不利影響。

　　"一帶一路"戰略，在對中國—東盟自由貿易區這一雙邊交往平

1　參見趙國軍：《論南海問題"東盟化"的發展 —— 東盟政策演變與中國應對》，《國際展望》2013 年第 2 期。

台運用的基礎上，將會重塑中國—東盟雙邊關係，為雙方帶來增進彼此戰略互信的機遇。“一帶一路”戰略將會改變以往過分關注經濟效益的價值取向，與交易伙伴在基礎設施、物流、交通、人文交流等領域展開更加廣闊的合作。而隨着交通領域互聯互通的完善、基礎設施及相關配套產業的完善，不僅將會推進新加坡、馬來西亞、泰國、印尼、菲律賓、越南與中國間的交往與貿易往來，也將極大地改善緬甸、柬埔寨、汶萊、老撾的貿易及投資環境，優化中國的投資結構，使得中國與東盟國家間的交往呈現出更加協調的態勢。針對南海問題，直接對抗的零和解決模式將會對各參與方造成消極的影響，而經貿往來、人文交流等領域交往的增加將會對雙方關係起到推動作用。東盟也將會成為各當事國對話與協商的平台，而非某些國家藉以維護本國利益的工具。而 TPP，雖然在客觀上與“一帶一路”及中國—東盟自由貿易區是一種競爭關係，但是隨着全球經濟一體化進程的深入，中國—東盟間的雙邊關係無法排斥域外國家的影響。中國所不支持的是由美國完全主導下的亞太格局，而“一帶一路”作為亞太地區重塑經濟政治關係的新模式，不僅將會增強區域內國家間的戰略互信，也可以此為基礎與域外國家、其他經濟協定國展開對話，化競爭關係為伙伴關係，共同推動亞太區域經濟一體化的進程。

3. 周邊外交機遇在南亞

相比於業已成熟的中韓自貿區、中國—東盟自貿區，中國並沒有同整個南亞地區形成一些成熟的交往平台，與南亞各國間的具體關係也顯得較為複雜，南亞各國對“一帶一路”戰略也持有不同的態度。

（1）斯里蘭卡："21 世紀海上絲綢之路"上的明珠

斯里蘭卡，位於孟加拉灣和阿拉伯海之間的樞紐地帶，位於印度洋主航道中心線附近，戰略位置極其重要，被譽為"東西方十字路口"，在"一帶一路"戰略中有着重要的地位。在印度洋上，斯里蘭卡與中國都面臨着印度的競爭關係，這使得中斯雙方在戰略上相互接近。2013 年 5 月，斯里蘭卡總統馬欣達‧拉賈派克薩訪華，兩國決定將斯里蘭卡和中國的關係提升到"戰略合作伙伴關係"。2014 年 9 月，中國國家主席習近平應邀訪問斯里蘭卡，雙方同意深化戰略合作伙伴關係，並簽署了多項合作協定，涵蓋經濟、科技和人文等多個領域，斯里蘭卡也成為首個以政府聲明形式支持"一帶一路"戰略倡議的國家。而在 2015 年 2 月 27 日，中國外交部長王毅在北京同斯里蘭卡外長薩馬拉威拉舉行會晤，王毅表示，"中斯雙方已同意建立海岸帶和海洋合作聯委會，探討在港口、海洋資源管理、生態保護、海上搜救等領域開展合作。相信中斯合作將成為新時期海上合作的樣板，期待斯里蘭卡成為 '21 世紀海上絲綢之路' 上耀眼的明珠。"[1] 中國同斯里蘭卡的關係逐漸深入，斯里蘭卡已經成為中國"一帶一路"戰略在印度洋上的支點。

具體而言，目前中斯在"一帶一路"領域上的合作主要體現在漢班托塔港和科隆坡港的建設之中。2012 年，由中國投資興建的漢班托塔港正式啟用，為中國在中東和非洲航線的安全提供了保障；而在 2014 年 10 月，中斯雙方就港口高速公路工程達成建設意向，將進一步完善港口的基礎設施建設。2015 年 2 月，雖然歷經斯里蘭卡政府更迭的波折，但由中國交建承建的科隆坡港口城項目仍將繼

1　王毅：《期待斯里蘭卡成為 "21 世紀海上絲綢之路" 上的明珠》，新華網，2015 年 2 月 28 日。

續推進。港口、道路等基礎設施建設將為中斯關係和"一帶一路"戰略提供基礎性保證，而斯里蘭卡已經成為中國印度洋戰略中的重要合作伙伴，是中國建設"21世紀海上絲綢之路"在印度洋上的重要一環。

（2）巴基斯坦：繼續發展"更加緊密的戰略合作伙伴關係"

巴基斯坦是中國的全天候朋友，處於"一帶一路"海外路線的交匯點上，中巴經濟走廊貫通後能把南亞、中亞、北非、海灣國家等通過經濟、能源領域的合作緊密聯合在一起，巴基斯坦將在"一帶一路"戰略中起到橋樑性作用。2002年，中國政府應穆沙拉夫總統的請求為瓜達爾港建設提供資金和技術援助，2015年2月，瓜達爾港基本竣工，2015年4月中旬全面投入運營。瓜達爾港的啟用，將會加強中國的能源安全與國際影響力，並且保持在印度洋地區的戰略存在。作為阿拉伯海中的重要港口，在南海局勢尚不穩定的外部條件和瓜達爾港緊鄰能源運輸重要通道霍爾木茲海峽的自身優勢下，將會成為中國西北能源的秘密通道，也將帶動巴基斯坦經濟的發展。未來中國與巴基斯坦之間的合作也將圍繞瓜達爾港和中巴經濟走廊展開，針對電力供應、鐵路建設、反對恐怖主義等突出問題展開合作。

（3）印度：競爭與合作

"21世紀海上絲綢之路"建設將使中國的觸角超越西太平洋海域，向南深入南太平洋、向西開闢進入印度洋通道。而在印度看來，印度洋是其本國的勢力範圍，對中國保持着警惕的態度。雖然在2014年，中國國家主席習近平訪問印度並與印度領導人就"一帶一路"戰略進行了探討，但是印度方面始終沒有明確表態支持"一帶一路"建設，對於中國威脅其地區戰略利益的行為抱有消極抵觸的態度。特別是在中國與印度周邊的巴基斯坦、斯里蘭卡、緬甸、馬爾代夫等國深入開展合作的背景下，印度更是把這種雙邊關係的發展視作在陸上與海上對其進行的"合圍"。更進一步地，2015 年 2 月，在第 17 屆亞洲安全大會（ASC）上，印度更是推出了"季節"計劃（"Mausam Project"），規劃了一個由"印度主導的海洋世界"，重建古印度文明圈，對中國的"一帶一路"戰略進行反制。

在印度洋地區的安全和貿易中，印度是該區域秩序的組織者，其地位和作用是獨一無二的。一個缺少了印度參與的"一帶一路"戰略無疑是不完善的，而印度對中國產生的戰略警惕也是出於自身利益的考量，是應當被充分理解的。因此，如何與印度建立更深層次的戰略互信應當成為中國—印度關係的突破口。針對印度懷有的警惕態度，孟中印緬經濟走廊的建設可以成為突破口。隨着中國經濟步入新常態，印度經濟卻呈現出高速度的增長態勢，中印雙方可以就此展開優勢互補，以孟中印緬經濟走廊的建設為契機，打造東亞與南亞兩大區域的互聯互通。此外，孟中印緬經濟走廊的建設是中印之間少有的由學術界推動，最終被兩國官方接受並接過主導權的外交案例。在雙邊政治關係陷入困局之時，民間的、地方的交往可以成為中印兩國關係發展的補充。同時，印度推出的"季節"計劃，其出發點也可以追隨到印度早期文明，這與中國"一帶一路"的倡議有着一定的共通點。中印雙方可以以雙邊歷史交往為契機，宣導文明共通，從戰略的歷史溯源上減少相互的戰略互疑，為經貿和政治領域的戰略互信奠定基礎。

4. 周邊外交機遇在中東

伊朗駐華大使馬赫迪·薩法里認為，由於伊朗在"一帶一路"的角色和位置都相對處於核心地帶，絲綢之路經濟帶的建設可以從中國的西部開始，穿越中亞國家，到達伊朗。並從伊朗開始，向三個方向繼續延伸：向南覆蓋波斯灣國家並穿過公海到達歐洲、拉丁美洲和北美洲地區；向西通過伊拉克和敘利亞到達地中海進而延伸到地中海周邊和歐洲疆域；向東穿過阿富汗、巴基斯坦、印度等南亞次大陸國家。伊朗對與中國的全方位戰略合作非常期待。[1]

　　中國已成為中東地區石油進口最大國家。將來，中東地區的石油人民幣業務、亞歐非交通要衝地位將進一步凸顯。中國中東問題特使宮小生表示，中東地區會是"一帶一路"倡議推進的重點地區，可能成為這一倡議落地最好、最早的地區之一。中東地區各國與中國關係良好，外交上沒有分歧。在他長年外交生涯與阿拉伯官員接觸的過程中，感受到雙方唯一的分歧只是"中文和阿拉伯文哪一種是世界上最難的語言"。同時，中阿雙方經濟互補性強，阿拉伯國家現階段經濟發展的重點之一是加快鐵路、機場、港口等基礎設施建設，這為中阿經貿合作奠定了良好基礎。隨着中國—海灣合作組織自由貿易區（FTA）的建立，中東特別是海灣國家具有雄厚的經濟實力，市場發育比較完善，應該說是"一帶一路"倡議落地現實可能性最大的地區之一。中國企業在高鐵、通訊、基礎設施建設等方面在這一市場面臨巨大機遇。過去，這一市場主要被美國、日本等發達國家佔領，中國企業作為後來者，其技術被認可和接受需要一個過程，也需要一系列政策配套。

1　參見中國人民大學重陽金融研究院編：《歐亞時代——絲綢之路經濟帶研究藍皮書 2014—2015》，中國經濟出版社 2014 年版。

5. 周邊外交機遇在中亞

　　中亞地區聯通了亞太地區與歐洲地區，是"絲綢之路經濟帶"的中心地帶。中亞五國——哈薩克斯坦、烏茲別克斯坦、吉爾吉斯斯坦、塔吉克斯坦和土庫曼斯坦擁有豐富的石油、天然氣、礦產等資源，但受限於內陸的地緣環境和不便的交通狀況，地區經濟發展水平與亞太地區和歐洲地區的廣大國家都存在着差距。由於深處亞歐大陸的腹地、中亞地區缺少出海口的地緣特徵一直成為其經濟發展的瓶頸。而"一帶一路"戰略的提出，將把中亞地區建成連接歐亞的戰略通道，擴展中亞各國與外界的聯繫，促進中亞國家經濟的快速發展。

　　資源及產業結構的互補性成為中亞地區參與"一帶一路"戰略的基礎。中國與中亞地區國家在資源構成、產業結構和工農業產品等方面有着較強的互補性，商業貿易和服務業貿易也有着良好的合作基礎。中國將為中亞國家提供廣闊的市場，帶動油氣資源、礦產及其相關產業的發展。

　　而中亞地區的互聯互通已經成為"一帶一路"建設的先鋒。目前，針對中亞地區國家交通不便的現實特點，作為新亞歐大陸橋重要組成部分的隴海鐵路、蘭新鐵路深入中亞地區，成為資源運輸的鐵路幹線。2015 年 2 月，中亞班列（連雲港—阿拉木圖）正式首發，中亞地區國際物流過境運輸業務得到快速發展。中國對於絲路基金、亞洲基礎設施投資銀行等具體投資平台的設立也將從資金上為中亞地區的基礎設施建設提供保障。

　　此外，中亞地區的恐怖主義勢力一直較為猖獗，這不僅影響了中亞地區的投資環境和運輸線路的安全，同時也對中國、中亞地區乃至整個世界的安全構成了威脅。針對這一現狀，上海合作組織為中國與中亞地區國家反對恐怖主義的合作提供了良好的戰略平台。《上海合作組織反恐怖主義公約》的簽署與生效也將為“一帶一路”戰略在反對恐怖主義領域提供良好的外部規則的引導，為各國在中亞地區的經貿安全、戰略利益提供良好的保障。

（三）地區合作機遇

“一帶一路”戰略雖然是由中國政府作出的倡議，但是該戰略宣導的是從中國和整個亞太地區出發、輻射全世界的發展方式。“一帶一路”戰略中所宣導的互聯互通理念、利益共同體和命運共同體意識，將推動地區合作進入新的層次和新的高度，並將強化多邊合作機制作用，更好發揮上海合作組織（SCO）、中國—東盟“10+1”、亞太經合組織（APEC）、亞歐會議（ASEM）、亞洲合作對話（ACD）、亞信會議（CICA）、中阿合作論壇、中國—海合會戰略對話、大湄公河次區域（GMS）經濟合作、中亞區域經濟合作（CAREC）等現有多邊合作機制作用。

1. 推動經貿關係發展，加速區域經濟一體化建設

“一帶一路”貫穿歐亞大陸，連接了亞太經濟圈和歐洲經濟圈，沿線總人口約 44 億，經濟總量約 21 萬億美元，分別約佔全球的 63% 和 29%。沿線國家既有歐洲和亞太地區的發達國家，也有包括中國在內的廣大發展中國家，還包括着少數最不發達國家，國家間的經濟結構、資源儲備、貿易結構比較優勢差異明顯，相互之間的

互補性較強。"一帶一路"一以貫之的互聯互通理念反對僅僅出於國家利益而作出的戰略決策,而是宣導一種以地區合作整體利益作為決策出發點的戰略思考,這也要求沿線各國在互利共贏的基礎上廣泛開展合作。同時,"一帶一路"沿線地區大多是新興經濟體和發展中國家,普遍處於經濟發展的上升期,對於區域內的經貿往來和對外投資有着良好的發展願望。"一帶一路"戰略的推進也將在基礎設施建設、道路交通、物流、商品產業鏈等領域進行更加完善的建設,推動貿易投資自由化、便利化水平。經貿關係的發展也將是"一帶一路"建設的基礎和先導,推動沿線國家形成"寬領域、深層次、高水平、全方位"的合作格局。

隨着經濟全球化的深入發展,貿易和投資結構都有着較大的調整,沿線國家面臨着經濟轉型升級的共同問題,區域經濟一體化是各國間的共同願望。中國國家主席習近平在 APEC 領導人非正式會議第一階段會議上也表示,"中國是區域合作的受益者,更是區域合作的積極宣導者和推進者,我們願意積極推進本地區貿易投資自由化便利化,加快區域經濟一體化,攜手推動亞太地區發展繁榮",這也體現了中國宣導區域經濟一體化的決心。在歐洲地區,歐盟作為日益成熟的經濟政治一體化組織,在整合區域經濟一體化建設中有着良好的示範效應。而在廣大的亞太地區,出於區域經濟一體化的共同願望,包括中韓自貿區、中國—東盟自貿區、TPP 在內的多個經貿協議共存於整個亞太地區,在區域經濟一體化中既發揮了推動的作用,又帶來了貿易規則間的競爭與衝突。中國推進"一帶一路"戰略旨在通過經貿往來和文化互通更好地整合整個亞太地區的經貿關係,為區域經濟一體化帶來新的發展模式。

2. 推進地區安全合作，攜手打擊恐怖主義

　　亞太地區面臨着錯綜複雜的安全問題，難以保持長期穩定的周邊環境也是亞太地區經濟及其他領域發展的制約因素之一。作為亞太地區重要的外貿和能源運輸通道，馬六甲海峽一直面臨着海盜和海上恐怖主義的問題，對周邊國家乃至整個世界的能源安全構成了威脅；南亞地區部分國家國內還面臨着反政府武裝及恐怖主義的威脅，國內政局的穩定都受到威脅；中亞及中國西部地區一直受到暴力恐怖勢力、民族分裂勢力、宗教極端勢力的威脅，不僅投資環境受到較大的影響，國家安全與地區穩定也受到影響。

　　在應對這些地區中的不穩定因素時，各國政策的合作與互動性顯得較弱，難以形成有效反對恐怖主義的國際合作平台，難以形成攜手建設地區安全的合力。為此，中國政府已經通過上海合作組織這一平台建立了聯合反恐演習、大型國際活動安保、情報交流會議、打擊網絡恐怖主義聯合工作小組等合作機制，成為聯合打擊恐怖主義、建立地區安全的機制基礎。“一帶一路”戰略也將沿用上合組織的合作平台，並為這一平台增添更多域內外的合作伙伴，促進反對恐怖主義的聯動效應。在“一帶一路”戰略中，中國在反恐合作中實質上起到一個核心的作用，能夠有效減少各國間相互推諉責任局面的出現。除了馬六甲海峽這一條傳統運輸線外，印度洋上瓜達爾港、科隆坡港等戰略性港口的相繼建成，將為中國和整個亞太地區的資源運輸提供新的道路選擇，既能減輕馬六甲海峽的運輸壓力，也能在一定程度上使地區內的國家增添資源運輸的選擇，有效保障國家的能源安全。

3. 推動人民幣國際化

"一帶一路"宣導資金融通，助力人民幣國際化。人民幣國際化和人民幣離岸中心的發展作為"一帶一路"規劃中跨境貿易與資金融通的重要路徑，無疑會推動國際投資與區域合作的進程。

在國際金融市場聯動、全球各國貨幣政策及財政政策相機抉擇的背景下，貨幣互換協定的功能已從應對危機轉向支持雙邊貿易和投資，有助於降低匯率風險，為金融機構的海外分支機構以及海外中國企業提供流動性支持，以人民幣國際化推進國際經濟、貿易和投資合作的進程。同時，中國與多國建立雙邊本幣互換協議，也就相當於建立了一個以人民幣為中心的"一對多"的交換、融資、清算系統，有利於推動人民幣成為全球主要的貿易、金融和儲備貨幣。

無論是金磚國家開發銀行、亞洲基礎設施投資銀行，還是絲路基金，共同目的都是通過支持所在區域尤其是"一帶一路"沿線的公路、通信管網、港口物流等基礎設施建設，最終實現資本輸出。

4. 推動民心相通，夯實民意基礎

目前，對於中國提出的"一帶一路"戰略倡議，雖然地區內的相關國家都表示肯定與支持，但是也不乏反對和質疑的聲音。一些國家把中國推行這一戰略的目的解讀為尋求在區域內的主導權和追求自身的勢力範圍，中國尋求合作的行為也被曲解為在區域內維繫自身的主導地位，中國推進投資和建立絲路基金的行為更是被肆意曲解為"中國版的馬歇爾計劃"，被視為"中國威脅論"。雖然這些錯誤認識可以從"一帶一路"戰略的理論上予以批駁，但是我們必須意識到這種錯誤解讀的背後是有一定社會基礎的。在這種民間認識中，中國被更多地塑造為對手而非合作伙伴，而在媒體層面，媒體的對華報導總體呈現出一種較為負面的態度：針對中國的崛起，各國媒體傾向於認為這意味着其他國家在亞太地區地位的衰落，把中國的發展更多地看作是挑戰和威脅而不是機遇。媒體所營造的輿論環境影響了普通民眾，在這樣的環境下，民眾無法接觸到真正的中國，只能隨着媒體的負面報導形成對"一帶一路"戰略和中國形象的消極態度。

在"一帶一路"戰略制定和發展的過程中，中國政府也意識到了問題所在，擺脫了單純考慮經濟利益的慣常思維，宣導民心相通在合作中的基礎性作用，重視文化交往和人文交流在戰略中的作用。通過戰略初期的一些具體實踐，中國政府和中國企業得以正面面對其他國家的民眾，在戰略實施過程中展示出一種負責任大國的形象，消除民眾對於中國威脅的擔憂。具體而言，這種民心相通不僅要靠民間交往作出努力，也要求中國各級政府、各企業能夠向作為戰略合作伙伴的亞歐地區廣大國家展示一個全面、立體的中國。各地方政府主體也可以充分發揮自身的自主性，在城市外交層面推動中國國家形象的建設與傳播，為"一帶一路"戰略夯實民意基礎。

5. 整合亞歐市場，推進亞歐合作

目前，亞太經濟圈和歐洲經濟圈由於交通、物流等一系列原因，相互間的往來顯得較為缺乏，貫通亞歐的"一帶一路"將為亞歐市場的整合和亞歐合作的深入開展提供契機。

從歐盟層面來看，2014年3月31日，中歐雙方發表了《關於深化互利共贏的中歐全面戰略伙伴關係的聯合聲明》。在這份聯合聲明中，中歐雙方認識到"加強交通運輸關係潛力巨大"，決定"共同挖掘絲綢之路經濟帶與歐盟政策的契合點"，探討"在絲綢之路經濟帶沿線開展合作的共同倡議"，這成為在較長一段時間內中歐針對"一帶一路"戰略進行合作的基石。2015 年作為中歐建交 40 周年，將為歐盟與中國的對話與合作提供有利的契機，3000 億歐元投資計劃步入正軌後也將激發歐洲經濟的活力，為中歐多領域合作提供機遇。中歐、中英兩大人文交流機制的建成也為歐洲更好地參與"一帶一路"建設起到基礎性作用，歐盟也將為亞歐經濟整合和亞歐市場的共同建設提供推動力。

　　而針對目前亞歐往來中存在的道路交通、物流等基礎設施方面的問題，"一帶一路"戰略也有着良好的應對措施。作為世界第四大經濟體和歐洲最大的經濟體，德國在歐盟和中歐合作戰略中有着舉足輕重的地位，同樣，這也體現在"一帶一路"戰略的實踐之中。習近平訪德不僅將兩國關係提升為"全方位戰略伙伴關係"，探索了在能源、生態、環境治理等領域合作的可能性，更是親自考察了渝新歐國際鐵路聯運大通道的終點杜伊斯堡港，指出了"中德位於絲綢之路經濟帶兩端，是亞歐兩大經濟體和增長極，也是渝新歐鐵路的起點和終點。兩國應該加強合作，推進絲綢之路經濟帶建設。杜伊斯堡港是世界最大內河港和歐洲重要交通物流樞紐，希望它能為促進中德、中歐合作發展發揮更大作用"[1]。目前已經投入運營的新亞歐大陸橋，由中國隴海和蘭新鐵路與哈薩克斯坦鐵路接軌，經俄羅斯、白俄羅斯、波蘭、德國，到達荷蘭鹿特丹港，是目前亞歐大陸東西最為便捷的通道。除了 2013 年運營的中國成都至波蘭羅茲的定期貨列外，自武漢開往捷克帕爾杜比采、自重慶開往德國杜伊斯

1　《絲綢之路賦予中歐合作新契機》，新華網，2014 年 9 月 5 日。

堡、自鄭州開往德國漢堡、自呼和浩特開往德國法蘭克福等多次貨列，成為中歐互聯互通的前驅。2009 年 10 月，中國遠洋運輸集團在與希臘進行了比雷埃夫斯港碼頭經營權交接，獲比雷埃夫斯港 2 號、3 號碼頭 35 年特許經營權，並在隨後和未來的時間裏參與比雷埃夫斯港港務局私有化項目。第三次中國—中東歐國家領導人會晤期間，中歐有關方面達成依託匈塞鐵路、希臘比雷埃夫斯港等打造亞歐海陸聯運新通道的共識，再次證明歐洲在"一帶一路"建設中的關鍵地位。中東歐地區和中亞地區在交通設施進一步完備的基礎上可以成為"一帶一路"的樞紐，貫通亞歐的"一帶一路"將為亞歐市場的整合和亞歐合作的深入開展提供契機。

概括起來，中國的"一帶一路"計劃給歐洲帶來八大機遇：

一是歐洲經濟振興的機遇。歐洲經濟尚未完全走出歐債危機的影響，又遭受烏克蘭危機的打擊，歐洲央行不得不推出歐版量化寬鬆政策，導致歐元不斷貶值。為提振歐洲經濟，提升歐洲經濟競爭力，歐委會提出 3510 億歐元的戰略基礎設施投資計劃——容克計劃，完全可以和"一帶一路"對接，推動歐亞互聯互通建設，幫助歐洲經濟復蘇，進一步延伸歐洲市場。英國、法國、德國、意大利、盧森堡、瑞士等歐洲國家看好亞投行機遇，不顧美國的反對而紛紛加入，成為亞投行創始會員國，就是歐洲抓住"一帶一路"戰略機遇，提升英鎊、歐元和瑞士法郎影響力的現實舉措。據布隆伯格分析，2050 年"一帶一路"將創造 30 億中產階級。未來十年可讓中國同 60 多個沿線國家的年貿易額突破 2.5 萬億美元，其中就包括中東歐國家，而且合作會產生外溢效應，使歐洲受益。

二是歐亞大市場建設和文明復興的機遇。歷史上，亞歐大陸一直是世界文明中心，至少在埃及文明衰落之後如此。隨着歐洲人開啟全球化進程，海洋成為國際社會的主導型力量，大陸文明衰落。

歐洲的海洋文明擴張直至二戰結束，美國成為海上霸主，歐洲海外殖民地紛紛獨立，歐洲被迫回歸大陸，通過一體化達到聯合自強的目標。然而，歐債危機、烏克蘭危機嚴重衝擊歐洲大市場建設成果，歐洲人日漸認識到，只有涵蓋俄羅斯的歐亞大市場建設才能平衡好安全與發展的問題，以歐亞文明復興帶動歐洲振興，是歷史的選擇。

三是歐洲地區融合的機遇。長期以來，歐盟在 "東部伙伴計劃"、"地中海伙伴計劃" 孰重孰輕上糾結，實施效果也各有各的問題，現在的烏克蘭危機又在撕裂歐洲。看來，加強歐洲地區融合眼光不能局限在歐洲，即便歐洲內部也要創新思路。"一帶一路" 的實施，使得中東歐成為中國在歐洲的新門戶，尤其是在波蘭、希臘、巴爾干，匈塞鐵路、比雷埃夫斯港成為 "16+1" 合作的拳頭產品，成為連接陸上與海上絲綢之路的橋樑。"一帶一路" 宣導的包容性發展是歐洲地區融合的機遇，它促使中國沿邊十幾個省份，尤其是內陸邊疆省份，建立起與歐洲各地區的緊密的經貿、投資聯繫。

四是歐俄和解的機遇。戰後以來，北約的成立，明確將 "Keep Russia out"（把俄羅斯排除在外）作為戰略目標，今天的烏克蘭危機就是這種戰略的惡果。事實上，歐俄和解是歐洲穩定的基石。"一帶一路" 超越古代絲綢之路，特別注重將俄羅斯的遠東大開發項目等包容進來，取道莫斯科，與歐亞經濟聯盟、獨聯體集體安全組織、上海合作組織等地區架構相容，目的在於 "Keep Russia in"（把俄羅斯包容進來）。德國總理默克爾認識到，鄰居是無法選擇的，表示應將歐亞經濟聯盟與歐盟對接，這是化解烏克蘭危機，求得歐洲長治久安的明智之舉。"一帶一路" 為歐俄和解開啟了機遇。

五是歐盟更便捷參與亞太事務的機遇。美國提出 "重返亞太" 戰略後，歐盟表示出明顯的戰略焦慮，擔心被邊緣化，於是加速推進與亞洲國家的自由貿易區戰略,然而進展不盡如人意。"一帶一路"讓歐洲從陸上、海上同時與亞洲鉚合在一起,增加了歐洲參與亞太事務的便利性,也將增加歐盟抓住亞太發展機遇的能力,拓展歐盟在亞太地區的影響力。

六是歐盟全球影響力提升的機遇。"一帶一路"沿線國家,不少是歐洲的前殖民地,因此強調與歐盟的大周邊戰略對接。這樣,汲取歐洲在全球治理、地區治理方面的經驗、做法十分必要。中歐合作開發、經營第三方市場,比如西亞非洲、印度洋、中亞等地,在"一帶一路"框架下有了更多的成功機遇。歐洲的經驗、標準、歷史文化影響力,為中國所十分看重。"一帶一路"秉承和弘揚團結互信、平等互利、包容互鑒、合作共贏的絲路精神,與歐盟的理念相通,與歐盟的規範性力量產生共鳴,共同提升中歐全球影響力。

七是中歐全面戰略伙伴關係轉型升級的機遇。中歐建交40年,尤其是中歐建立戰略伙伴關係十年來,中歐關係迎來全方位、寬領域合作的機遇,《中歐合作2020戰略規劃》就是集中體現。如今,中歐正在談判雙邊投資協定(BIT),甚至考慮在此基礎上研究中歐FTA可行性。"一帶一路"計劃為此帶來更大動力,渝新歐、鄭新歐、義新歐等13條歐亞快線鐵路網越來越將中歐鉚在一起發展,建立合作共贏的新型伙伴關係。

八是跨大西洋關係平衡發展的機遇。戰後以來,歐盟倚重跨大西洋關係,但難以擺脫與美國競爭和合作中所處的不對稱地位,"以一個聲音說話"始終是可望而不可即的尷尬。"一帶一路"強調開放、包容,不排斥域外國家,不謀求勢力範圍,不搞軍事擴張,主張把美國包容進來,這就超越了TTIP的雙邊排他性,並在實施過程中推動中歐合作維護絲路安全,促使北約歐洲化,改變歐洲相對於美國的被動地位,平衡發展跨大西洋關係。

　　歐洲是古代絲綢之路的終點站，也是 13 條歐亞快線的終點站，對 "一帶一路" 應該非常積極。然而，歐盟總是慢半拍，對中國的 "一帶一路" 戰略，歐洲公眾認知不夠。"一帶一路" 戰略將很快影響到更多的國家。對於歐洲國家來說，他們最關心四方面的問題：第一，這一戰略的本質是什麼？是否對歐洲國家有利？第二，多少歐洲國家受到中國新戰略的影響？影響程度如何？又會以何種形式受到影響？第三，對於中國的新戰略，歐盟將扮演怎樣的角色？若歐盟成員國受該戰略影響，歐盟與中國在開展經濟合作與貿易方面的協作有多密切？第四，中國的新戰略在規則制定方面有多大的影響力？將對中國在國際經濟合作中制定規則有多大程度的幫助？

　　"一帶一路" 包括鐵路、公路等基礎設施，還有油氣管道、電網、互聯網、航線等等，是多元網絡，是中國對接歐洲，連接成歐亞大市場的重要計劃。

　　除了陸上的鐵路物流外，中歐海上合作將成為今後亮點。歐盟擁有全球 41% 的海洋運力，居世界首位，是海運領域領軍者。同時，海運是歐盟經濟重要組成部分，承擔了歐盟貨物貿易運輸的 40%，提供了 18 萬個就業崗位，而其二氧化碳排放量僅為公路貨運的 1/18 — 1/15。為發展海運，歐盟曾於 2003 年推出 "馬可‧波羅計劃"，但由於沒有對船舶公司給予足夠支持，該計劃並未達到預期目標。歐盟為發展短程海洋運輸，建立 "海上高速公路"，應採取加強港口基礎設施建設，完善港口間以及港口與河運、公路、鐵路間的交通網絡，發展海運工業，提高歐盟安全標準等措施。

　　歐盟的海上能力與發展需求，正好對接中國走向海洋的大勢。中歐在海洋觀、海洋政策等方面具有廣泛的共通性、共同性，中歐海洋合作完全可以成為中歐合作的新亮點。打造 "和平的伙伴、增長的伙伴、改革的伙伴、文明的伙伴" 等四大伙伴關係，海洋合作是新抓手。針對海洋經濟發展的中歐合作,"一帶一路"建設也有着重要的意義。中國提出的"一帶一路"戰略是和歐盟海洋戰略、歐洲各國的海洋戰略之間的有效對接,特別是希臘將會成為中國到歐洲的重要門戶、中國—中東歐合作的橋頭堡。

以上分析表明,"一帶一路"並非中國的獨奏,而是沿線國家的交響曲,尤其是中歐攜手經營歐亞大市場的合奏。

"得歐洲者得天下,得中國者得天下"。這是對中歐合作共贏的形象描述。中歐合作不僅造福雙方百姓,幫助實現各自的復興與振興,而且通過共同開發、經營第三方市場,提升雙邊合作的潛力與世界影響力。實現地區融合與全球化的包容性發展,是中歐的共同期待。歐洲應抓住"一帶一路"所開啟的第二次中國機遇,實現歐洲夢與中國夢的相得益彰。

(四)全球發展機遇

"一帶一路"倡議是中國政府在全球和中國經濟發生重大調整轉型背景下提出的戰略構想。中國經濟進入新常態為"一帶一路"戰略賦以新的內涵,"一帶一路"戰略的推進將為沿線各國和全球發展帶來新機遇。由於中國提出"一帶一路"戰略的初衷並不是建立一個封閉的、利己的合作體系,而是一個開放性的合作平台,契合沿線國家的共同需求,任何認同並且有意願參與進這一戰略的國家都可以隨時加入,"一帶一路"戰略的倡議具有相當大的相容性。

首先,"一帶一路"戰略所展示的是一個嶄新的中國形象,將會重塑世界對中國的認識與定位。改革開放三十多年以來,中國經濟、政治、社會、文化等領域發生着全方位的變化，人民生活水平顯著提高，中國也已成為世界第二大經濟體。但是長期以來，在中國的對外宣傳中，依然強調中國 "長期處在發展中階段"，將自己定位為 "世界最大的發展中國家"，不願意承擔更多的國際責任。這種表面上的推諉態度將極大地影響其他國家對中國形象的定位。在世界多極化的今天，相比於簡單的宣傳，更多地參與國際事務、承擔起更多國際責任將會更加有力地向世界展示中國有能力、有擔當的國際形象。"一帶一路" 倡議的提出所展現的便是這種 "中國擔當"。中國作為 "一帶一路" 戰略的發起國，主動提供絲路基金的資金來源，但卻 "並不謀求在戰略中的主導地位"，提出 "親、誠、惠、容" 的周邊外交新理念，在戰略的發起上追溯歷史，以古代的絲綢之路映射現代的和諧發展機遇，將會有力地消除世界對於 "中國威脅論" 的猜忌，從而更加有效地帶動中國與世界的相互合作與交流。

其次，"一帶一路" 戰略作為連接中國與世界的新的橋樑，將會使中國模式和中國紅利惠及世界。當前的世界經濟尚未從危機中走出，受限於經濟中的結構矛盾和各國經濟的不均衡發展，世界經濟呈現出復蘇乏力的特點。同時，更為關鍵的是，各國政府受限於經濟乏力，在基礎設施建設和公共事業領域的投資顯著減少，這將形成一種消極的惡性循環，對世界經濟未來的發展起到阻礙作用。而處在經濟結構轉型期和經濟新常態下的中國，在基礎設施建設、物流鏈建設、高速鐵路等領域有着飛速的發展，成為中國對外投資的新增長點。中國不僅將基礎設施建設列入 2014 年亞太經合組織第 22 屆領導人會議的三大議題之一，也把基礎設施聯通列入 "五通" 理念之中。在 "一帶一路" 戰略之下，中國敏銳地把握住世界經濟復蘇乏力的命脈，既為世界經濟發展提供新的模式和新的選擇，也為亞歐地區經濟的互聯互通提供了基礎設施上的便利條件，為解決世界經濟未來發展動力缺乏問題注入了新動力。

第三,"一帶一路"加強了世界的聯通,將世界各國經濟發展納入了同一個平台之中。隨着經濟危機的發生和全球經濟面臨轉型調整期,各國國內的貿易保護主義也有所抬頭。在專注於本國經濟和本國利益的同時,對全球經濟發展的責任則顯示出有意識的規避。但是,世界經濟全球化依然是不可阻擋的發展趨勢,而"一帶一路"正是打破以鄰為壑的思維定式、為全球經濟合作提供新平台的戰略。通過"一帶一路"戰略,不僅亞歐經濟可以實現整合和優勢互補,包括非洲、南美洲等在地理上較為遠離"一帶一路"區域的國家也將被納入整個戰略的軌道之中,發揮本國的比較優勢,創造一種互利共贏的國際經濟合作新模式。

最後,在全球經濟整合中,不同國家和國際組織提出了各自的方案和思路,由東盟主導的區域全面經濟伙伴關係協定(RCEP)、由美國主導的跨太平洋戰略經濟伙伴關係協定(TPP)、各國家間的自由貿易協定(FTA)等一系列方案,加上中國宣導的"一帶一路"戰略,都立足於推進區域經濟一體化,從而帶動世界經濟的整合和結構性升級。從出發點上看,各國間的目標是一致的。更進一步地,相比於明確排斥一些國家參與的協議,"一帶一路"戰略在開放性和包容性上有着明顯的優勢。因此,對於"一帶一路"戰略的態度應當是伙伴性大於競爭性,提出"一帶一路"戰略的中國並不是旨在爭奪區域內的主導權,而是宣導一種命運共同體思維,更好地為全球經濟整合服務。而針對由美國主導的 TPP,中國政府對美國在亞太區域經濟一體化進程中的主導權保持謹慎是必要的,但是TPP 在打破傳統 FTA 模式、更加注重貿易協定新標準中工人和環境問題等議題上有着不可替代的優勢,也將為亞太區域和世界的經濟整合提供機遇。因此,無論是哪一方,對他方所提出的不同模式應當積極思考，尋找合作點，而不是對他國進行"霸權主義"的標籤化定義。各方應當努力探尋各區域經濟整合模式中的共通點和利益共同點，從而帶動模式間的協調、互補與合作，為全球經濟整合和全球發展提供新的增長點。

全球伙伴網絡是"一帶一路"建設的政治保障。在"一帶一路"沿線，中國幾乎都建立起各式伙伴關係：

必須說明的是，"一帶一路"是開放的，不限於表 3 中的國家。比如，德國的杜伊斯堡、西班牙的馬德里分別是渝新歐、義新歐鐵路的終點站，是"一帶一路"的積極參與者。英國加入"亞投行"表明，"一帶一路"是中國提供的全球機遇。

表 3 "一帶一路"涉及的 64 個國家分類（不包括中國）

俄羅斯蒙古中亞 5 國	東南亞 11 國	南亞 8 國	中東歐 16 國	西亞北非 16 國	獨聯體其他 5 國及格魯吉亞
蒙古	印尼	尼泊爾	波蘭	伊朗	白俄羅斯
俄羅斯	柬埔寨	不丹	黑山	敘利亞	烏克蘭
哈薩克斯坦	東帝汶	馬爾代夫	馬其頓	約旦	阿塞拜疆
塔吉克斯坦	馬來西亞	阿富汗	波黑	以色列	莫爾達瓦
吉爾吉斯斯坦	菲律賓	巴基斯坦	阿爾巴尼亞	伊拉克	亞美尼亞
烏茲別克斯坦	新加坡	印度	立陶宛	黎巴嫩	格魯吉亞
土庫曼斯坦	泰國	孟加拉	拉脫維亞	巴勒斯坦	
	汶萊	斯里蘭卡	愛沙尼亞	埃及	
	越南		捷克共和國	土耳其	
	老撾		斯洛伐克共和國	沙特阿拉伯	
	緬甸		匈牙利	阿拉伯聯合大公國	

（續上表）

俄羅斯蒙古中亞5國	東南亞11國	南亞8國	中東歐16國	西亞北非16國	獨聯體其他5國及格魯吉亞
			斯洛維尼亞	阿曼	
			克羅埃西亞共和國	科威特	
			羅馬尼亞	卡塔爾	
			保加利亞	巴林	
			塞爾維亞	也門共和國	

三、"一帶一路"的挑戰

　　"一帶一路"沿線一定會有很多新情況、新問題。這些風險首先是政治風險。政治風險特指政治衝突及大國的政治角逐，包括國內政治變動；安全風險則指國內與國際安全挑戰。"一帶一路"五通戰略也面臨着經濟風險。中國和"一帶一路"沿線國家面臨許多經濟問題，需要在"一帶一路"建設中解決，但解決不好反而可能使問題複雜化。

　　法國歷史學家托克維爾曾精闢地分析過大國與小國的不同。他極具洞見地指出："小國的目標是國民自由、富足、幸福地生活，而大國則命定要創造偉大和永恆，同時承擔責任與痛苦。"[1]

　　偉大的事業總是面臨風險。"一帶一路"戰略要克服的風險可能並非前無古人，也未必後無來者，但在當代首屈一指。"一帶一路"為什麼會面臨風險？面臨的是哪些風險？

　　首先，"一帶一路"多是基礎設施大項目，投資周期長，資金大，運行、維護不易。

表 4　已公佈的部分基礎設施項目概覽

領域	規劃或施工中的項目
跨境高鐵	·歐亞高鐵（從倫敦出發，經巴黎、柏林、華沙、基輔、過莫斯科後分成兩支，一支入哈薩克斯坦，另一支指向俄遠東，之後進入中國境內的滿洲里） ·中亞高鐵（從烏魯木齊出發，經烏茲別克斯坦、土庫曼斯坦、伊朗、土耳其到德國） ·泛亞高鐵（從雲南昆明出發，主線經老撾、越南、柬埔寨、馬來西亞至新加坡，另一條支線去泰國）
基建	·中國—中亞天然氣管道 D 線建設 ·改造升級印度鐵路 ·推進斯里蘭卡港口建設運營，臨港工業園開發建設
陸路跨境油氣管道	·囊括西氣東輸三線、四線、五線工程 ·中亞天然氣管道 D 線 ·中俄東線、西線天然氣管道
通訊及電力	·中緬、中塔、中巴等未完成的跨境通信幹線 ·東南亞方向未開通的海底光纜項目 ·西南電力通道，中俄電力通道進行規劃建設或升級改造

1　［法］托克維爾：《論美國的民主》第一卷，商務印書館 1996 年版，第 181 頁。

這樣看來，"一帶一路"涉及的領域、地域都很龐大，正如當年歐洲人走向海洋一樣，存在風險評估與規避的問題。

從國外來說，"一帶一路"戰略本身有限，但其影響無限。"一帶一路"強調的"五通"緊密聯繫中國人民和世界人民，造成中華文明和世界各文明前所未有的大發展、大融合、大變革。

"一帶一路"既容易被參與者和支持者無意誤解，也容易被反對者和破壞者有意歪曲。

從國內來說，"一帶一路"倡議雖然不是國內深化改革的外延，但卻需要它來支撐。中國國內還存在許多破壞"一帶一路"建設的勢力和危害"一帶一路"建設的問題。我們也缺乏經驗。"一帶一路"事業是全新的事業，需要新政策、新策略、新人才。這些有的現在就可以找到，有的只能在"一帶一路"實踐中摸索和培養。

大自然也向我們挑戰。"一帶一路"以交通網絡為先導實現五通。我們過去在國內建設、對外援建、海外工程中雖然積累了許多經驗，但"一帶一路"沿線一定會有很多新情況、新問題。這就要求我們因地制宜，未雨綢繆。

這些風險首先是政治風險。

政治風險特指政治衝突及大國的政治角逐，包括國內政治變動；安全風險則指國內與國際安全挑戰。儘管兩者時常交織在一起，但鑒於"一帶一路"涉及地區、國家眾多，區分兩類安全風險十分必要，儘管一些問題很難甄別，比如烏克蘭危機既是政治風險，也是安全風險。

"一帶一路"五通戰略也確實面臨着經濟風險。可能對"一帶一路"倡議構成政治風險的勢力，有較強的經濟鬥爭能力，可能以經濟手段阻礙"一帶一路"戰略。而中國和"一帶一路"沿線國家面臨許多經濟問題，需要在"一帶一路"建設中解決，但解決不好反而可能使問題複雜化。

"一帶一路"倡議受到世界人民歡迎，是由於符合人民的利益和要求。反對"一帶一路"倡議的勢力，會想方設法使人民群眾疏遠"一帶一路"。如果我們自己在"一帶一路"建設中不能密切聯繫國內外群眾，那也會損害"一帶一路"的形象。

這樣看來，四種風險可以對應"一帶一路"的"五通"。政治風險威脅政策溝通。設施聯通需要應對安全風險。貿易暢通和資金融通受經濟風險影響。民心不能相通，將陷"一帶一路"於道德風險。而"一帶一路"沿線國家和地區作為分析對象，可以按地理位置，劃分為中亞、中東、東南亞、非洲幾個區域，再單獨分析個別國家和地區。

今天的中國和世界，面臨着五十年、五百年、五千年未有之變局。"一帶一路"倡議的偉大意義決定了它不會一帆風順。阻撓、抵制、破壞、誹謗是在所難免的，而且只能通過"一帶一路"本身的成功來消除。"從現在起就要有所準備"，下面就從政治風險開始，介紹"一帶一路"倡議面臨的風險。

（一）政治風險

2015 年 3 月 28 日，國家發展改革委員會、外交部、商務部聯合發佈了官方文件，名為《推動共建絲綢之路經濟帶和 21 世紀海上絲綢之路的願景與行動》，在其中明確了"一帶一路"所覆蓋的地理範圍，即絲綢之路經濟帶重點暢通中國經中亞、俄羅斯至歐洲（波羅的海）；中國經中亞、西亞至波斯灣、地中海；中國至東南亞、南亞、印度洋。21 世紀海上絲綢之路重點方向是從中國沿海港口過南海到印度洋，延伸至歐洲；從中國沿海港口過南海到南太平洋。可見，"一帶一路"地理覆蓋範圍廣，貫穿歐亞大陸，輻射沿線，將歐亞非緊密地結合在一起。不能否認的是，在如此廣袤的區域進行建設，必然面臨各類政治方面的風險。

1. 政治風險總述

總體來講，"一帶一路"倡議面臨的政治風險，既包括沿線國家的疑慮，也包括域外國家的阻撓。

試以海上絲綢之路為例。2015 年 2 月 12 — 13 日，筆者赴福建泉州參加國新辦主辦的 21 世紀海上絲綢之路研討會。會上，以阿拉伯國家為代表的與會沿線國家多積極歡迎、回應，但也有越南、印度等國學者質疑建設的風險及意圖，體現出四種心態：

一是弱國心態。越南學者以東盟自居，認為海上絲綢之路建設無法繞開南海的主權爭端問題，因而不看好其前景。菲律賓學者則對海上絲綢之路繞開菲律賓抱怨，認為中國作為大國應有大氣度，跳出阿基諾政府的政策影響，將有關國家全部包容進來。

二是小國心態。阿拉伯國家對海上絲綢之路多予以積極回應，參觀泉州海上交通史展覽館後紛紛感慨，中阿友誼源遠流長，但現實中多表露出希望搭便車的心思，希望借 21 世紀海上絲綢之路的東風幫助本國發展。

三是大國心態。小組討論期間，印度學者妄言，鄭和下西洋並非是和平的，當年曾經把斯里蘭卡國王擄走，與當地發生激烈衝突。筆者回答：印度朋友都應該聽過"西遊記"的故事。唐僧帶着他的徒弟孫悟空等去西天取經，經歷九九八十一場磨難，孫悟空與各種妖魔鬼怪展開激烈搏鬥，但是這能說明玄奘去西天取經不是和平的嗎？鄭和下西洋是公認的傳播友誼，拓展貿易，儘管其中發生了一些對其商隊的攻擊而產生的自衛行為，誰也無法否認鄭和下西洋的和平目的。但是印度學者仍然強調21世紀海上絲綢之路從印度洋對印構成C型包圍圈，不尊重印度的地區大國地位，遏制印度成為世界大國。

四是強國心態。由於現實的處境和顧及中俄戰略協作關係，俄羅斯代表表態較謹慎，但筆者私下與俄學者、記者聊天，仍然看出俄羅斯很擔心"一帶一路"動其乳酪，無論"絲綢之路經濟帶"的中亞地區還是"21世紀海上絲綢之路"的中東地區，有俄羅斯傳統勢力範圍與現實利益，如何確保不損害之？"一帶一路"建設是中國強勢復興之舉，但俄羅斯也在強國復興中，如何確保"一帶一路"助推中俄同時復興？

未派正式官方代表與會的美國，心態更為複雜。與會者也指出，美國是 Elephant in the room（"屋裏的大象"），大家都未明說而心知肚明。沿線國家不乏美國的盟國或習慣上指望美國的國家。他們的許多疑惑或不方便表態，都與美國未派代表參會、未對"一帶一路"表態有關，比如，有代表問，中國奉行不結盟政策，沒有海外軍事基地，如何確保沿線安全？如何處理一帶一路建設與現行國際合作架構的關係？概言之，就是，美國不表態，如何確保能建成？歐洲學者坦言，會議請美國媒體人做主旨發言，然而其國際名聲不好，靠忽悠中國人撈取商業利益，中國應大大方方地邀請美國使領館的官員、媒體參加，凡事多與美國溝通，其他國家就放心多了。

種種心態，折射出"一帶一路"建設的地緣複雜性和地緣政治矛盾。這些地緣政治矛盾在世界上許多熱點表現出來，那裏不斷爆發流血和不流血的政治衝突，對"一帶一路"建設帶來種種風險。

2. 政治風險表現

"一帶一路"涉及歐亞大陸的廣大區域,其中包括諸多國際熱點區域,如中亞、中東、東南亞和非洲,這些區域由於宗教、資源、歷史或者域外干涉等各類原因,對"一帶一路"建設造成影響,同時每個地區都受到諸多域外勢力的影響,給"一帶一路"建設帶來政治風險。在下文中,筆者將按區域,分類探討"一帶一路"建設在不同地區的政治風險表現。

(1)中亞

中亞這個概念,最早由德國地理學家亞歷山大·馮·洪堡在1843年提出,狹義的中亞國家主要包括土庫曼斯坦、吉爾吉斯斯坦、烏茲別克斯坦、塔吉克斯坦、哈薩克斯坦和阿富汗這六個國家。中亞地區,在地緣上來看,處於歐亞大陸的中心位置,因此具有重要的戰略意義,許多域外大國在此角逐;同時,加之其內部民族多樣,各族之間歷史問題殘留,一定程度上影響了區域的穩定。目前來看,中亞國家經濟的恢復比較緩慢,基礎設施陳舊,過境能力有限,加上周邊安全形勢惡化,中亞國家間的經濟合作很不順暢,區域內的交通合作陷入困境。[1] 具體而言,"一帶一路"在中亞面臨的政治風險,主要包括三個方面,即顏色革命的影響,三股勢力的影響以及中亞地區"平衡外交"帶來的大國博弈。

第一,"一帶一路"建設將面臨顏色革命的影響。21世紀初期,中亞國家同其他獨聯體國家一樣,通過"顏色革命"實現了政權的更迭。目前來看,中亞地區在思想上依舊受到當時顏色革命的影

---

1 孫壯志:《"絲綢之路經濟帶"構想的背景、潛在挑戰和未來趨勢》,《歐亞經濟》2014年第4期。

響，雖然"一帶一路"建設會促進中亞地區的繁榮與人民生活水平的提高，但由於該地區現代化程度不夠發達，依舊給了極端分子以可乘之機。在此背景下，當地社會民眾有可能受到"顏色革命"宣傳的影響，進而影響到"一帶一路"的建設。

具體而言，顏色革命對"一帶一路"建設的影響，主要體現在以下兩個方面。首先，顏色革命造成社會的不穩定，使得"一帶一路"建設面臨着當地複雜多變的政治局勢，造成困境。由於顏色革命的目的在於促使政權更迭，街頭政治或者暴力衝突成為了較為常見的組織形式，這會破壞社會政治經濟秩序，影響"一帶一路"的實踐。其次，顏色革命的發生必然會轉移政府的注意力，極端勢力可通過牽制政府的方式，使得政府難以同中方針對"一帶一路"展開務實合作。除此之外，中亞地區的反對分子，還會將"顏色革命"同"民族主義"相結合。在他們看來，他們是地區秩序的捍衛者，"一帶一路"的引入，會削弱自身民族的獨特性，受制於中國發展模式的影響，易受到中方操縱而使自身民族的發展受到局限。通過此類結合，顏色革命發生的可能性大為提升，在此革命過程中，中方被描述成"侵略者"，遠遠地背離了中方和平發展、互利共贏的初衷。通過以上簡要的分析可以看出顏色革命潛在性威脅與影響，如果顏色革命成功，隨之而來是長期的混亂與衰退，將有損於"一帶一路"事業的繁榮發展，中國同中亞各國都應該對此保持審慎。

第二，由於中亞民族、宗教眾多，各國實行具有本國特色的政治制度，加之各國之間由於歷史問題沒能得到妥善解決，域內複雜多變，這就為"暴力恐怖勢力"、"宗教極端勢力"和"民族分裂勢力"這三股勢力的出現提供了便利。三股勢力最早在 2001 年被提出，在上合組織簽署的《打擊恐怖主義、分裂主義和極端主義上海公約》中對其做出了明確的定義。具體來看，其威脅主要表現在以下兩個方面。一方面，由於"一帶一路"的建設將會使其存在的合理性面臨威脅，因此現存的三股勢力，將會通過各類行為活動，包括恐怖活動、投毒縱火以及製造騷動等各種形式影響"一帶一路"的建設；另一方面，中方以及中亞各國一直致力於通過上海合作組織以及各國國際合作解決地區三股勢力問題，而此次"一帶一路"建設進入中亞地區，更加強化了兩方的這一戰略訴求，將進一步深化合作機制，加強打擊力度。與此相對應的，面對生存環境受到挑戰的威脅，"三股勢力"也絕不會坐以待斃，會在"一帶一路"建設過程中，不斷向其發難，阻礙"一帶一路"進程的順利實現。

第三，伴隨着蘇聯的解體，中亞地區出現了權力的真空，加之其在資源方面的優勢與其重要的戰略地位，成為了各域外國家企圖影響的對象。在這樣的背景下，中亞各國，結合自身需要，試圖通過"平衡外交"的手段，通過最大程度地同各國合作使得自身利益最大化。中亞各國在積極參與國際社會活動的同時，採取主動姿態吸引外部勢力進入本地區，試圖借助大國實現中亞在防止大規模殺傷性武器擴散、遏制宗教極端勢力蔓延、建立中亞戰略緩衝區等方面的重大關切，並注重調動不同屬性的力量在地區內形成制衡，以便從中獲得自我發展的機會和空間，或直接得到安全和經濟上的援助。[1]具體而言，伴隨着中亞"平衡外交"的實施，中國的"一帶一路"戰略很有可能在域外各國相互競爭的過程中，實用性大為削弱。由於大國之間在此區域的博弈，中亞國家有可能在其他國家所提供的利益面前減少對於"一帶一路"建設的關切，對"一帶一路"建設造成影響。

---

1 許濤：《中亞地緣政治變化與地區安全趨勢》，《現代國際關係》2012 年第 1 期。

　　除上述的三點，還有一類特殊的政治風險將中亞和中東聯繫起來，那就是敘利亞和伊朗的政權不穩定有可能使中東極端分子進入中亞，從而引起中俄防範，美國介入。目前來看，阿富汗和中東的極端分子，已經成為中亞三股勢力的中堅力量，加之目前美國撤軍、敘利亞內戰、伊斯蘭國興起等眾多域內問題，導致地區動盪。諸多地區極端組織利用這一局勢一面不斷進攻，一面積蓄力量，這對於"一帶一路"的建設將帶來巨大挑戰。作為目前世界上的超級大國，美國為保證其區域利益，也會介入中亞地區，而美方的介入同中國"一帶一路"的開展存在一定程度的矛盾。美國可能制定重返中亞的政策，這同中方的戰略設計在時間和空間上存在重合，美方可能打着打擊極端勢力的口號進入此區域，從而影響到"一帶一路"建設的持續性。從歷史上看，針對敘利亞和阿富汗問題，美國曾公然蔑視中亞國家主權，派空軍甚至陸軍越境進入中亞。伴隨着"一帶一路"進程的推進，美國也可能借機重新使用瑪納斯空軍基地等在中亞的軍事設施，從而打擊中方在此的建樹，中方應對此保持警惕和清醒的認識。

　　同時，還有一個重要的因素，那就是中亞各國政府換屆可能引發的不穩定對於"一帶一路"建設的影響。一方面，政權更替後能否保持政策的持續性受到質疑，在某些地區，很有可能由於政府的易權而造成既有政策的實施受到限制。另一方面，一個新的政府要經歷一個較長的脆弱時期才能迎來長期穩定。而這一脆弱期，正是顏色革命和三股勢力的重要機遇期，為了在這一期間最大程度地保持"一帶一路"建設的順利開展，中方應加強同中亞國家的政策溝通，中方在《推動共建絲綢之路經濟帶和21世紀海上絲綢之路的願景與行動》官方文件指出，加強政策溝通是"一帶一路"建設的重要保障。加強政府間合作，積極構建多層次政府間宏觀政策溝通交流機制，深化利益融合，促進政治互信，達成合作新共識。中國政府同地區政府的良好政策溝通必然會打擊地區勢力，在維護地區穩定，應對"顏色革命"與"三股勢力"方面發揮積極作用，同時對中亞地區的"平衡外交"戰略保持關注，增強中亞地區國家對中國的政治信任，同中亞各國共同應對地區挑戰，從而保證"一帶一路"建設的順利進行。

（2）中東

中東，在地緣上講主要指的是從地中海東部到波斯灣的大部分地區。這一地域，域內自然資源豐富，是世界上石油的重要產區，在官方文件中，將加強能源基礎設施互聯互通合作，共同維護輸油、輸氣管道等運輸通道安全，推進跨境電力與輸電通道建設作為重要任務，而中東由於其地緣位置的特殊性，同中國目標的實現密切相關，需予以重視。但是由於域內民族眾多，宗教林立，水資源匱乏，各區域之間歷史遺留問題多，地區的持續性動盪使得"一帶一路"在此區域的建設充滿變數。因此，"一帶一路"在中東地區，機遇與挑戰並存。

中東地區的不穩定，一方面可以表現為暴力衝突，另一方面則表現為社會的無序。究其原因，主要包括以下兩個方面。第一，國別與宗教爭端引起社會動亂。阿拉伯國家同西方和以色列之間的既有矛盾由來已久。同時，伊斯蘭教內部教派衝突不斷，什葉派與遜尼派之間爭端此起彼伏。除此之外，阿拉伯世界內部極端主義思想和極端主義團體存在由來已久，而一部分人又在西方支持下在阿富汗開展"聖戰"活動，這進一步深化了各派別業已存在的矛盾，造成中東地區在思想上難以統一，組織機構混亂。第二，促使中東地區不穩定的直接原因則是 1991 年海灣戰爭之後的幾場戰爭，如伊拉克戰爭、阿富汗戰爭以及利比亞戰爭。這幾場戰爭觸動了阿富汗的割據狀態，使得伊拉克和利比亞的世俗政權遭到破壞，極端思潮在戰爭中得以復辟並建立起自己的武裝和政權。這些戰爭，在破壞既有的政治格局的同時，沒能建立起新的更具生命力與適應力的新政權，因而造成各勢力為爭奪統治權而相互傾軋，難以穩定。具體來看，敘利亞國內巴沙爾政權同國內反政府武裝鬥爭依舊處於膠着狀態；埃及大選很難從根本上解決問題，政府能否穩定局面，還需進一步觀察；伊拉克境內恐怖主義襲擊、各教派政治鬥爭屢見不鮮；伊朗核問題的解決也非朝夕之事。加之目前伊斯蘭國的擴大膨脹，中國在中東地區的投資面臨着嚴峻的由於地區不穩定所帶來的政治風險。

目前來看，一些問題已經逐步顯現出來。例如，中國企業職工在海外遭遇過多次綁架，所幸這些綁架者的目的往往只是索取贖金，沒有提出不可以接受的政治條件，加之在實際解救過程中中國同當地政府和軍警的積極有效地配合，因此並沒有造成大範圍的衝突動亂。但是，美日等國家已經發生了其國民被極端勢力挾持，慘遭殺害的事件，中國應對此保持警惕。

同時，中東地區由於其重要的地緣戰略意義，域內的諸多問題均受大國關注。例如在伊朗核問題方面，中東地區基本形成了一個"反美和親美"的地緣政治二元結構。具體表現為：以埃及和沙特為核心，包括伊拉克、約旦及其他海灣阿拉伯國家在內的親美陣營；針鋒相對的是以伊朗為核心，包括敘利亞、真主黨、哈馬斯等在內的反美陣營，二者尖銳對立，互不相讓。[1] 同此相似的還有阿以衝突問題。伴隨着猶太人的復國運動，阿拉伯國家（包括巴勒斯坦）同

1　陳俊華：《中東地緣政治新格局與伊朗核危機》，《世界地理研究》2013年第 3 期。

以色列之間針鋒相對，矛盾重重，領土爭端懸而未決。歷史上，伴隨着每次阿以衝突，都會有大國干預的局面，對於區域內部的發展造成影響。無論是伊朗核問題還是阿以衝突，其背後正是大國之間的角逐，而中國由於"一帶一路"建設，進入中東地區，為了保證其政策的持續性，也不得不面臨各國之間的博弈，這需要中國結合自身利益要求與區域實際情況，審慎處理，一切以"一帶一路"建設為重。

為應對中東地區的不穩定局勢，同時處理好同其域內域外大國之間的關係，保證"一帶一路"建設的順利實施，中方可以尋求同域內外政府的務實合作，但伴隨着區域局勢的日益複雜，這並非一勞永逸的方法，不能只靠政府層面的協商和斡旋來保證"一帶一路"安全。同時，目前中東地區既存的極端組織，不管是思想還是行為，都比以前脫胎於傳統部族和部落的武裝組織更為極端，它們首先是宗教極端勢力，然後才是世俗割據勢力。目前來看，美國從阿富汗和伊拉克撤軍後，使得當地許多武裝組織在尋找新的目標。中國反對極端思想，"一帶一路"項目目前在該區域又缺乏保護，很有可能成為目標。因此，除政府協同外，中國也應該在國內制定相關的法律規定，保障中國域外公民的安全，同時和各類非政府組織合作，共同維護中東和平穩定。除此之外，由於中東地區資源豐富，成為域外勢力爭奪的重點區域，因此中國在該地區的建設還將會面臨域外勢力的干涉阻撓。對此，中國在推進"一帶一路"建設的情況下，應力圖擴大同各國之間的合作，尋求不同政策的契合點，互利共贏。

中東地區，作為"一帶一路"建設的又一關鍵區域，在"一帶一路"能源方面的建設過程中發揮重大作用，但該地區局勢動盪，想要使得"一帶一路"建設在該地區順利運行，並非易事。

（3）東南亞

東南亞，位於亞洲的東南部，國家眾多，地處亞洲與大洋洲、太平洋與印度洋的"十字路口"，域內馬六甲海峽為重要的"戰略咽喉"，地區地緣優勢明顯。中國"21世紀海上絲綢之路"的建設，必經東南亞，加之其位於中國周邊，因此對於"一帶一路"建設意義重大。在歷史上，域內眾多國家長期淪為殖民地，受西方影響深刻，在政治上難以擺脫對西方的依賴，加之目前美國重返亞太腳步加快，東南亞諸國在中美之間搖擺不定，許多國家經濟上依靠中國，安全上依靠美國。中國崛起效應的影響，引起了新一輪的大國戰略考量，並在美國的推力下，其他幾個大國借着新時期南海問題、緬甸民主化等地緣環境的變化，調整了對東南亞的戰略佈局，從而加劇了東南亞地區大國互動關係的複雜化和大國戰略博弈的熾熱化，對"一帶一路"建設造成影響。[1]下文試以中美在東南亞地區的關係為例，來展現中國在此區域所面臨的地緣挑戰。

美國重返亞太，既有美國的原因，也有東南亞國家的原因。當地一些國家曾是歐洲殖民地，菲律賓是前美國殖民地。冷戰期間，一部分國家和地區的政府受到美國控制，成為美國的"反共基地"。直到今天，美國也一直與這些國家保持着極其密切的政治、經濟、軍事聯繫，在其境內建有軍事基地，而且能夠影響其政府高層，號令其國內的親美勢力。在諸多東亞國家的心目中，美國過去是，現在也是世界的霸主，而且至少在今後一段時間內，也還會如此。中國雖然長期領導東亞朝貢體系，卻在近代敗於西方列強淪為半殖民地半封建社會。加之目前西方社會大力宣揚"中國威脅論"，東南

1　參見方天建、何躍：《冷戰後東南亞地緣政治變化中的大國戰略調整述評》，《世界地理研究》2013年第9期。

亞諸國難以培養起對中國真正的 "戰略互信"，對中國崛起後的意圖存在質疑，恐懼 "修昔底德陷阱" 的出現。因此，大多數東南亞國家轉而依靠美國，來保護自身的安全，力圖借助美國的勢力，增強自身政治力量和國際話語權，從而最大程度上應對中國崛起對其自身的影響。

為應對中國 "一帶一路" 建設的挑戰，美國在東南亞地區，主要從以下幾個方面對中國戰略進行壓制。第一，拉攏東南亞國家，加強對地區的控制，在改善傳統盟友關係的同時發展新的盟友關係。同時，美國還積極支持東南亞一些國家在南海的錯誤舉動，力圖以此方式拉攏。例如沸沸揚揚的南海爭端，不可避免地會影響 "一帶一路" 政策的實施，這首先是因為一些東南亞國家為了南海經濟利益，跑馬圈地，侵犯中國主權。但問題的擴大與美國的積極支持密不可分，美方相繼拋出了 "保障自由航行權" 等說辭混淆視聽，同時增兵東南亞，促使南海局勢進一步撲朔迷離。對於此問題，中方則以平等協商的態度，力求獨立自主地解決南海問題，反對域外干涉，真誠地尋求問題的解決。第二，在經濟上，美國力圖主導 TPP 談判，並通過提高准入準則，限制中國的加入，以應對中國崛起對其地區主導權的挑戰。第三，美國還將澳大利亞作為重要的戰略盟友，與澳大利亞相呼應，以求在最大程度上建立其地區主導權。澳大利亞近年來政治上逐步靠攏美國，允許美國增加駐澳軍隊，將澳大利亞軍事基地化。從戰略上來看，美國一貫重視以所謂第一島鏈和第二島鏈封閉中國出海口，澳大利亞是美國島鏈戰略的重要環節，而澳方態度對中國 "一帶一路" 建設意義重大。

就美方重返亞太的影響而言，不僅影響到諸多東南亞國家，而且為中國 "一帶一路" 建設增加了政治風險。

就東南亞國家而言，它們不可避免地受到美國戰略的影響。具體來看，一方面，東南亞一些國家政策搖擺，不能真正參與"一帶一路"。目前來看，中國與這些國家貿易興旺，但政治互信程度不高。如果缺乏政治互信和政策溝通，"一帶一路"剩下的四通也難以深入。另一方面，美方的介入影響了東南亞不同國家的世界觀和義利觀，在當今東亞一體化進程加快的今天，不利於域內各國的協調合作、平等交流，難以真正地推進一體化進程。

美國的戰略也導致了中國"一帶一路"建設的政治風險。一方面，美國的駐軍戰略導致南海軍事化。東南亞國家在其非法侵佔的島礁上修築大量軍事設施，中國也被迫擴大島礁，增加駐軍。正常的資源開發活動難以進行，981 號鑽井平台事件就是典型例子。中國一向堅持的"擱置爭議，共同開發"政策在本區域難以真正落實，這與美國背後的軍艦"保護"不無關係。除此之外，同中國相比，東南亞諸國將自己視為小國，力圖在國際輿論中佔據話語權，製造有利局面，西方媒體同樣與其步調一致，使得中方在該地區的能動性下降，面臨着域內外的雙重壓力。總體來看，東南亞地區，儘管同中國一衣帶水，但東南亞諸國對中國缺乏政治與安全信任，加之南海等島嶼主權爭端問題，使得"一帶一路"建設在此地區面臨壓力。另一方面，美國軍艦駐在東南亞，隨時可以切斷"一帶一路"的海上交通線，加之美方在此情報系統發達，不利於"一帶一路"持續性建構。

綜上所述，東南亞國家首先受美國控制程度高，加之在殖民時期，受西方價值觀影響程度深，因此容易被現在的"中國威脅論"所迷惑，在安全與政治方面倒向美國。有可能造成的情況是，美方在重返亞太的背景下，將中方"一帶一路"建設視為對其地區事務主導權的挑戰，因此力圖削弱"一帶一路"的影響，東南亞諸國則會在美國的影響下對"一帶一路"的地區建構施加壓力。

　　對於上述問題，中國已經明確表示，"一帶一路"尊重已經存在的合作機制，願意與其對接，中國並不是想要通過"一帶一路"的方式謀求主導權，而是作為號召者，力圖分享自身發展紅利，推動域內的共同繁榮，中國和東盟國家要使雙方成為興衰相伴、安危與共、同舟共濟的好鄰居、好朋友、好伙伴。[1] 因此，對於目前同東南亞地區的諸多爭端，中方採取審時度勢的態度，真誠地尋求同各國的溝通，發揮現存的政治機制的作用，擴大共識，逐步推動問題的解決。具體來看，一方面應宣傳中國和平崛起的態勢，將"中國夢"同"世界夢"結合起來，逐步實現政治互信，應對"中國威脅論"；另一方面，可以繼續保持目前"經熱"的態勢，將經濟作為解決問題的突破口，共同促進貿易暢通，加大彼此的投資貿易合作，推動自貿區建設，消除貿易壁壘，進一步深化現存的中國東盟合作機制，在合作的過程中，展示中方誠意，逐步改變地區內部固有思維，在"經貿通"、"貨幣通"的基礎上，實現"民心相通"，推進"一帶一路"建設。

（4）非洲

　　"一帶一路"官方文件指出，"一帶一路"應該堅持開放合作，"相關的國家基於但不限於古代絲綢之路的範圍，各國和國際、地區組織均可參與，讓共建成果惠及更廣泛的區域；同時提出，中國將通過"一帶一路"逐步形成連接亞洲各次區域以及亞歐非之間的基礎設施網絡。由此可見，雖然非洲並非"一帶一路"的重要沿線區域，但是非洲作為中國重要的合作對象，必然會受到"一帶一路"政略的重大影響，受其輻射而獲得發展。同時，中方也歡迎非

1　參見袁新濤：《"一帶一路"建設的國家戰略分析》，《理論月刊》2014 年第 11 期。

洲兄弟的參與。從地緣方面來看，非洲土地廣闊，資源豐富，人口眾多，在全球化日益深化的今天，迎來了重要的戰略發展機遇期。但是，非洲各個國家和地區發展水平差別很大，戰亂頻繁，政府控制力差，非洲過去的戰亂，使得一些國家事實上處於無政府狀態，中央政府控制不了地方的部落和割據勢力。世俗政治導致的戰爭還沒有結束，宗教旗號下的戰爭卻又開始。而非洲的地緣優勢不僅吸引了西方各勢力的角逐，而且還吸引了中東的極端組織前來招兵買馬，劃分地盤，以上對"一帶一路"建設造成不利影響。具體而言，非洲的問題主要體現在以下幾個方面。

首先，從域外勢力來講，美國、歐洲、日本等在政治上越來越看重非洲，而且經常針對中國調整自己的對非政策，這之間的大國博弈在所難免。例如，2008 年美國成立了非洲司令部，很大程度上是為了抗衡中國在非洲的影響力。目前來看，西方國家與各類非政府組織努力經營非洲，包括援助協作等手段，但都沒能從根本上解決非洲問題，而中國在此時，積極發展對非貿易，為非提供無償援助，提供了一條不同於西方國家的新的發展道路，從而引起西方國家的警惕，甚至提出"新殖民主義"來片面解讀中國政策。隨着"一帶一路"建設鋪開，西方可能針對中國加緊調整非洲政策。例如，在經濟上可能整合其資源企業，並在勞動密集型產業上與中國開展競爭。另一方面通過非政府組織，力圖制定高標準，限制中國企業的准入和發展。伴隨着中國的轉型升級，西方同樣會做出調整，有可能更加強調其對"環境"、"人權"、"管理"的重視，試圖挽回形象。對此，中方在官方文件中指出在投資貿易中應突出生態文明理念，共建綠色絲綢之路，這也是中國對西方強有力的回應，體現了大國的責任感與風範。總體來講，中國在非洲地區"一帶一路"的建構與輻射，面臨着來自西方國家特別是歐洲所施加的壓力。但是，這並不意味着中歐之間在非洲只能進行競爭。現在中國一些企業在非洲本地招募員工，經營勞動密集型產業，效果非常好。西方製造業經驗豐富，品牌強勢，技術先進，如將其在東南亞、墨西哥等地的企業遷移或拓展到非洲，將頗有競爭力。也就是說，中西方在非洲均享有重要的發展機遇，在此背景下，如果中歐能夠協同共進，將會是惠及三方的幸事。

其次，非洲自身的問題影響"一帶一路"的建設。最近有一種說法，認為西方企業正在集體逃離非洲。雖然還遠遠達不到逃離非洲的程度，但究其原因，一是因為政治不穩定和近期的埃博拉疫情等，二是因為非洲地區管理不便。這兩類問題同樣會影響"一帶一路"的建設。具體來看，第一個因素是暫時的，但第二個因素則預示着戰略調整，意味着企業和非政府組織間需要更好的配合。

再次，中國在非洲地區需重視非政府組織的影響，預防其所帶來的威脅。西方的非政府組織通過配合其國內政治經濟戰略影響到中國"一帶一路"的開展。這些組織在非洲經營多年，它們作為政治組織，具有很強的動員能力，善於組織示威、抗議等活動。同時，此類組織能夠通過操控大眾傳媒的方式，引導區域輿論導向，如果不斷煽動"中國威脅論"，將不利於"一帶一路"的建設。西方非政府組織在發展中國家干擾中國工程項目施工的例子並不少，最典型的是緬甸密松水電站。事實證明，非政府組織雖然非政府，但絕不是非專業，特別是在有當地反對勢力配合的情況下，會造成不良影響。也就是說，非政府組織既能為"一帶一路"的建設施加壓力，又善於為自己開脫。因為它們既有所謂"普世價值"，又是唯一的新聞報料人，而且自己便是媒體或者擁有媒體資源，這就相當於一個人在法庭上身兼法官、律師和陪審團。具體來看，"一帶一路"建設在非洲展開後，這些非政府組織可能側重於宣傳中國企業勞動時間長,勞動條件差,掠奪非洲資源,破壞生態環境等,以此作為對比,來體現西方產業的優勢。在實際行動上,非政府組織一方面可能鼓動道路、廠礦建設項目附近的居民對中國企業和當地政府進行示威,要求更多的補償;另一方面抓住"一帶一路"建設規模前所未有這一點,將"一帶一路"政策同"中國威脅論"相結合,宣揚"新殖民主義",從而增加同中國在非洲進行爭奪的砝碼。

最後,目前非洲的極端主義勢力也日漸抬頭,威脅"一帶一路"建設。長期的貧困和戰亂,使非洲許多人轉而向宗教尋找解脫,而舊的部落傳統加速解體,國家的控制力又還不夠,各種政治勢力都以宗教為名義擴大自身的勢力。非洲過去就有基督教極端主義,現在又增添了伊斯蘭教極端主義。同時非洲以外中東等地的宗教極端主義者,也把目標指向了非洲。從這個角度說,非洲和中亞、中東一樣,正處在一個重要的轉折點,即舊的條件和限制瓦解了,新的因素還正在增長,一時給極端勢力留下了空間,這給"一帶一路"的建設增加了巨大的不確定性。為應對非洲極端勢力的挑戰,西方國家從不同方面對其進行了干涉,力圖維持地區穩定。但以實際效用來看,西方過去的"援助",在非洲的"非政府組織",和向非洲各國推銷的所謂"頂層設計",並不能從根本上消滅非洲戰亂和極端思想的基礎。因此,中國在建設"一帶一路"的過程中,應吸取西方經驗,進行創新,立足於設施聯通和基礎設施建設,以物質的力量武裝非洲國家和非洲人民,從而應對極端勢力的威脅。

3. 政治風險應對

"一帶一路"沿途、沿線諸多國家中,目前表態支持的有 50 多個,但是無條件支持的並不多。多數國家指望"一帶一路"給他們帶來收益，並未準備好投入，一些國家的勢力甚至公開恐嚇，"支持不足而搗亂有餘"，可能配合外界干擾"一帶一路"建設。政局不穩或對華關係緊張，更導致立場的逆轉。基礎設施投資都是戰略性、長期性的，有賴於沿途國家的政局穩定、對華關係穩定。要防止可能的顏色革命干擾和對華挑撥。

如何確保"一帶一路"的安全？換言之，如何將利益共同體變成利益＋安全共同體？中國如何與有關國家合作，提供安全公共產品？針對"一帶一路"的政策、道路、貿易、貨幣、人心"五通"的政治風險，首要的要處理好以下挑戰：

（1）美國的戰略圍堵

"一帶一路"是需要幾代人持續不斷的艱苦努力才能建成的偉大事業，如何處理好與美國主導的現行國際體系及全球化關係？美國可能的破壞包括：一是美國的聯盟體系破壞"一帶一路"建設：與沙特的特殊關係慫惠三股勢力攪局。二是為維護海上霸權，不斷強化印太戰略，加強亞太、印度洋軍力，重點利用東亞海洋領土爭端，挑唆聲索國製造事端，企圖"以鄰制華"、"困龍淺灘"，遏阻中國"海洋崛起"。三是策動沿途國家（尤其是緬甸、越南、中亞國家）的顏色革命。四是加緊通過利益集團代言人對中國施加影響，策劃推動"五獨"勢力的合流，推動台灣加入 TPP。五是與日本一道，借助基礎設施建設的環保、勞工標準等，利用亞行阻止亞洲基礎設施投資銀行，敗壞"一帶一路"聲譽。

當然，戰略分析總是從最壞處着眼，追求最好。現實表現中，美國並非一味反對，或圍堵"一帶一路"戰略。未雨綢繆，必須以中美新型大國關係建構，化解美國的戰略疑慮，破解美國可能的戰略圍堵。美國是實用主義的國家，美國公司、個人可能率先參與"一帶一路"戰略規劃、實施，推動美國政府更新觀念，轉變看法。

我們也儘可能將美國利益融進來，引導、塑造美國對"一帶一路"的認識，並以其盟國態度反推美國立場變化，使之朝向有利於、至少不妨礙或少妨礙"一帶一路"建設的方向發展。

（2）俄羅斯的戰略猜疑

歷史上，絲綢之路的興衰與俄羅斯、奧斯曼帝國的興衰密切相連。"一帶一路"的關鍵挑戰，在海上是美國，在陸上是俄羅斯。歐亞經濟聯盟 2015 年 1 月 1 日起正式投入運營，其成員國包括俄羅斯、白俄羅斯和哈薩克斯坦。該組織還將吸納新成員，亞美尼亞、吉爾吉斯斯坦會加入，不排除塔吉克斯坦和烏茲別克斯坦在未來加入的可能性。如果算上吉爾吉斯斯坦，將有三個聯盟成員國與中國接壤。其中哈、吉均為"絲綢之路經濟帶"上的重要國家。普京曾表示，經濟聯盟將成為獨聯體地區的一個經濟引擎，成為一個新的世界經濟中心。

俄羅斯對"絲綢之路經濟帶"的態度一度是警惕和緊張的，一是怕繞過俄羅斯；二是怕與歐亞聯盟相對立；三是怕取代上合組織。經過不斷做俄羅斯政府工作，終於取得其支持，並將其遠東開放和遠東鐵路改造項目融進"絲綢之路經濟帶"建設，以中蒙俄經濟走廊帶動俄羅斯經濟發展，並且同意將歐亞經濟聯盟與"一帶一路"對接。在具體規劃、實施中，需要中方始終考慮俄方利益，尋找絲綢之路經濟帶項目和歐亞經濟聯盟之間可行的契合點。因此，俄羅斯對絲綢之路經濟帶可能帶來的麻煩不只是以其主導的地區合作組織分化有關國家，更在於歐亞經濟聯盟的不接軌，不是按照市場經濟規律辦事，與"一帶一路"理念、體制不相容——鐵軌的不相容還是技術層面的，觀念上的不相容更麻煩。

（3）印度的戰略不合作

在 2014 年底於中國人民大學演講中，印度著名中國問題專家謝

剛稱，印度未表態支持"一帶一路"理由有三：一是成本巨大（要
8 萬億美元大規模投入），印度不願投入，擔心無法獲益。二是所經
地區爭議、動盪，比如經過喀什米爾地區，孟中印緬經濟走廊經過
緬甸不穩定地區，中巴經濟走廊經過不穩定弧等。三是擔心被中國
包圍，尤其是從海上、陸上惡化印度安全環境，擔心美國的介入影
響其獨立自主性等。

但是，印度並未公開反對"一帶一路"戰略，甚至贊同將東北
邦開放融入孟中印緬經濟走廊建設，對中國的工業園區、經濟特區
建設經驗十分看重，是可以爭取的。針對印度的大國心態與安全關
切，中印可效仿中日 21 世紀友好委員會機制建立中印 21 世紀友好
委員會，加強戰略磋商、地方交流，推動民間智庫聯繫，探討中印
在印度洋、南海合作開發、經營的可能性。

（4）日本的戰略攪局

作為美國的盟國和中國的戰略競爭者，日本一定不會坐視"一
帶一路"成功，可能成為美國聯盟"使絆戰略"的排頭兵。日本在
絲路沿途國家經營多年，"一帶一路"動其乳酪，可能採取如下措施
破壞：一是在中南半島、孟加拉灣搞互聯互通與中國唱反調；二是
利用其對外直接投資（FDI）優勢攪局；三是通過非政府組織破壞中
國項目；四是利用亞行基建項目與中國競爭。

當然，日本並非不能爭取。中日韓自貿區、外長會晤以及中美
新型大國關係建構，都在化解日本可能的戰略攪局。"21 世紀海上
絲綢之路"向北部延伸，聯通韓日，是東北亞和平穩定的希望。

如何應對有關風險？應確立兩容、兩分、兩軌思路：

所謂"兩容"，一是與當地已有合作架構的相容，盡量不另起
爐灶；二是與域外力量的包容，不是排擠俄美歐日等域外勢力。美
國的比較優勢是軍事聯盟體系，中國的比較優勢是人、技術、經驗

和地緣，可以參照北約與歐盟的合作模式——北約提供歐洲的硬安全、歐盟提供軟安全服務，避免重複、競爭——實現中美新型大國關係在"一帶一路"的相容。

所謂"兩分"，就是分好工、分好責，不能全包。金融投資不能央行托底，安全風險不能解放軍托底，必須讓當地利益攸關方和社會力量對接上，把中國要維護安全變成他們要維護安全，把我們的風險變成他們的風險。

所謂"兩軌"，就是針對沿線及域外國家的各種心態，在以下方面同時推進：

一是安全與經濟雙軌：與有關國家的領海主權爭端通過雙邊談判的方式予以解決，但不影響海上絲綢之路的推進。美國提出TPP，並沒有人質疑美國與這些國家還有雙邊的利益衝突。這就提醒我們，應該強調海上絲綢之路作為推進區域合作倡議和國際公共產品的價值，不受歷史和現實衝突的干擾，避免把它說成是中國單方面推進的戰略；

二是雙邊與多邊雙軌：與沿線國家的雙邊合作，比如自貿區、投資協定談判很重要，多邊的經濟走廊，如孟中印緬經濟走廊很重要，是聯繫海上與陸上絲綢之路的紐帶，兩者相輔相成、相得益彰，共同拓展經濟合作、互利共贏新模式；

三是南海與印度洋雙軌：南海是海上絲綢之路的重要一站，印度洋是古代海上絲綢之路的終點站，對於聯繫亞非歐大陸至關重要，兩者都是通達歐洲終點站的必經之道。通過瓜達爾港、克拉運河繞開馬六甲海峽，是雙軌推進南海、印度洋的可行舉措。

當然，雙軌是形式，不是目的，最終要實現雙軌統合，一盤棋推進。從外部環境講，美國仍然是牛鼻子，要摒棄繞開美國的僥倖心態；俄羅斯、海灣國家合作組織、印度、伊朗、土耳其等是關鍵節點，歐盟是抓手。除了與陸上絲綢之路精神相通內容外，海上絲綢之路更強調開放、包容、透明原則。海上絲綢之路合作要照顧各方關切，才能成為中國對外關係的新亮點。

最後，要抓住歐洲。"一帶一路"並非中國單向推，終點站是歐洲，需要西頭來主動對接。尤其是要借助歐洲運籌好中美俄大三角關係，調停烏克蘭危機。以中歐新型全面戰略伙伴關係，推動中歐海洋合作、第三方合作、網絡合作，共同致力於政策、設施、貿易、資金、民心等"五通"，管控好"一帶一路"風險。推動歐盟加入"海上合作組織"；與歐洲國家合作共同經營中亞、中東、西亞北非市場。提升互聯網國際治理的話語權；抓住美國放棄國防互聯網域名的管理權的時機，聯手歐洲推動互聯網國際治理民主化。

（二）安全風險

"一帶一路"覆蓋地域廣，涉及諸地區各類利益關係，面臨各類政治風險，而這些政治風險同安全風險又具有密切的聯繫。"一帶一路"戰略不僅是戰略家的事情，更是千千萬萬建設者的事情，是中國人民和沿線國家人民的事情，是世界人民的事情。這一偉大的倡議，必須通過歐亞大陸各國人民的實踐才能變為現實。在實際的建設過程中，將會面臨各類安全威脅。因此，在"一帶一路"的建構過程中，需要高度關注各類安全問題，未雨綢繆，為"一帶一路"的順利開展保駕護航。具體而言，各類安全風險如下。

1. 傳統安全與非傳統安全

所謂的傳統安全，主要指的是軍事、政治、外交等方面的安全，同國家之間的軍事衝突相聯繫。在中國和平崛起的今天，絕不會貿然發動針對沿線國家的軍事行動。但是在中東等某些熱點區域，有可能面臨域內國家武裝衝突所造成的威脅，使得"一帶一路"建設放緩。但是，在實際建設過程中，所面臨的更多的是非傳統安全的威脅，即在戰爭之外所面臨的威脅，其覆蓋面廣泛，例如恐怖主義威脅、生態污染、信息安全、資源安全等。由於和平與發展逐步成為時代主流，世界上大規模戰爭爆發的可能性微乎其微，因此中國在應對非傳統安全方面應給予重點關注。具體而言，中國在建設"一帶一路"的過程中遇到的非傳統安全主要包括以下幾個方面。

（1）自然風險

"一帶一路"建設首先是與大自然作鬥爭。"一帶一路"建設，橫亙廣袤的歐亞大陸，自然條件多樣，多樣性的地貌特徵也帶來了多樣性的自然風險，並且大多數災害同氣候條件等密切相關，如泥石流、滑坡等，具有不可預測性與突發性。一旦自然災害發生，一方面會影響"一帶一路"工程進度、工程品質和建設者的安全，另一方面影響竣工後的運行和維護。如果"一帶一路"項目運營不善，還可能破壞環境。這些問題不僅會造成財富流失，而且還將損害"一帶一路"戰略的聲譽。客觀自然風險同地理因素密切相關，多為不可抗因素所引起的安全風險，對於此類風險，應該加強監測，強化預警機制。

（2）環境風險

在中國的官方文件中，創新性地提出了"綠色絲綢之路"這一發展思路。這意味着，在"一帶一路"建設的過程中，應重視對環境的保護，本着負責任的態度，合理開發，適度開發，採取科技手段應對環境威脅，在發展經濟的同時建設綠水青山。目前來看，"一帶一路"許多沿線國家生態環境脆弱，缺乏治理的經驗和技術，一旦發生環境破壞，破壞性強，影響範圍廣。例如草原荒漠化一旦發生就會自行擴展，必須投入大量人力物力治理。例如，公路鐵路建設需深入人跡罕至的地區，這一方面可能阻礙野生動物遷徙，另一方面公路司機和乘客丟棄的垃圾，日積月累，也會造成污染。這就需要沿線國家加強協調，制定"一帶一路"建設過程中的環境標準，並嚴格執行。除此之外，"一帶一路"建設的其他工農業建設項目也有環境風險。粗放型的開礦可能會破壞土地，造成粉塵、廢水、廢渣污染；其他的工業項目也存在風險，如電解鋁污染空氣，紡織印染污染河流等；農業生產中，過度放牧，盲目開墾森林，盲目建造大型農業項目等，都可能破壞當地的生態環境。

尤其需要注意的是，自然風險可能導致政治風險。例如，東南亞一些流經多國的河流遭到污染，可能造成跨國問題。又如中亞一些地區過度用水、捕撈，加重了中亞地區已經嚴重的水資源問題。以上的行為，不僅破壞環境，而且損害"一帶一路"沿線國家內部的團結，因此在實際開採過程中，需樹立"一損俱損，一榮俱榮"的共同體意識。

（3）極端勢力的威脅

"一帶一路"沿線有大量的極端勢力，其中一些有相當的力量和作戰經驗，例如目前活躍在中東地區的伊斯蘭國極端勢力（ISIS），"伊斯蘭國"組織利用敘利亞、伊拉克亂局迅速崛起，已構成國際恐暴勢力主幹，不僅威脅敘伊兩國政權，而且催生"溢出效應"，對地區和全球安全構成挑戰。[1] 中國在中東地區 "一帶一路" 的建構，也很可能受到 "伊斯蘭國" 組織的影響而放緩。

目前來看，中亞、非洲、東南亞地區的 "中東化" 危險加劇。"一帶一路" 沿線國家的極端分子在 "一帶一路" 倡議之前就已經存在。在其內部，各極端組織在意識形態和力量上都不一樣。就其分類而言，中亞和中東地區狂熱的宗教組織較多，東南亞和非洲地區世俗化的極端組織較多。

極其狂熱的宗教極端組織，其成員從上到下都相信宗教極端思想，這就導致它們對現實中的政治利害關係考慮較少，常常四面出擊，也就四面受敵。這就造成它們吸納新成員困難，而且被迫頻繁移動，所以往往規模不會太大，但戰鬥力和戰鬥意志較強。

世俗化的極端組織雖然也打着宗教旗號，但其上層領導人實際上只是利用極端主義思想來招兵買馬，因此這類組織可以吸引更多成員，而且在政策上也較為靈活，生存能力較強。它們在認為襲擊得不償失時，可能放棄。因為龐大而鬆散，組織發動襲擊的能力下降，其成員的狂熱程度和戰鬥力較差。

從軍事素質上說，極端勢力均具備一定程度的作戰能力，因而對 "一帶一路" 建設造成威脅。中亞中東等地的不少極端組織成員曾與蘇、美、英等國軍隊作戰，經驗相當豐富，有一些還曾經參加過正規軍隊。特別是在美國出兵中東和阿富汗之後，它們獲得了在高技術條件下對正規部隊作戰，特別是進攻車隊和據點的經驗，更有戰鬥力。東南亞的武裝組織長期與各國政府軍作戰，特別善於利用當地的地形和氣候進行伏擊，也能在襲擊之後迅速隱蔽，生存能

---

1 董漫遠：《"伊斯蘭國" 崛起的影響及前景》，《國際問題研究》2014 年第 5 期。

力強。而非洲許多武裝組織雖然人數眾多，但缺乏訓練，不敢打硬仗，也不善於攻堅。但機動性強，善於利用當地的政治和社會條件保存自己。

從 "一帶一路" 的性質和作用來看，極端勢力有可能阻礙 "一帶一路" 建設。

首先，在意識形態方面，"一帶一路" 同各極端勢力相衝突。"一帶一路" 意在實現地區富裕，財富共用，而各極端組織則以打擊現存政權，掌握國家權力為目標，兩者之間的衝突不言而喻。較世俗的極端組織，其頭目可能不會冒險打擊 "一帶一路" 建設，但由於組織內部成員複雜，其手下的部分狂熱分子很可能擅自行動。同時，某些地區內部極端組織眾多，內訌在所難免，因此極端組織之間也存在競爭。在 "一帶一路" 建設問題上，某些組織也可能會以保護 "一帶一路" 建設為噱頭，實現打擊對手的目的。還應該考慮的是，在 "一帶一路" 的建設過程中，需要加強同地區政府之間的合作，但是由於極端組織同地區政府之間存在矛盾，因此會將打擊對象轉而指向 "一帶一路" 建設。

其次，從 "一帶一路" 的作用來看，這一倡議對於極端組織的發展不利，因此會遭到其反撲。"一帶一路" 倡議進行政策溝通，同時修建道路，加強基礎設施建設，這種包容式的發展方式，有利於推動各國共同富裕，增強了國家之間的相互交流與理解，對於減緩地區內部的民族、歷史乃至政治爭端大有裨益，有利於實現區域整體大環境的改善。對地區的繁榮發展來看，"一帶一路" 意義重大，但是這對於極端組織的建設來看，卻極為不利。一方面，各國關係的逐步改善，使得可以被極端組織加以利用的各類矛盾減少，極端組織難以獲得持續性發展，開展跨國界活動的可能性降低。同時，中國政府同各政府的合作也會成為反對極端勢力的重要力量；另

一方面，作為極端組織重要組成部分的普通群眾基數將會下降，在
"一帶一路"帶動經濟蓬勃發展，人民生活水平不斷提高的前提下，
極端組織難以通過籠絡的手段俘獲大批民眾，存在的基礎性受到威
脅，也就是說其社會影響力將會逐步降低。以上兩點，使得極端勢
力很難融入到"一帶一路"的建設中去，在實際的操作過程中，應
該對此嚴加防範。

（4）非政府組織的威脅

中國在開展"一帶一路"建設過程中還有可能會面臨以西方為
主的非政府組織發動群眾、進行抗議的風險。"一帶一路"倡議提出
之前，中國的海外建設項目已經遭遇了抗議攻勢。對此，中國應該
加以重視。

這類抗議的群眾基礎，一般是以非政府組織為主體，在當地招
募積極分子，發動群眾運動。非政府組織的宣傳策略十分高明，以
學生、青年等為目標群體，以道義、人權為切入口，對其宣傳西方
理念，利用當地群眾思想的不成熟之處，從而達到自己的目的。例
如，"一帶一路"建設一方面要建立很多資源企業，另一方面要發展
交通運輸業和輕重工業，就很可能被非政府組織指責為掠奪所在國
資源，破壞生態環境，它們便可以此為由，發動群眾，進行抵制。
在"一帶一路"建設之初，我們可能面臨大規模的抗議。在政治不
穩定的國家，甚至可能吸引各方勢力參與，並進一步演化為大規模
的動盪和顏色革命。

在實際的操作過程中，由於非政府組織難以提出解決問題的方
案，因此其善於將矛盾引向政府。在"一帶一路"的建設過程中，
中國的善舉很有可能被西方各類非政府組織曲解為"中國威脅論"
下的地區主導權建構。這樣一來，西方世界一方面將其對中國的阻
撓，偽裝成當地群眾和政府與中國的矛盾。另一方面又將問題上升

到所謂"生態"、"人權"的高度，向當地灌輸西方"普世價值"思想，將問題政治化、國際化，從而達到削減"一帶一路"作用的目的。

就"一帶一路"本身來說，抗議的影響主要可以表現在兩個方面。首先，抗議將導致項目停工。"一帶一路"以設施聯通為先導，非政府組織可能煽動群眾到交通幹道上靜坐，使其不能通車。早在蘇聯解體以前，要求脫離蘇聯的立陶宛等國民族主義者就是這樣做的。如果在"一帶一路"沿線國家首都附近發生這種情況，可能導致城內斷糧，這就可能發生政治動盪。我們在這方面的經驗不夠，也沒有制定出可行的預案。其次，這一類的活動還可能被極端勢力利用。極端勢力可能抓住機會積極參與抗議，並以抗議者作為掩護，使抗議暴亂化。如果極端勢力對密集的抗議人群發動襲擊，造成大量傷亡，影響將更惡劣。

"一帶一路"建設有可能面臨的抗議問題同極端主義問題一樣，也要通過"一帶一路"本身來解決。一方面，"一帶一路"帶來沿線整體經濟發展，將解決所在國大量已有的社會矛盾。另一方面，"一帶一路"建設者不應該把自己和當地群眾隔離開來，而應該積極接觸群眾，了解他們的願望和訴求，以包容的姿態歡迎當地群眾廣泛地參與到"一帶一路"的建設之中。同時，在此過程中，從當地實際出發，為當地着想，讓當地的群眾特別是青年真正認識到中國人為何而來，"一帶一路"倡議因何而起，把"一帶一路"當作自己的道路。

（5）海上安全風險

"21 世紀海上絲綢之路"途經世界諸多著名海峽，在海上安全方面存在風險，以海盜問題為例，近年來，各國聯手，共同應對海盜威脅，但都沒能取得良好效果，海盜問題依舊屢見不鮮。在"一帶一路"建設展開的過程中,應建立有效的監督機制,解決船上安保人員配置問題,同時在進入海盜猖獗水域時,應開展反海盜活動,加強同地區國家的合作,共同應對海盜風險。中歐攜手在索馬里地區反海盜,為應對此類威脅提供了成功個案。

2. 國內安全與國際安全

(1)國內政策設計與實施

"一帶一路"建設屬於持續性建設的遠期項目,在實際的機制設計之中,很難做到十全十美,下文是筆者對於項目建設的淺見,具體效果還需在實際的建設過程中,加以檢驗。

首先,從"一帶一路"的項目設計來看,"一帶一路"建設項目數量多,相關性配套保護措施少,如果針對機制的弱點集中力量打擊,成本低,效果好。"一帶一路"諸多項目的建設同時鋪開,但其建設者自身往往既沒有武裝,也沒有軍事訓練和戰鬥經驗,保護每個項目的能力有限。例如,"一帶一路"工地、礦山等往往位於居民稀少的地區,增援需要較長時間。如果突然遭到極端勢力圍攻,可能迅速被攻佔。公路鐵路等交通線動輒綿延成百上千公里,範圍廣闊,難以處處分兵把守,只要破壞一處,就可能全線癱瘓。

其次,"一帶一路"由於需要大量的勞動力資源,這其中容易出現問題。一方面,由於中國需要協助當地進行基礎設施的建設,因此需要對外輸出人才,在這一過程中就存在着人才培養的問題。"一帶一路"建設過程中專家與相關技術人才的培養,不僅需擁有過硬的技術水平,還需了解當地實際情況,能夠快速且高效率地融入當地,集中力量進行建設。同時,還需要做好此類人群的安置工作,從國家戰略設計層面保護其人身安全、財產安全。另一方面,"一帶一路"建設需要吸納地區諸多勞動力,如處理不當,也會造成諸多問題。例如,在實際的操作過程中,由於工作人員數量巨大,很難精準地統籌諸國工作人員,這就為極端組織成員進行干涉提供了可能性,他們可混入"一帶一路"建設項目內部,平時收集情報,在襲擊時則可充當內應,帶來挑戰。又如,極端勢力有可能通過挾持人質的形式來威脅政府,要求政府妥協,以放緩實際建設進程,中國應關注此類非傳統安全的問題。

在具體的解決路徑上,關鍵在於將長期風險化為短期風險,正如在官方文件中所指出的,一年多來,中國政府積極推動"一帶一路"建設,加強與沿線國家的溝通磋商,推動與沿線國家的務實合作,實施了一系列政策措施,努力收穫早期成果。這樣的思路還需進一步深化加強,不斷完善機制架構與政策設計,同時在"一帶一路"的建設過程中,一方面要建立同各國的安全合作機制,結合不同地區的現實情況進行政策設計,積極以政治手段應對風險,堅決打擊極端分子。另一方面充分發揮"一帶一路"的優勢,繼承傳統絲路開放並包的精神,在分享中國發展紅利的過程中,使當地群眾感知"絲路"優勢,促使民心相通。

同時,"一帶一路"政策提出後,引起了國內外的重視,對"一帶一路"政策做出了各類解釋,但內外難以形成統一,對"一帶一路"建設造成影響。

一方面,"一帶一路"倡議提出之後,儘管中國在 2015 年 3 月 28 日發佈官方文件,但是在此之前,西方世界已經針對"一帶一路"進行了解讀。在西方的解讀中,許多國家將"一帶一路"同"中國威脅論"掛鉤,將"一帶一路"與帝國主義、殖民主義、謀求地區主導權相掛鉤,對中國的政策做出了不當解讀。當今時代,西方社會享有巨大的發言權,而廣大的發展中國家,很容易受到西方國家的影響，對中國的政策產生誤解，影響"一帶一路"的開展。對於西方對中國的片面看法，中國在文件中指出，在"一帶一路"的建設過程中，中國會堅持互利共贏，也就是兼顧各方利益和關切，尋求利益契合點和合作最大公約數，體現各方智慧和創意，各施所長，各盡所能，把各方優勢和潛力充分發揮出來。中方願同各國合作，以自身的實際行動，使世界看到中方的努力與誠意，改善輿論環境，實現共同發展。

另一方面，就中國國內而言，國內各省份，爭相搭上"一帶一路"的快車，希望能夠從這一政策中獲益，很多省份，包括新疆、陝西、甘肅、寧夏、青海、重慶、雲南、四川、山西、浙江、江蘇、山東、湖北、福建、河南、貴州和西藏等 17 個省區市將絲綢之路經濟帶列入了 2014 年度政府工作報告之中。這 17 個省區市經濟規模之和佔全國比重高達 55.9%。[1] 在這些省份之中，存在着部分條款重合，機制重疊的現象，造成了不必要的財力與人力浪費。具體而言，各省應按需制訂，按照官方文件中不同地區目標定位，結合自身實際情況制定政策，而非一味地跟風隨潮，真正地發揮"一帶一路"在促進地區經濟發展，縮小東西差距，深化改革開放方面的積極作用。

以上為國內政策設計的風險。除此之外，在實施的過程中，還有可能面臨各類問題，引發事故，從而影響"一帶一路"的建設。

"一帶一路"建設要求做到設施聯通，但如上文所述，沿線各國自然條件多樣，要實現真正的"互通"還需攻克諸多難題。在國內，伴隨着中國鐵路事業的迅猛發展，中國在沙漠、亞熱帶叢林、

1　郭芳、謝瑋：《"一帶一路"：新全球化時代的經濟》，《中國經濟周刊》2014 年 8 月。

高原、高寒地帶均有路軌修築經驗，但是，這難以照搬至諸國，每個國家乃至每個具體的施工地點，都有其自身的情況，都可能出現意想不到的問題。在"一帶一路"建設中，高鐵、公路、鐵路、礦山及一切工程建設項目，都對設計施工品質有着嚴格的要求，因為這關係到人民群眾的生命安全，任何事故都有可能變成政治事故，給"一帶一路"建設帶來衝擊。

應當考慮到，中國在國外的施工面臨諸多問題。第一，材料搜集困難。在國內施工很容易獲得地質資料、氣象水文資料等必要的材料，和有關部門協作也較為便捷。但是，在國外，資料搜集難度大，開發經驗少，在一些不發達的國家和地區，可能由於勘察能力有限，大型工程修建較少，有許多潛在的自然風險，並且沒有被發覺，因此就可能在工程竣工之後帶來事故。中國方面，一旦同意勘察和規劃，就需要擔負起發現風險及解決問題的責任。需要格外注意的是，國內抑或國際所通行的"標準"，未必符合當地的特殊情況。中國在施工過程中，應該因地制宜，根據不同地區的實際情況，制定相關性政策，避免事故的發生，這就對勘察、設計和施工提出了更高的要求。第二，選址的特殊性。工程建設中可能會發生事故。"一帶一路"工程項目特別是採礦、採油等，本身就有一定的危險性，工程選址往往不僅是在基礎設施較差的國家，而且是在遠離人煙的地區。一旦發生事故，如何及時救治傷患，特別是如何將大量傷患送至醫院，需做充分準備。如何對參加工程建設的當地職工進行崗位安全教育，也要預先考慮。

中國應當考慮到運營中的事故問題，主要表現在以下三個方面。第一，從設施聯通來看，公路、鐵路特別是高鐵建成之後，由於全線地理覆蓋範圍廣，存在着突發性自然災害的可能性，這就需要第一時間發現問題並及時解決問題，保證道路暢通。除此之外，道路基礎設施可能老化損壞，如降雨和洪水導致電氣設備短路或沖毀公路路基，泥石流阻斷鐵路等。在草原和叢林地帶，時刻可能有野生動物從各處橫穿線路，撞擊鐵路，從而引發事故。以高鐵為例，伴隨着"高鐵外交"的興起，高鐵也成為了中國重要的對外建設項目，對於"一帶一路"建設意義重大。高鐵，儘管能夠促進不同區域之間的互聯互通，便利財富與人員的流動，但在實際的建設過程中，卻面臨諸如人員培訓、鐵路維護與應急處理等諸多問題。對此，必須一方面加強人員培訓，佈置訓練有素的巡線、調度、駕駛和維修、維護力量；另一方面利用先進手段改進設備，增強可靠性，在交通線全線設置有效的監控網絡，同時定期展開鐵路維護，最大可能地解除事故隱患。除此之外，還需要中國加強與當地鐵路部門的溝通，以協作的方式，定期檢查，組織雙邊培訓，共同保證鐵路的順利運行。第二，在水上交通方面，雖然我們對於"一帶一路"沿線港口已經比較熟悉，但事故的可能性依舊存在。雖然目前船舶配有各種專用和兼用的呼救設備，但一旦發生問題，部分國家實際的救援力量卻很薄弱，這就要求在"一帶一路"的建設中，應致力於在沿線各港口建立起規範有效的救援力量。第三，開發不當可能永久毀壞自然資源。如煤礦火災可能造成地下煤層着火，不僅浪費煤炭資源，阻礙開採，而且破壞地表植被，造成嚴重的空氣污染。而開採石油、天然氣等也都伴隨着各自的環境風險。中國、美國、印度、印尼等國有這方面的教訓。治理煤層着火需要大量的資金、技術、物資與人力，而且是一項長期工程。一旦發生，對於"一帶一路"建設和所在國都是很大的打擊。

（2）各區域的打擊與聯結

"一帶一路"建設遍及全世界，沿線沿路國家自然社會條件複雜，各類勢力層出不窮，這些極端力量如果進行聯合，在"一帶一路"沿線不同區域與國家,同時展開行動,對於"一帶一路"建設,將會造成不小的打擊。

一方面,從各區域來看,每個區域都存在着對"一帶一路"建設進行打擊的可能性。

中亞、中東有很多一馬平川、難於設防的地區,而不少交通要道要通過地形崎嶇,適合伏擊的山區。以平原地區為例,一方面,平原有利於增強機動性。極端分子可以平時分散,準備襲擊時迅速集結,實現最大的打擊力度。同高原山地比,行動效率大為提升;另一方面,平原地區便利了極端分子的偽裝。在平時,他們可以偽裝成牧民,一方面簡化了後勤,另一方面也使我方難以確認其身份,增強了隱蔽性。

東南亞很多地方山高林密,其地理氣候特點導致交通線兩側和工程項目四周密林遍佈,缺少緩衝地帶,車隊或列車容易遭到突襲。同時,應該考慮到,建築以及道路,一旦在熱帶、亞熱帶叢林中遭到破壞,其修復難度較大,不利於"一帶一路"的開展。東南亞地區內河航運也面臨着類似的問題。東南亞一部分地區河道彎曲,水流平緩,兩岸都是密林。這一方面導致不管是商船還是巡邏船,都只能低速行駛,難以躲避突襲。另一方面,河盜可以在河岸上依託植被和工事就近隱蔽大量兵力,彌補其射程和兵員素質的劣勢,對船運構成極大的威脅。如果同時在河道內敷設水雷或障礙物,或將河盜船甚至爆破艇偽裝成民船、漁船襲擊,攔阻我船隊,破壞性更大。

非洲的地形和氣候綜合了中東、中亞和東南亞的特點,也就綜合了這幾個地區的問題。而且由於非洲廣大的面積,極端勢力可能實現跨國流竄,問題變得更加嚴重。

另一方面,中國還需應對不同區域或者域內極端勢力的結合對

"一帶一路"建設所造成的影響。下面,試以上文所提到的中亞地區的"顏色革命"與"三股勢力"為例來進一步闡述這一問題。"顏色革命"與"三股勢力"在地緣上導致了區域的不穩定,但更為重要的是,隨着"一帶一路"建設如火如荼地開展,必然會對"顏色革命"與"三股勢力"造成打擊,這就為兩者的"合流"創造了條件,影響"一帶一路"建設。需要注意的是,"三股勢力"和"顏色革命"雖然可能勾結,但不一定公開勾結,馬上勾結。具體而言,一方面,從"顏色革命"方面講,它們的口號是"民主自由"和"西方文明"。公開同"三股勢力"相合流,就要脫下"非暴力"的外衣,這樣不僅可能失去追隨者,而且將遭到直接打擊,還將引起西方不悅。因此,同"三股勢力"集中性的整合並不能使其利益最大化。另一方面,從"三股勢力"的角度講,"三股勢力"多為恐怖主義、分裂主義、極端主義力量,目前來看,還具有充分的活動空間,如果此時同"顏色革命"勢力相合流,反而會受制於"顏色革命"導致活動難以開展。雖然以上原因導致"顏色革命"和"三股勢力"近期難以公開聯合,但是隨着"一帶一路"建設的不斷發展,社會格局不斷穩定,經濟日趨繁榮,這意味着"顏色革命"和"三股勢力"的活動空間會被大幅壓縮。因此,為了保持其自身活動的持續性,從長期看,兩者會在具體問題上日趨合作。以中國在中亞的工程項目與企業為例,中國目前在中亞地區,將諸多工程項目投資作為"一帶一路"建設的重要切入口,在促進實現"貿易通"與"貨幣通",加強基礎設施建設方面,發揮着重要的作用,這對於極端勢力是極為不利的。因此,無論是"顏色革命"抑或"三股勢力"都會將"一帶一路"中的諸類經貿建設作為重點領域進行防範,這就為兩者的合流提供了現實的條件。雙方在不同程度上的防範打擊,一方面分散了各國政府以及上合組織的資源,使得"一帶一路"建設難以在短時期內聚集人力、財力，使得工期拉長，進程放緩。另一方面使"一帶一路"的聲譽受損，不利於"民心相通"的實現。

　　總體來講，本章從傳統與非傳統、國內與國際這兩個維度，論述了"一帶一路"建設中的安全風險。但是，在"一帶一路"建設開展的過程中，面臨的風險是多樣的，筆者以上僅僅闡述了問題中的一些典型表現。隨着"一帶一路"的深入開展，各類經濟、政治、文化等問題也會逐步凸顯，中國需保持審慎的態度，按照不同地區的實際情況，真誠地同各國溝通，共同促使問題得到解決。

（三）經濟風險

　　"一帶一路"願景與行動將以創新的經濟發展模式，通過"絲綢之路經濟帶"，把歐亞大陸整合起來，連接世界上最具活力的兩大經濟圈，力求在分享中國經濟發展福利的同時，實現整體的繁榮發展。正如"一帶一路"願景與行動文件中所指出的，中國將一以貫之地堅持對外開放的基本國策，構建全方位開放新格局，深度地融入世界經濟體系中。

1. 經濟風險總述

　　全球經濟在 2014 年的增長略有改善，但增速依然持續在低位徘徊，僅為 2.6%[1]，絕大多數經濟體國內生產總值增幅較國際金融危機

1　參見聯合國《2015 年世界經濟形勢與展望》報告。

之前相比明顯偏低,而且發達國家經濟分化加劇,發展中國家發展增速明顯放緩。21 世紀是以和平、發展、合作、共贏為主題的新時代,"一帶一路"致力於亞非歐大陸及附近海洋的互聯互通,構建全方位、多層次、複合型的互聯互通網絡,實現沿線各國多元、自主、平衡、可持續性的發展,因此,面對復蘇乏力的全球經濟新形勢和紛繁複雜的國際與地區局面,我們需要更加警惕和防範"一帶一路"建設過程中的經濟風險,守護"一帶一路"給全球經濟帶來的貢獻和成果。

(1)短期來看,需警惕全球貨幣政策分化的風險

最近幾年,全球經濟不均衡增長,各主要經濟體的貨幣政策也在走向分化。一方面,美聯儲於 2014 年 10 月底正式推出 QE,並預計在 2015 年下半年加息;另一方面,日本實施了規模空前的量化寬鬆政策 QQE,繼瑞士、丹麥、加拿大、土耳其等國相繼降息後,歐央行於 3 月 9 日起正式啟動歐版量化寬鬆貨幣政策,每月採購 600 億歐元資產,直至歐元區通脹回升到 2%,全球低利率的時代並未因美聯儲退出 QE 而結束。

2007 年國際金融危機以來,發達經濟體寬鬆的貨幣政策導致大量國際資本流入新興市場,一旦美聯儲加息,新興經濟體將面臨資本外流和本幣貶值等多重壓力,其對新興經濟體的衝擊不容小覷。"一帶一路"沿線多為發展中國家,存在金融基礎設施薄弱、資本監管不到位等問題,容易受到發達經濟體貨幣政策變動的影響。部分經濟體,比如印尼、俄羅斯和土耳其等,存在嚴重的經常賬戶赤字和信貸過度增長問題,外國投資者對本地債券市場的參與度較高,其抵禦外部風險的綜合能力較差。發達經濟體貨幣政策的突然"變臉"很有可能會給這些沿線國家資本市場帶來巨大的損失,甚至給跨境資本流動帶來風險。

　　而主要經濟體的貨幣政策走向分化必將導致資金走向分化，大劑量常規和非常規的貨幣政策帶來的 "流動性盛宴"，雖然暫時性地解決了危機問題，但是這些資金也會給新興經濟體的經濟金融造成不穩定性。作為 "一帶一路" 的提出和實施國以及最大的新興經濟體，中國不僅需要警惕歐美日等發達經濟體貨幣政策變化給中國帶來的資本流入和流出風險，而且還要警惕，在 "一帶一路" 建設過程中沿線國家因受歐、美、日等各主要經濟體國家貨幣政策分化及變化所帶來的風險傳導給中國。

　　此外，受世界主要國家分化的貨幣政策影響，全球外匯市場走勢各異，2014 年美元指數上漲 12.5%，歐元對一攬子貨幣的貿易加權匯率下跌了 12%，俄羅斯盧布貶值超過 73%，許多 "一帶一路" 沿線國家也成為貨幣貶值的重災區。企業在俄羅斯和其他 "一帶一路" 沿線國家進行投資貿易可能會出現巨額匯兌損失。理論上，可以運用避險工具管理風險，但是，俄羅斯和 "一帶一路" 沿線多數國家屬於資本管制國家，金融工具不足，企業很難找到對沖工具，這就需要注意防範風險。未來各國匯率在受全球貨幣政策分化的影響下將會走出跌宕起伏行情。而在 "一帶一路" 建設中，應加強對全球貨幣政策分化引起的匯率風險的警惕性，避免匯率波動帶來的損失。

（2）從中長期來看，需警惕未來全球經濟結構調整的風險

　　我們不難發現，當前全球貨幣政策和資金走向分化的背後是經濟金融結構的差異，可以預期的是，無論是發達經濟體還是新興經濟體的經濟結構都將進入一個深層次調整的時代，這在一定程度上會給全球經濟前景造成一些不確定性風險。尤其是在金融危機之後，無論是發達國家還是發展中國家，大多數經濟體的經濟結構已無法支持其經濟像危機之前那樣迅速發展，面臨着潛在增長率下降的風險。比如，歐債危機爆發後，面對巨大的債務壓力，希臘政府被迫接受"三駕馬車"[1] 開出的以"財政緊縮"為核心的改革藥方，陷入財政緊縮加經濟衰退的惡性循環當中至今難以自拔，加劇了社會對緊縮政策的不滿情緒，一度引起大眾對希臘退出歐盟的猜想。

歐債危機至今陰霾未除，希臘債務風波表明，歐盟、歐洲央行和國際貨幣基金組織過於強調財政緊縮政策而非最佳的選擇，其需要的不是短暫的救助，而是從根本上調整其經濟結構。希臘所在的歐元區經濟雖然在歐央行的量化寬鬆的貨幣措施的刺激下有所改善，但經濟復蘇前景依然堪憂。包括美國在內的眾多發達國家，都面臨着在短期內如何平衡以財政支出支撐總需求和長期保證財政可持續性的問題。另一方面，對於發展中國家而言，其面臨着實體經濟部門弱勢發展的循環，資本流入的逆轉等問題，未來經濟增長將進一步放緩或長期緩慢增長。未來全球各經濟體需要及時調整其經濟結構，發掘並發展新的經濟增長點，這也就意味着全球已經到了需要經歷一次集體性的結構調整的時期。

"一帶一路"建設是一項系統工程，涉及到不同發展水平和不同經濟結構的諸多國家，在與各國合作的過程中，中國不僅需要積極主動地推進經濟結構調整，而且需要時刻跟蹤和評估各國經濟結構調整步伐，警惕因各國經濟結構調整衝擊"一帶一路"建設的風險。

（3）在實踐過程中需警惕和防範投融資風險

資金融通是"一帶一路"建設的重要支撐。"一帶一路"沿線國家在基礎設施建設上存在巨大的資金缺口，據亞洲開發銀行測算，2020 年前亞洲地區每年基礎設施投資需求將高達 7300 億美元，然

1　這裏是指歐盟委員會、歐洲央行、國際貨幣基金組織。

而，現有的多邊機構無法提供如此巨額的資金。目前，支持"一帶一路"建設的主要資金來源有亞洲基礎設施投資銀行（AIIB）、絲路基金、金磚國家開發銀行、上合組織開發銀行和"一帶一路"融資平台。3 月 28 日，由國家發展改革委員會、外交部、商務部經國務院授權聯合發佈的《推動共建絲綢之路經濟帶和 21 世紀海上絲綢之路的願景與行動》（簡稱"一帶一路"願景與行動）文件指出："支持沿線國家政府和信用等級較高的企業以及金融機構在中國境內發行人民幣債券，符合條件的中國境內金融機構和企業可以在境外發行人民幣債券和外幣債券，鼓勵在沿線國家使用所籌資金。"

在資金融通當中，還包括加強金融監管合作，推動簽署雙邊監管合作諒解備忘錄，逐步在區域內建立高效監管協調機制。完善風險應對和危機處置制度安排，構建區域性金融風險預警系統，形成應對跨境風險和危機處置的交流合作機制。加強徵信管理部門、徵信機構和評級機構之間的跨境交流與合作。充分發揮絲路基金以及各國主權基金作用，引導商業性股權投資基金和社會資金共同參與"一帶一路"重點項目建設。

（4）防範主權債務和地方債務風險

目前歐洲仍有一些國家的政府債務率和赤字率分別處於 60% 和 3% 警戒線以上的水平，"一帶一路"沿線國家和地區的主權債務風險需要關注，而國內在地方政府債務不低的情況下，推進"一帶一路"建設增加基礎設施等投融資，或將進一步推高債務水平。當然隨着經濟增長和金融改革的深入，地方政府債務的水平有望降低。

當前，國內多數地區重視推進"一帶一路"建設以及國企改革，有些地區準備制定具體的財稅扶持政策，培養新經濟增長點，PPP模式受到地方高度重視，社會資本參與基建投資的機會有望增多。然而，一方面國內地方償債高峰未過，另一方面因"一帶一路"建設帶動的新融資需求不斷跟進,這可能會進一步推高中國地方政府的債務水平。另外,博鼇亞洲論壇秘書長周文重表示,全球債務規模的增長速度遠高於全球 GDP 增速。因此,在推進"一帶一路"建設過程中,我們不僅需要警惕國內債務居高不下的局面,而且還要對合作對象逐一具體分析,防範全球債務風險衝擊"一帶一路"建設。

在投資方面,需要防範投資的資金虧損的風險,"一帶一路"建設涉及許多基礎設施項目,投入量大,而回報期長,其是否盈利以及會面臨哪些風險,在投資前都要認真評估,比如,"義新歐"集裝箱專列滿載而出,在通關上耗時較長,能否壓縮通關時間,加速周轉降低成本。同時,還會面臨因沿線各國政局變動引起的資金無法收回或被無理取消合作的風險,比如中泰高鐵、中緬水電站事件,以及希臘叫停出售比雷埃夫斯港口事件等。這些需要我們加強政策溝通,以及與當地政府和居民的多方面協調,避免出現中緬密松水電站項目擱置、吉爾吉斯斯坦金礦開採項目上與當地居民發生衝突等類似情況。

此外,在"一帶一路"建設過程中,還要警惕因地緣政治等因素給宏觀經濟帶來的影響。目前,俄烏衝突、中東局勢等地緣政治形勢惡化,一方面,造成了該區域的不穩定,打壓投資者信心,使國際資本撤離該地區,造成國內國外資本的損失;另一方面,也會導致與該地區相關大宗商品走勢不穩定,如能源、礦產等,這些都是"一帶一路"建設過程中需要重點關注的部分。

目前來看,全球經濟增速復蘇曲折,發達經濟體與新興市場國家經濟增長態勢分化。國際貿易的萎縮、對外直接投資的減少、大宗商品價格的波動、能源短缺貨幣疲軟等因素,將會直接影響"一帶一路"沿線國家的經濟增長。

2. 經濟風險表現

中國作為未來亞洲乃至全球的經濟增長引擎，要通過合作共贏、共同發展、共同分享經濟發展的成果，就必須首先考慮沿線區域及各國的宏觀經濟風險。在政策制定與執行層面，應對經濟風險保持清醒的認識，以求規避其風險，最大程度地發揮絲路優勢。

首先，作為資金提供者，中國可能面臨資金無法收回的風險。如果資金接受方發生政局變動，那麼如何收回資金就是需要提前進行研究的現實問題。因此，我們應當加強與發達國家之間的政策協調，尤其是要注意發揮出口信用保險的作用，積極參與"巴黎俱樂部"和"伯恩協會"等相關機制的國際協調與合作，按照文件要求，將合作的蛋糕"做大"，更要"做好"。

其次，國家和企業可能面臨技術創新動力不足的風險。儘管中國會向外轉移自身產業，但是這不意味着中國產業機制已經足夠完善，還需不斷創新，以求適應不同地區的具體需求。同時，伴隨着"一帶一路"建設的不斷深入，中國產品銷售的市場將會不斷擴大，企業盈利的增加將有可能伴隨着科技創新腳步的放緩，從而出現創新動力不足的現象。

除此之外，由於中國缺乏納稅人意識和監督約束機制，如果一鬨而起，可能會形成新的債務隱患。如果說，十五年前，中國的債務人主要是國有企業，今天中國的債務人主要是地方政府的話，那麼，倘若不從現在起就注意加強風險管控，十五年後的主要債務人就很有可能變成了外國政府或企業，到時候我們又將如何來化解債務風險呢？[1]

1　魏加寧：《警惕"一帶一路"戰略可能面臨的風險》，《21世紀經濟報道》2015年3月11日。

這些經濟風險具體表現在以下幾大類：

（1）宏觀風險

經濟全球化融合加快是 21 世紀以來全球經濟的最大趨勢。"一帶一路" 是中國從 "引進來" 到 "引進來" 和 "走出去" 重要轉變過程，也是與沿線國家合作加深、相互影響加深的重要過程。對外開放並融入全球經濟是唯一的選擇，但負面影響便是本國經濟會過多地暴露在外部經濟波動衝擊的風險之下。在這樣的背景下，各國的經濟體制、經濟運行機制、經濟素質、開放程度、管制程度、經濟與國際接軌及穩定程度等這些宏觀經濟因素，就成為 "一帶一路" 建設必須要考慮的內容。而各國的經濟體制、運行機制、監管力度等各不相同，在與每一個國家的合作中，需要面對的不確定性也不同。

而在涉及多邊合作的項目上，情況會更加複雜。特別是，"一帶一路" 沿線國家由於較小的面積、人口、經濟總量，以及對經濟自主權的擔憂等，對中國這一龐大的經濟體會心存擔憂。因而在前期合作過程中，進程未必會很快。

從宏觀來看，"一帶一路" 建設的重要資金來源即為 "亞洲基礎設施投資銀行" 以及 "絲路基金"，中國需要應對兩者在建構的過程中可能出現的各類問題。

2013 年，習近平在訪問印尼時首次提及建設亞投行，時隔一年後，包括中國、印度、新加坡等 21 個國家，在北京簽署《籌建亞洲基礎設施投資銀行的政府間框架備忘錄》，截至 2015 年 4 月 15 日，亞投行意向創始成員國增至 57 個，包括奧地利、澳大利亞、阿塞拜疆、孟加拉、巴西、汶萊、柬埔寨、中國、丹麥、埃及、法國、芬蘭、格魯吉亞、德國、冰島、印度、印尼、伊朗、以色列、意大利、約旦、哈薩克斯坦、韓國、科威特、吉爾吉斯斯坦、老撾、盧森堡、馬來西亞、馬爾代夫、馬爾他、蒙古、緬甸、尼泊爾、荷

蘭、新西蘭、挪威、阿曼、巴基斯坦、菲律賓、波蘭、葡萄牙、卡
塔爾、俄羅斯、沙特阿拉伯、新加坡、南非、西班牙、斯里蘭卡、
瑞典、瑞士、塔吉克斯坦、泰國、土耳其、阿聯酋、英國、烏茲別
克斯坦和越南。亞投行，為政府間亞洲區域多邊開發機構，按照多
邊開發銀行模式和原則運營，重點支持亞洲地區基礎設施建設。亞
投行將與世行、亞行等其他多邊及雙邊開發機構密切合作，促進區
域合作與伙伴關係，共同解決發展領域面臨的挑戰，能夠提高資金
使用效率，增強基礎設施建設融資能力，推動實現發展中國家的互
利共贏。但是，亞投行作為中國的創舉之一，在實際運行中會面臨
諸多經濟問題的挑戰，例如隨着歐洲國家的參與，必然為其自身利
益爭取更大的控股權，而能否平衡好各群體之間的股份構成，考驗
着中國智慧；又如，亞投行內的亞洲國家經濟發展水平同西方國家
相比較為落後，基礎設施薄弱，亞投行的回報率也成為了中國面臨
的重要問題；同時，亞投行的出現，必然會影響到美日的利益，挑
戰美元的霸權，有可能引起中國同美日之間的經濟矛盾。因此，在
亞投行的建設過程中，中方需要最大程度地團結各國，利用自身嫻
熟的外交技巧尋求各國合作的最大公約數，保證亞投行的順利建
設，並以此推動"一帶一路"建設的深入發展。

　　2014 年 11 月 8 日，習近平在 APEC 領導人非正式會議上發表
了題為《聯通引領發展，伙伴聚焦合作》的講話，宣佈中國將出資
400 億美元成立絲路基金，以保證"一帶一路"事業的順利開展。同
亞投行相類似，絲路基金在解決資金難題方面意義重大，但是同樣
面臨經濟問題。諸如，中方應平衡好"絲路基金"這一經濟手段同
"一帶一路"這一政治戰略之間的關係，既要考慮到政治方面，也要
考慮到經濟方面；同時，在"絲路基金"管理的經驗方面，雖然過
去存在中非基金等類似項目，但在實際操作中依舊缺乏指導，在基

金的支出利用、預算制定、財務審批等流程易出現經濟問題，中方應重點關注。

以上論述的諸多宏觀層面的不確定性和擔憂，最終會成為合作過程中的障礙和摩擦。在"一帶一路"走出去的過程中，必須要充分考慮目標國家的宏觀經濟狀況，充分考量宏觀經濟風險點的所在。對外投資企業應當具備宏觀經濟和國際關係視野，建立足夠的風險應對機制。

（2）產業風險

"一帶一路"是中國的國家戰略，但同時也是世界發展戰略。"一帶一路"建設不僅僅肩負着化解中國產能過剩問題、產業走出去問題的責任，還肩負着實現沿線國家產業提升、經濟共同發展的重任。所以"一帶一路"建設要充分考慮中國的產業走出去的順序，同時必須考慮沿線國家的產業結構、市場容量、產業升級趨勢及未來市場變化。據此而言，片面投資導致"一帶一路"沿線國家產業結構畸形的風險，也值得關注。

經濟發展離不開平衡的經濟結構，這就要求農工商並舉，特別是讓當地的優勢產業、傳統產業煥發活力。中國現在是經濟大國、政治強國，但有些人的思想始終不能獨立，始終不能越西方經濟學教科書的雷池一步。他們過去按照西方的思維，將中國想當然地視為商品市場和原料產地，現在又開始將"一帶一路"沿線國家和整個第三世界視為商品市場和原料產地，最大限度地追求生產要素。

我們應當知道，"一帶一路"沿線國家都有各自的傳統優勢產業。如中亞曾經有相當發達的工業，這一地區不僅製造業面臨轉型升級，而且農業和其他產業也有廣闊空間。在中亞、中東、非洲、東南亞的廣闊地區，戰亂和動盪使得農業凋敝，人民困苦，國家動亂，造成惡性循環。在經濟發展模式上，如果僅僅是開採當地資源，加工後返銷中國或者在當地出售，經濟總量雖然增長，當地大部分群眾卻沒有獲益，只有製造業工人收入增加。如果不能正確增加效益，而是仍然依靠低工資，當地群眾就不能從經濟發展中獲益，從而導致所在國的經濟缺乏自身活力，製造業發展也只能依靠中國不斷投資。這種現象一方面使所在國政府面臨指責；另一方面不能使群眾真正感受到"一帶一路"對於促進國內發展，提高自身生活水平所發揮的作用，從而降低"一帶一路"的效應。

如何實現製造業和農工商業的協調發展，考驗着我們的義利觀。農業是立國之本，可以使人民安居樂業，一個國家只有先解決吃飯問題，才能談今後的發展。這是我們從中國和世界歷史中得出的結論，永不過時。幫助"一帶一路"沿線國家農工商業全面發展，特別是發展其傳統優勢產業，是"一帶一路"倡議誠意的試金石。這一點直接關係到"一帶一路"倡議能不能區別於援助計劃、撒錢計劃、吞併計劃、馬歇爾計劃等種種臆測和攻擊。

從《推動共建絲綢之路經濟帶和 21 世紀海上絲綢之路的願景與行動》之中可以看出，中國產業合作可挖掘程度深、範圍廣。按照文件要求，開展產業合作應該重視拓寬貿易領域，優化貿易結構，一方面致力於將挖掘貿易新增長點，促進貿易平衡作為基礎，在貿易穩定的基礎下，致力於拓展相互投資領域，從農林牧漁等傳統產業到新能源、新材料等新興產業，優勢互補、互利共贏，深化彼此產業創新合作。另一方面，文件中明確指出，應優化產業鏈分工佈局，推動上下游產業鏈和關聯產業協同發展，鼓勵建立研發、生產和行銷體系，提升區域產業配套能力和綜合競爭力。同時，中國創新性地提出了"綠色絲綢之路"計劃，主要意在加強對生態環境的治理，維護生物多樣性，同世界各國一道共同應對氣候變化合作，這既是國內"生態建設"的體現，又是中國承擔國際責任，推動全球治理的體現。

（3）風險應對機制缺失

中國全面深化改革需要釋放產能，需要讓中國的經濟力量更多地觸及國外市場，特別是資本，以前需要外國的資本進來，現在需要中國的資本出去。而中國企業走出去的過程中，受到國際視野、國際法律及管理的熟知、國際人才儲備等方面薄弱的影響，對沿線國家缺乏深度的了解，導致缺乏足夠的國際經營的風險意識，因此更不能建立起相應的風險應對機制。從大的方面講，在國際投資過程中也缺乏足夠的保險機制。特別是"一帶一路"建設包含相當大規模的基礎設施建設等投資規模大、投入周期長、投資見效慢的項目。對這些項目可能發生的風險如何應對，從而降低中國企業的損失，是必須要解決的問題。

（4）現代服務業配套不足

現代服務業是經濟全球化的一項重要內容，其競爭比較優勢也日益突出。而現代服務業，特別是其熟悉國際管理、西方會計制度、稅例的商業管理與顧問、會計及審計諮詢，是"走出去"中不可或缺的。而中國現代服務業國際比較優勢不突出，其中重要的表現就是：利用外資水平較低，主要集中於傳統旅遊和勞務輸出，知識密集型和技術密集型服務等比重較低，服務企業的管理水平、行銷水平、企業規模與國際服務企業相比存在相當大的差距。中國企業"走出去"的過程中，需要有國際化程度高的專業服務，來幫助其儘快熟悉國際慣例、適應國際經營。

（四）法律風險

　　法律能夠對活動雙方的行為起到重要的約束作用，在"一帶一路"建設的過程中，以法律為框架對主體行為進行規範意義重大。過去一年，中國與部分沿線國家簽署了共建"一帶一路"合作備忘錄，與一些毗鄰國家簽署了地區合作和邊境合作的備忘錄以及經貿合作中長期發展規劃，但這些文件的落實都需要雙方遵守法律，按照法律的要求開展雙方業務。因此，"一帶一路"建設應該以法律為保障。但是，在實際的操作過程中，法律還不夠完備，存在諸多法律風險。

1. 法律風險產生的原因

　　"一帶一路"戰略涉及到中國與沿線諸國的戰略合作、交通對接、國際貿易、能源合作、金融合作等多個方面。近年來中國在海外投資方面呈現不斷增長的態勢。從其發展過程來看，截至 2013 年底，中國 1.53 萬家境內投資者在國（境）外設立 2.54 萬家對外直接投資企業，分佈在全球 184 個國家（地區），中國對外直接投資累計淨額（存量）達 6604.8 億美元，位居全球第 11 位。截至 2014 年底，中國對外投資存量在 3 萬億人民幣規模。但與此同時，由於境外尤其是"一帶一路"沿線各國和地區複雜的政治局勢以及國際金融危機、債務危機等的巨大影響，海外投資趨勢的不斷增長，從而使得在法律層面面臨各項風險和挑戰。

　　首先，"一帶一路"戰略涉及超過 60 多個國家，其法律體系與中國不同，有的國家與中國甚至不屬於同一法系，從而產生法律信息不對稱的風險。

其次，有的國家的立法也不夠完備，法律條款經常修改，在執法力度上也往往對於外國或外資企業有所歧視，甚至會基於本國政治、經濟利益的考慮有針對性地對某些跨國公司或者海外企業進行一定程度的法律管制。

當今世界部分地區貿易保護主義勢力抬頭，經濟發展缺乏活力，因此"一帶一路"戰略所面臨的國際形勢不容樂觀。因此，如果對法律問題不夠重視，不熟悉外國法律，迷信國際慣例，或是缺乏專門的針對性法律人才，都可能導致無意間觸犯或違反當地法律法規，這些都是"一帶一路"建設過程中所面臨的法律風險。

2.　"一帶一路"涉及各國的法律體系情況

"一帶一路"戰略所涉及的各個國家，依照其法系不同，主要分為大陸法系和英美法系兩大類，而在"一帶一路"沿線國家和地區還有一些屬於伊斯蘭法系。

"一帶一路"沿線國家和地區多數國家的法律體系屬於大陸法系，根據"一帶一路"所涵蓋的範圍，蒙古、韓國、日本等東亞國家，除阿富汗外的中亞國家，緬甸、泰國、老撾等東南亞國家，俄羅斯、伊拉克以及除英國、愛爾蘭外的絕大多數歐洲國家，都屬於大陸法系。

大陸法系沿襲羅馬法，具有悠久的法典編纂傳統，重視法典的編寫，擁有詳盡的成文法，強調法典的完整性，以致於每個法律範疇的每個細節，都在法典中有明文規定。大陸法系崇尚法理上的邏輯推理，並以此為依據實行司法審判，要求法官嚴格按照法條審判。但在大陸法系框架之內，各國各自立法仍有許多差別，不能一概而論。中國實行的是獨特的社會主義法律體系，雖然接近於大陸法系，但是在具體法律規定上仍與其他國家有較大區別。

"一帶一路"沿線當中也有不少屬於英美法系的國家和地區。比如印度、巴基斯坦等亞洲國家，坦桑尼亞、肯尼亞等非洲國家，以及歐洲的英國和愛爾蘭。英美法系因其起源，又稱為不成文法系。同大陸法系偏重於法典相比，英美法系在司法審判原則上更"遵循先例"，即作為判例的先例對其後的案件具有法律約束力，成為日後法官審判的基本原則。英美法是判例法，而非制定法，法官在地方習慣法的基礎上，歸納總結形成一整套適用於整個社會的法律體系，具有適應性和開放性的特點。在審判時，更注重採取當事人主義和陪審團制度。下級法庭必須遵從上級法庭以往的判例，同級的法官判例沒有必然約束力，但一般會互相參考。而這種以個案判例的形式表現出法律規範的判例法一般不被大陸法系國家承認，最多只是具有輔助參考價值。

除了大陸法系和英美法系之外，"一帶一路"沿線國家和地區還有一些是屬於伊斯蘭法系。伊斯蘭法系是指以伊斯蘭教法作為基本法律制度的諸國所形成的"法律傳統"、"法律家族"或"法律集團"。主要內容包括穆斯林義務、土地所有權、債權法、家庭法、繼承法、刑法等。例如，阿富汗以及除了伊拉克、以色列等少數國家之外的絕大部分中東國家，包括伊朗、沙特阿拉伯、約旦、敘利亞、土耳其等，均實行伊斯蘭教法。

由上文分析可知，在"一帶一路"建設沿線，不同國家分別隸屬於不同法系，而法系的不同導致在出現法律爭端時國家之間的處理方式不同，法律的適用性被削弱，從而帶來一系列法律風險。

3. 法律風險分類

如果按照內容、領域及風險產生的形式，"一帶一路"戰略所涉及的法律風險大致可以劃分為六個方面：

（1）因投資面臨的法律風險

"一帶一路"建設將對外投資作為互聯互通實現的重要一環，在此過程中，存在着法律上的風險。由於中國和沿線國的利益並不完全相同，因此，中國企業的地方投資面臨市場准入限制風險。例如，有些國家法律規定，合營企業中外國投資者的股權不能佔據多數，或是合營企業需要所在國政府及其委派的機構參與經營；又如，有的國家會制定"肯定清單"和"否定清單"，在投資範圍和比例上有很多的限制要求。即便對於那些沒有此類法律規定的國家，其政府也往往持有對合營企業重大決策的否決權。這便大大限制了中國在境外合營企業的自主權。此外，合營企業容易引起智慧財產權（知識產權）的糾紛，不利於保護中國參與合營的本國企業的商業秘密及專利技術等。即使是中國在境外成立的獨資公司，雖然為所在國法人，但是由於其投資方是中國，在實際的發展過程中仍然可能會受到各類限制。

此外，有的"一帶一路"沿線國家通過法律對境外投資者的跨國併購投資提出特別要求，或是建立不透明的跨國併購審查程序，可能會大大增加中國企業跨國併購的難度。比如，馬來西亞1974年的《資產收購、合併與接管管理規則》規定，擬議的資產或任何股權收購、合併或接管必須符合以下條件：一是直接或間接導致馬來西亞人更加平等地擁有所有權與控制權；二是在以下方面直接或間接帶來淨經濟利益，特別是馬來西亞人的參與程度、所有權與管理、收入分配、增長、就業、出口、產品與服務的品質與品種、經

濟多元化、當地原材料的加工和提升、培訓及研發活動；三是不應
對國防、環境保護或區域發展等方面的國家政策產生負面影響，不
應與新經濟政策相抵觸。

除此之外，出於意識形態、國家利益、安全等方面的考量，所
在國在某些重要行業往往會對中國的境外投資進行限制，如對石油
化工、國防、基礎設施等行業實行控股比例的特殊限制。比如新加
坡在一些敏感性產業對外資是嚴格限制甚至禁止的，例如交通、通
訊、電氣及新聞等公共事業部門禁止外資進入，金融業、保險業的
外資進入則須事先取得政府許可。新加坡政府對於外國投資者收購
上市公司有專門嚴格的規定，對高新技術出口導向型企業投資比例
可達100%，但是商業部門的外資比例不得超過49%，即不允許外資
控股。

當所在國對特定項目的中國投資抱有懷疑態度時，有時甚至會
借助臨時立法的方法限制中國企業的跨國併購，形成了較為嚴重的
法律風險。2005年的"中石油併購PK公司案"當中，哈薩克斯坦
下院於2005年10月5日一致通過議案，允許政府干預本國石油公
司向外國公司出售股份。哈薩克斯坦總統納扎爾巴耶夫於10月15
日簽署新法令，授予政府優先購買國家所有戰略資源的權力，並有
權撤銷任何違反該法令的交易。最終，中石油被迫同意簽署一份協
議，以14億美元將自己購得的33%的股份出售給哈薩克斯坦國有
石油公司KazMunaiGaz，哈薩克斯坦政府才批准了該項併購。可
見，是哈薩克斯坦的緊急立法延緩了中石油的併購，且迫使中石油
不能全資擁有PK公司。

在經過所在國政府審查批准之後，由於跨國併購可能會導致壟
斷，進而擾亂所在國及周邊地區的市場秩序，甚至打壓所在國及周
邊相關產業，因此，須接受所在國以及相關機構的反壟斷審查。比

如，在 2006 年中集集團對荷蘭柏格的收購當中，最大障礙是來自於歐盟委員會反壟斷機構的反壟斷調查。歐盟委員會曾一度否決此項收購，其理由是中集集團在全球罐式集裝箱細分產品上的市場份額已經超過 50%。而根據歐盟合併準則此項收購構成准壟斷，會引發阻礙有效競爭的後果。中集集團調整了收購策略，在比利時先設立全資子公司，與荷蘭柏格股東之一的彼特再在荷蘭成立新公司 Newco（中集集團控股 80%，彼特佔有 20% 股權），然後再對柏格進行收購。此舉剝離了有壟斷嫌疑的標準罐箱業務，從而繞過歐盟的反壟斷審查，最後成功收購。

此外，反壟斷法還會涉及到與投資產業毫不相關的第三方，這是其域外效果，目前已經得到美國、澳大利亞、日本等國家的肯定，使得中國企業在海外投資的風險更高。

中國企業的跨國併購還面臨着目標企業的反併購風險，以及併購程序合法性風險。很多國家都會鼓勵被收購企業依據本公司章程採取反併購措施，比如通過相關金融法律進行股權回購、密切企業相互持股等；或根據公司法、證券法對企業併購的規定，抓住企業併購過程中的不合法之處，通過法律訴訟來防止併購。這同時也形成了併購協定以及併購程序合法性方面的風險。其中一個例子是，由於涉嫌違反剛果公司法規定，剛果政府宣佈紫金礦業收購 Platinum Congo 的協議無效。

最後，被併購的目標企業可能會隱瞞自身涉及的擔保、訴訟糾紛情況，造成信息不對稱風險，會讓跨國企業併購他國企業之後陷入法律訴訟的陷阱。

（2）因勞工問題面臨的法律風險

依照"一帶一路"所覆蓋的境外經營範圍，需要注意在勞工僱傭關係方面的法律風險。首先，企業在所在國如果進行不平等的招工，忽視所在國特有的民族問題、性別問題等，容易違反平等勞動及反歧視相關的法律，面臨罰款等處罰措施。其次，企業如果意識不到所在國法律規定的工會的權力，比如未能與當地工人及其工會形成良好關係，可能會面臨罷工和激烈抗議的風險；在僱傭員工的待遇和福利保障方面，也容易觸犯所在國勞動法，面臨受到處罰、訴訟，甚至併購失敗等風險。最後，企業對收購企業進行人員裁撤或是調整時，也要特別注意所在國關於裁員力度、裁撤員工補償等方面的法律。

（3）因環境問題而面臨的法律風險

特別需要注意的是，世界各國對環境保護的標準和法律都越來越嚴格。很多國家制定了保護性法律，限制或禁止外商投資破壞資源、污染環境的企業項目。尤其是在歐洲，歐盟對於企業從廠房建設、生產環節到產品運輸、銷售各個環節，都有着極為嚴厲的標準與法律規定，往往比中國的相關標準嚴格許多，讓中國企業難以適應。例如，位於英國與荷蘭的殼牌公司，因為對尼日爾三角洲造成了污染而被當地政府罰款 15 億美元。"一帶一路"戰略的海外項目同樣面臨着巨大的環境方面的法律風險。一方面，企業需要遵守當地法律設定的環保標準，這可能會增加企業的成本；另一方面，企業如果不遵守環境標準，違反環境法律，將面臨法律訴訟，甚至被迫關閉；又如，斯里蘭卡在近日宣佈暫停中方在科隆坡港口城項目的施工，這項施工為中國對斯最大的投資，高達 15 億美元。究其原因，自 2014 年底斯里蘭卡國內拉開總統競選帷幕至今，科隆坡港口城項目一直處於風口浪尖上。去年就有斯里蘭卡政客聲稱港口城項目會對環境造成危害，應當叫停。無論環境原因是否為中方企業在境外受限的真正原因，經驗事實告訴我們，企業應遵循"綠色絲綢之路"的思路，努力適應國外環境標準，減少生態環境所造成的法律爭端。

（4）因經營不善而面臨的法律風險

中國企業普遍存在法律意識不強的問題，可能會因為在企業經營管理方面忽視相關法律而面臨法律風險。這種風險主要分為以下幾類。

首先，企業如果不了解、不重視、不深入研究所在國相關法律，則容易在日常的經營管理方面觸犯到所在國的法律。

其次，企業管理中可能面臨商業腐敗等相關的法律風險。一方面，歐洲等國家對企業反腐敗有嚴格法律規定，一旦發現企業有行賄、貪污等問題存在，企業聲譽會毀於一旦，同時面臨巨大的訴訟和制裁風險；另一方面，亞洲及非洲某些欠發達國家政治體系中腐敗盛行，而中國企業如需推行其有關項目則必須行賄，從而對今後的經營產生風險。

最後，各國稅收的法律政策不同，不同的主權國家會根據其法律規定對同一納稅實體進行收稅。在境外經營時，既要根據屬人原則向中國政府納稅，又要根據屬地原則向所在國政府納稅，面臨着重複徵稅的風險。中國企業的納稅情況及避稅手段如不符合所在國的稅收相關法律，則會面臨着稅務方面的法律風險。

（5）因沿線國法律不完善而面臨的法律風險

“一帶一路”涉及國家眾多，其中有些國家法律設置並不完善，中國企業在域外經營的過程中，很有可能遇到無法可循的問題。此外，在沒有相關法律規定的情況下，一旦中國企業與所在國執法部門發生衝突，所在國執法部門可能會出於本國利益，而使中國企業蒙受損失，從而造成風險。

所在國對某些企業經營相關的法律規定可能會與國際法或中國法律發生衝突，從而使中國企業在境外經營活動時，不得不在違反國際法或中國法律，以及違反所在國法律中二選其一，同樣會造成中國企業的法律風險。

最後，如果所在國的法律或政策發生改變，如投資比例、範圍以及市場開放程度等，會使中國海外投資企業面臨更多的無法預料的法律風險。

（6）因貿易而面臨的法律風險

"一帶一路" 合作的重點在貿易暢通上，國際貿易實踐中也面臨着法律風險。從國際貿易的商品標準差異來說，"一帶一路" 戰略中涉及的交易伙伴，其設置的商品准入標準往往與中國不同，尤其是歐盟對於食品等商品所設置的標準尤為嚴格。因此，符合中國標準的商品在進入其他國家時，便面臨着不符合當地標準的風險。從貿易壁壘來講，"一帶一路" 戰略中的交易伙伴出於保護本國經濟的考慮，往往會通過嚴格的法律來實行貿易保護政策。這些法律的限制主要體現在以下方面：A 關稅及其管理，B 通關程序，C 技術壁壘，D 反傾銷政策，E 普惠待遇的取消。

4. 以南海問題為例解讀 "一帶一路" 面臨的法律風險

為了進一步凸顯法律在 "一帶一路" 建設過程中的重要性，同時解釋其在域外適用的過程中所面臨的問題，下文特以南海問題為例，以此闡釋法律風險，試圖在探求南海問題的同時，為中國解決 "一帶一路" 的法律爭端提供啟示。

南海爭端不是法律問題，但含有法律問題。它本質上是主權問題，只有在確定了有關島礁的主權歸屬之後，才產生出法律問題，才需要解決法律問題，但國際法又解決不了主權歸屬問題。

東南亞聲索國中最為活躍的菲律賓，曾在 2014 年初向《聯合國海洋法公約》（以下簡稱 "公約"）仲裁庭提交了近四千頁的訴狀。
菲律賓將其所提仲裁事項主要歸納為以下三類：

第一，中國在《公約》規定的權利範圍之外，對 "九段線"（即
中國的南海斷續線）內的水域、海床和底土所主張的 "歷史性權利"
與《公約》不符；

第二，中國依據南海若干巖礁、低潮高地和水下地物提出的
200 海里甚至更多權利主張與《公約》不符；

第三，中國在南海所主張和行使的權利非法干涉菲律賓基於
《公約》所享有和行使的主權權利、管轄權以及航行權利和自由。

在這三類問題中，第一類問題實際上是主權問題。第二、第三
類問題才涉及到具體的法律問題。所以 2014 年 12 月 7 日外交部發
表《中華人民共和國政府關於菲律賓共和國所提南海仲裁案管轄權
問題的立場文件摘要》，指出 "就本案而言，如果不確定中國對南海
島礁的領土主權，仲裁庭就無法確定中國依據《公約》在南海可以
主張的海洋權利範圍，更無從判斷中國在南海的海洋權利主張是否
超出《公約》允許的範圍。然而，領土主權問題不屬於《公約》調
整的範疇。" 而且 "脫離了國家主權，島礁本身不擁有任何海洋權
利。只有對相關島礁擁有主權的國家，才可以依據《公約》基於相
關島礁提出海洋權利主張"。

這就避免了把實際生活中的主權問題，即政治歷史問題，變為
抽象的所謂法律問題。菲律賓訴狀的撰寫者無疑具有一定的國際法
知識，給我們挖下了一個陷阱。假如我們一開始就按照仲裁的所謂
"法律解決" 思路準備抗訴，那不論該仲裁庭是否公正，就等於放棄
了有關島礁的主權，就從根本上失敗了。我們堅持主權問題與法律
問題分開，實際上一方面維護了法治精神，另一方面避免了在所謂
"仲裁" 中受到損失。

　　明確了現階段南海問題性質，法律工作者應當考慮如何利用自己的知識幫助解決主權問題。例如研究中國在南海的 "九段線" 究竟屬於什麼性質，應當叫做什麼名字。以便在南海基建、巡邏、開發的同時，清楚有力地表達我們的主權要求。這就要求我們不僅善於利用國際法中的各種已有概念，而且可以根據實際建立新概念。國際法不是天降之物，而是實踐的產物。中國要為世界做出更大的貢獻，也不可能不對國際法做出貢獻。

　　在南海的主權問題解決之後，才可能做到 "有關各方承諾根據公認的國際法原則，包括 1982 年《聯合國海洋法公約》，由直接有關的主權國家通過友好磋商和談判，以和平方式解決它們的領土和管轄權爭議，而不訴諸武力或以武力相威脅。" 這時，南海問題才真正成為法律問題。各類法律人才都能發揮其專長，解決具體的法律問題，並為一系列新的國際法律做出自己的貢獻。

　　所以法律工作者要為解決南海爭端做貢獻，就必須將其看作法律、政治、歷史等問題的綜合，當作不斷變化的過程。首先要考慮現階段問題是否是法律問題，如果不是，再考慮問題在什麼情況下會變為或產生出法律問題。在問題變為法律問題或產生出法律問題之後，再考慮是在現行的國際法框架下解決問題，還是通過增加或改變國際法來解決問題。最後才應該發揮自己廣博的法學知識，進行訴訟層面的工作，維護 "一帶一路" 的利益。應當將法律工作看作整體工作的一部分，而不應該急於 "法律解決"。

　　我們在南海問題上理通道直，歷史和現實都證明了中國對南海諸島及其附近海域無可爭辯的主權。解決海洋爭端在現階段就是明確主權，而在這方面還有一些風險。

　　首先，我們不善於利用國際法主張自己的權利。典型的例子，是南海所謂 "九段線" 的性質和名稱問題。對於南海島礁及其附近海域的主權，在島礁問題上沒有任何模糊，但究竟包括哪些水域，現在似乎還沒有定論。而南海這條 U 形線在劃定島礁附近海域方面，有重大作用。國際法研究界現在眾說紛紜，有的認為該線是歷史水域線，有的認為是島礁歸屬線，有的認為是群島水域線，不一而足，而且每種說法內部也有諸多不同意見。這顯示出國際法研究界內部缺乏協調，研究力量分散，也使外界認為該線意義不明，地位不定。而我們要在全世界面前明確對於南海島礁及其附近海域的主權，就必須明確該線的地位和名稱。這項工作任何其他部門都無法代勞，只能依靠法律工作者，但還沒有完成。結果是使部分國家更加有恃無恐，在 U 形線內部開展非法活動。美國助理國務卿拉塞爾在國會聽證會上也曾攻擊九段線"其意義沒有任何國際法解釋或國際法基礎"。九段線問題已經成為聲索國和外部勢力攻擊的焦點，應對失當將致使不熟悉南海爭端來龍去脈的人產生誤解。

菲律賓等國也頻繁對中國發起法律攻勢。菲律賓的主張毫無事實根據，就希望通過濫用國際法來達到目的。而且這種手段得到外部勢力的支持。傅崐成《從國際法看菲律賓的不義與我們應有的反制策略》一文就指出，菲律賓之所以能夠在 2013 年提起仲裁，是"串通任期還有兩年多的日本籍海洋法法庭庭長，利用公約《附件七》的規定，藉口要求'解釋《聯合國海洋法公約》'這樣的'偽裝的訴因面紗'，向法庭提出了強制仲裁的申請，以判定南海 U 形線的非法性。中國立刻斷然退回了這一申訴。而日本庭長卻配合菲律賓，很快就組成了這一強制仲裁庭"。而美國國務院也恰好在仲裁庭規定的所謂中國提交辯訴材料截止日期之前，發佈名為《海洋界限——中國在南中國海的海洋主張》的報告，攻擊中國的九段線。

我們面臨着很大的外部壓力。如果國際法研究界不積極宣傳中國對南海諸島及其附近海域的主權，無形的壓力就將變為實際的困難。我們除了要解釋好九段線，而且要宣傳好九段線，而且是作為法律工作者宣傳好九段線。因為許多闡述中國立場的機會不屬於媒體，不屬於宣傳部門，而只屬於法律工作者。而在這些場合宣傳，遠遠勝過普通的宣傳。如果我們自己不在國際學術會議上為九段線辯護，不在國際媒體採訪時為九段線辯護，而只是將九段線問題作為國內討論、學術討論的話題，就會使中國被全世界誤解。

法律工作者解釋和宣傳九段線乏力，又顯示出更深刻的問題，那就是走不出象牙塔，不能從現實問題出發研究國際法問題，並且教條地對待國際法，迷信所謂國際法機構。

國際法治只是手段而不是目的，更不是國際關係的全部，而法律問題只是諸多實際問題的表現。所以法律問題絕不是學術問題，而是現實問題。如果我們離開事實，在虛幻的前提下討論現實的國際法問題，國際法就有變成所謂 "學者" 圈子裏智力遊戲的風險，得出的結論也就無益於 "一帶一路" 建設。

維護法治絕不意味着迷信法律，崇拜法律，而意味着不濫用法律，更不在法律的名義下做違反法律的事情。我們面臨着盲目迷信國際法，迷信國際法治現階段效力的風險。一部分人長期崇拜歐美法學，一味追求所謂 "接軌" 和 "全球化"。他們可能錯誤認為國際法真的超脫於各國利益之上，對其頂禮膜拜。甚至於為了所謂服從國際法的虛名和一些國外媒體表面的稱讚，而損害了 "一帶一路" 的利益。科學沒有國界，但科學家有祖國的說法同樣適用於國際法。

國際法研究界為 "一帶一路" 倡議提供的是最根本的理論支持。但理論必須和實踐結合起來，僅僅闡述和宣傳中國的主權還不夠，還必須通過海上巡邏、執法等活動維護主權。目前中國維護南海主權的部門眾多，但關鍵不在於數目，而在於加強協調，提高執法能力。南海情況複雜，漁業、能源、海盜等糾紛眾多。而且各聲索國正在增兵,法律風險可能變為安全風險、政治風險。如果我們缺乏執法力量,人力物力不充足,對如何依法處理各種新情況準備不足,就可能措手不及。

在南海爭端上,我們還面臨立法不足的風險。有法可依,方能執法必嚴。上文中曾經提到,沒有海盜罪使中國陷入無法為海盜量刑的尷尬境地。目前南海地區聲索國製造事端的手段不斷翻新,在該地區執法需要立法機關迅速頒佈或修訂法律,以應對新情況。已經有的法律,也需要進一步加以解釋,使其能處理新問題。

我們對南海爭端的法律闡述和實際立法不夠,整個"一帶一路"倡議也可能會遇到類似的問題。對於中國,"一帶一路"是包羅萬象的戰略,不需要過為嚴格的形式。而且如果在國際法領域延伸過遠,很可能還會引起一些國家的顧慮,妨礙其參加。但"一帶一路"戰略在國內法領域也缺乏配套法律,特別是缺少能夠奠定"一帶一路"倡議國家戰略性質的綱領性法律。這樣一來,雖然"一帶一路"相關的經濟法律法規發展迅速,但人們對該戰略的重要性特別是其思想核心仍然缺乏應有的重視和了解。但是,過猶不及,儘管法律作用重大,但中國在開展"一帶一路"建設的過程中,不能僅僅迷信法律的權威。在實際的操作過程中,還需要加強同國際組織的合作,在法律的框架內展開各類雙邊與多邊合作,使法律成為指導行為的規範,而非束縛行動的信條。

5. 如何應對法律風險?

如上文所述,在"一帶一路"戰略實施過程中,跨國公司、海外投資企業不可避免地會面臨諸多法律風險和挑戰,為增強中國的應對能力,可以考慮從以下幾個方面着手。

　　首先，熟悉“一帶一路”沿線國家和地區的法律。如果不熟悉“一帶一路”沿線國家的法律，就無法防範“一帶一路”建設中的法律風險。傳統法學研究重視所謂的發達國家，而對於發展中國家法律的關注可能不夠。此類法律認知上的偏差可能會妨礙到政策溝通，導致在“一帶一路”沿線各國難以開展法律行為，從而有損“一帶一路”建設者的形象。例如，在貿易暢通和資金融通領域當中，如果不熟悉當事國的法律，在簽訂貿易合作合同方面就容易被不法力量所利用，法律效力大為降低。又如，在民心相通方面，面對打着“生態”、“人權”等旗號的“非政府組織”，如果不熟悉所在國的環境法、勞動法，就會授人以柄，陷入被動。

　　其次，遵守所在國的法律制度，嚴格做到依法經營。中國企業在海外投資時出現的問題，很多都是由於沒有依照當地的政策規定和法律制度造成的。因此，中國企業在“一帶一路”沿線國家進行投資時，要嚴格遵守當地的法律法規，與當地政府和民眾建立起友好合作的關係，樹立起中國的良好形象，以便於跨國公司在當地的進一步投資和發展。

　　再次，熟悉國際法和遵守國際商務規則。隨着“一帶一路”建設鋪開，貿易形勢更加複雜，這就需要建設者不僅要熟悉中國和沿線國家法律，而且熟悉國際商法和國際商務規則。未來圍繞着“一帶一路”，貿易衝突可能增多。中國企業要真正走出去，必須從被動應訴，變為利用各種國際商務規則和機制熟悉各國法律。此外，在“一帶一路”建設過程中，如果將爭端付諸所謂國際仲裁，這就形成了國際法問題。“一帶一路”也不能完全迷信國際法和國際法庭而陷入被動。

　　最後，加強專業性法律人才的培養。組建專業化的法律專家團隊到“一帶一路”支點城市和沿線國家進行科學調研。透徹了解和熟識各國的法律文化、政治制度，尤其要對被投資主體進行深入了解，充分評估其資產經營、產業運營、法律資質、經營限制範圍等方面的現狀，制定出一系列法律風險防範方法，做到"知己知彼，百戰不殆"。

此外，在防範實際法律風險和解決爭端的過程中，也不能完全迷信法律的權威。"一帶一路"建設中的各種問題和風險，涉及到方方面面的法律。但是，"一帶一路"建設中實際的問題和風險非常複雜，不止是法律風險問題，如果只當作法律風險問題來解決，可能不會完全消除其風險，而且有可能會造成新的風險。

（五）道德風險

"一帶一路"面臨的道德風險可以分為三個層面，主要包括國家層面的道德風險，企業層面的道德風險以及個人層面的道德風險。

1. 國家層面的道德風險

"一帶一路"建設，將國家作為戰略的實施主體，通過不同國家之間政府層面的合作協同推進，即一國能夠遵守國家之間的規定並監督其執行。在此背景下，沿線國家能否信守承諾，保持良好的信譽，對於一帶一路的建設，至關重要，因為這關係到"一帶一路"其他各方面分支脈絡的運行。

首先，就中亞與中東地區來講，如上文所述，中亞諸國實行"平衡外交"，力圖在域外國家之間，通過和諸多國家的討價還價，實現自身利益的最大化。雖然"一帶一路"建設能夠為中亞地區帶來巨大的發展機遇，促使中亞國家基礎設施建設的完善與民眾生活水平的提高，在分享中國發展紅利的同時，促進域內國家的互利共贏，但是中亞國家還面臨着來自於美日歐等諸多國家的戰略誘惑，如果中亞國家將天平偏向另外一方，不能遵守良好的信譽，對於"一帶一路"的建設是極為不利的，中東地區亦然。

其次，東南亞地區如今已經形成了在政治上依靠美國，經濟上依靠中國的局面，"一帶一路"在東南亞國家的建設，面臨着美國重返亞太以及 TPP 談判的雙重威脅。更為重要的是，東南亞諸國很有可能受美國影響轉而對"一帶一路"建設施加壓力，影響"一帶一路"建設。作為中國周邊外交重要的組成部分，東南亞地區的良好國家信譽，能夠為"一帶一路"建設提供穩定的周邊環境，同時起到積極的示範作用。

除此之外，非洲國家由於步入重要的戰略機遇期，世界各主要國家都在增強同非洲國家的聯絡，而歐洲更是將非洲作為其重要的戰略腹地。從歷史上看，非洲國家同中國培養出了兄弟般的情誼，更是將中國抬入了聯合國，而中國也通過無息貸款來促進非洲國家的進步。儘管中非之間存在如此情誼，但是，發展中的非洲，很有可能出於對利益的追逐，受到西方價值觀的影響，從而使得域內國家對於"一帶一路"的支持下降。

以上以中亞、東南亞以及非洲為例，闡述了國家層面的信譽所面臨的道德風險以及其重要性，只有好的信譽與政府層面的支持，才能保證"一帶一路"建設的順利開展，才能順利地為各類問題的解決尋求政策支持，使得兩國政府在增強政治互信的過程中，深化"一帶一路"合作。

2. 企業層面的道德風險

在"一帶一路"的建設過程中,國家投入了大量的資金,進行宏觀調控,用以保證絲路建設的順利開展。同時,在"一帶一路"的建設初期,其主要任務為基礎設施的建設,這一重任不可避免地交予中國各企業。企業,在承擔"一帶一路"建設重任的過程中,也將會面臨諸多道德風險,主要包括市場性道德風險與社會性道德風險兩部分,具體如下:

市場性道德風險主要同中國企業的經濟活動相聯繫,中國企業的經濟活動,需約束自身的行為,同時需對域內經濟形勢保持關切,以保證經濟活動的順利開展。具體而言,中國企業所面臨的市場性道德風險如下。

第一,壟斷和不正當競爭。中國企業在海外經營時,如果因壟斷或不正當競爭而擾亂所在國及周邊地區的市場,會造成一定的道德風險。此外,對於"一帶一路"戰略涉及到的經濟規模較小的國家,尤其要注意中國大企業規模效應所帶來的壟斷風險。例如,2015 年 3 月,國務院國資委原則同意中國南車與中國北車兩家公司合併。南北車在國外有很多業務,合併過程中需要遵循當地法律,取得反壟斷監管機構的批准。而中國公司以往在合併時,很少會出現需要在多個國家取得反壟斷機構批准的情況。

第二,信用違約與合同欺詐。2009 年 9 月,中海外中標波蘭一段高速公路的修建工程,這是歐盟國家首個正式交付給中國人的建築工程。但就是這首個中國在歐盟的建築工程,目前卻已經因為當年中海外沒有準確地估算出工程成本價,加上波蘭供應商聯手漲價封殺中海外,導致實際造價遠遠高於中標價,中海外賠光家底,不得不停工。因此次違約,中海外面臨高達 25 億元的罰款,並嚴重影響了中國企業的海外形象。由此可見，中國企業的海外經營，如不遵守契約精神，頻繁出現違約，甚至進行合同欺詐，則會引發相應的道德風險。

第三，違規轉嫁風險，逃避債務。中國企業的海外經營往往需要在所在國進行融資，甚至在所在國上市。中國企業如通過違規手段獲取大量貸款或注資，卻因破產等原因無法償還債務，則會對所在國銀行、金融機構等債權人造成重大損失，從而形成相應的道德風險。例如，中航油（新加坡）破產，使得該公司從事的石油衍生產品交易，總計虧損 5.5 億美元，而其淨資產不過 1.45 億美元，嚴重資不抵債，從而造成債權方的大量損失，損害了中國企業的國際形象。

第四，貿易中的傾銷與補貼。2011 年 10 月 18 日，德國 Solar World 美國分公司聯合其他 6 家生產商向美國商務部正式提出針對中國光伏產品的"雙反"調查申請。這些企業聲稱，中國光伏企業向美國市場非法傾銷多晶硅光伏電池，中國政府向國內生產企業提供包括供應鏈補貼、設置貿易壁壘等非法補貼，要求聯邦政府對來自中國的光伏產品徵收超過 10 億美元的關稅。此類關於中國企業海外遭受反傾銷、反補貼調查的新聞不勝枚舉。這也表明了企業在進行出口貿易時，需要注意相關方面的道德風險。

社會性道德風險主要指的是中國企業在沿線國家開展活動時，由於對沿線國家社會或者社會民眾所造成的影響而引發的道德風險，主要包括以下三個方面。

第一，由於對沿線國家資源的消耗與環境的污染所帶來的自然風險。中國企業由於其遵循"一帶一路"戰略的海外經營活動，一方面可能會過度開採當地自然資源，另一方面可能會大量排放廢物，導致環境污染。這兩方面將會共同造成對所在國可持續發展能

力的損害，從而帶來道德風險。例如，2011 年 9 月 30 日，緬甸總
統吳登盛突然單方面宣佈在他的任期內擱置由緬甸電力部、中國電
力投資集團、緬甸亞洲世界公司組成的合資公司投資建設的密松水
電站，便是部分出於對於影響該地區生態平衡，破壞本地區環境的
考慮。此外，由於歐洲等國家對於環境保護、污染控制方面的法律
與標準較國內嚴格許多，對企業設立、生產、銷售、服務、經營等
各個環節都有嚴格的環保與排放規定，因此中國企業在相關國家進
行海外經營時，需要特別注意環境方面的道德風險。

　　第二，由於文化與風俗的差異所帶來的道德風險。由於中國在
文化、風俗習慣以及民族問題等方面的情況與諸多"一帶一路"戰
略相關國家存在着差異，因而企業在海外經營活動中同樣面臨着文
化風俗方面的道德風險。這方面風險的具體來源包括：中國企業的
海外經營干擾所在國宗教信仰活動，由於不尊重當地風俗習慣而遭
到所在國居民抗議抵制，以及激化所在國民族問題等。

　　第三，企業活動對沿線國家居民生活的影響所帶來的道德風
險。中國企業的海外經營活動往往會對當地居民的生產生活造成影
響，如不能及時有效地與當地民眾溝通協商，又沒能給予適當的補
償，同樣容易引起道德風險。關於此方面的道德風險，比較典型的
例子是中緬萊比塘銅礦項目。2011 年 7 月 8 日，中國水電順利中標
承建緬甸蒙育瓦萊比塘銅礦項目。然而，2012 年 11 月 18 日起，數
百名當地農民、僧侶和維權人士進入萊比塘銅礦作業區抗議，在工
地附近搭建了 6 個臨時營地，投訴銅礦拆遷補償不公、污染環境、
拆毀寺廟等，銅礦的建設工作被迫全部中斷。自 2012 年 12 月 2 日
以來，以昂山素姬為主席的調查委員會對該項目進行了全面、詳細
和深入的調查。2013 年 3 月 11 日，報告得出最終結論稱，萊比塘
銅礦項目造成當前的局面，主因是缺乏透明度，開發商、當地民眾

及地方政府間缺乏溝通交流。由於土地徵用費用偏低及工作權益未得到充分保障導致示威，加之土地徵用過程中有關方面缺乏解釋及外地組織和團體介入，導致事態升級。報告還建議對環境保護、當地民生補償、公司合作協定等進行必要改進；建議開發商與當地協商將項目地的寺廟完整搬遷等。

3. 個人層面的道德風險

伴隨着中國經濟的發展，出境遊人數不斷增加，中國人以個人身份出境，成為了中國形象的重要的名片，而官方文件中也將加強旅遊合作，擴大旅遊規模作為重要任務，推動實現民心相通。在此背景下，如果中國公民在"一帶一路"沿線國家做出不文明行為，將引發個人層面上的道德風險，影響"一帶一路"的建設。同時，肩負着"一帶一路"建設使命出國的建設者，也可能由於思想認識水平不高，工作方法不對，有意無意妨礙民心相通，不能充分地尊重當地的風俗習慣，造成道德風險。

下面，筆者以三類人為例，進一步闡述個體層面的道德風險。

第一，企業法人。如上文所述，在"一帶一路"建設的過程中，企業發揮着重要的作用，而企業法人，作為企業能夠獨立承擔民事責任，取得法人資格的社會經濟組織，對於企業至關重要，但是，法人很有可能出於對利益的追逐，曲解國家政策，使"一帶一路"建設成為其謀利的工具，貪污腐敗，違反法律規定，造成道德風險。此類違反法律的行為，對於"一帶一路"建設，是影響巨大的。一方面，資金投入不到位，絲路建設的效果會大為削弱；同時，在建設過程中，產生不好的連鎖效應，影響國內外風氣，這同國內嚴打腐敗的要求相悖。另一方面，從域外來看，這對中國國家形象造成影響，如果這一問題得不到及時的修正，甚至有可能引發"一帶一路"沿岸國家對中國的戰略猜疑，再加之西方世界的宣傳，"一帶一路"的效果會大打折扣。

第二，商人群體。對於經商來講，伴隨着"一帶一路"建設的全面開展，很多原來沒有經商經驗的人希望借此來華經商，或在本國與中國貿易。在官方文件中，中方明確指出中國歡迎各國企業來華投資，"一帶一路"的開展很可能帶來對華投資的又一熱潮。但是，這些投資者可能不懂漢語，缺乏在華經商的經驗，也可能小本經營，抗風險能力差，因此不排除在華經商受損的可能性。這就有可能造成此類人群對華認同不夠，散播不利於中國的言論，而身處國內的民眾則很容易受他們想法的影響，不能形成對中國客觀的認識。因此，中國需重視在中國國內經營的外國友人，在辦理手續、貸款、行銷方面儘可能地予以幫助，在發展內外貿易的同時，立求提升中國形象。

第三，留學生群體。留學也成為了國外民眾了解中國的重要形式之一。目前來看，"一帶一路"沿線國家來華留學生，往往是家庭條件較好的學生，或受雙方政府資助的學生，他們雖然在傳播中國文化方面發揮了重要的作用，但是，其實際效益卻大為削弱。從日常生活來看，在實際的校園生活中，留學生並不能充分地融入到中國學生的生活之中，難以形成對中國文明真正的認識，使得通過留學生宣傳中國形象這一途徑，效果大打折扣。除此之外，一些留學生與西方思想接觸較多，往往帶有對中國的預設印象，受到"中國威脅論"的影響，不能從根本上改善對華認知，或者不願意深入了解，發現問題的實際所在。為解決這一問題，中國在官方文件中指出，中國將同世界各主要國家擴大相互間留學生規模，開展合作辦學，中國每年向沿線國家提供 1 萬個政府獎學金名額，這體現了中國對於青少年人才的重視，更是對於 "民心相通" 的努力和嘗試。
同時，留學不應該僅僅地局限於高校內的各類外國學生，應擴大其
覆蓋範圍，例如引進當地工人農民來中國學習技術，而不僅限於所
謂專家和技術人員，在開源的基礎上凸顯平等性。如果能擴大兩國
普通勞動者的交流，就可以大大促進民心相通，有利於 "一帶一路"
沿線國家的發展。

　　為促使個人層面道德問題的解決，應從以下兩方面着手。

　　第一，發揮沿線地區華人華僑的積極作用，利用孔子學院促進
個體層面的相互了解。資料顯示，目前全球華人華僑總數超過 6000
萬，在 "一帶一路" 沿線地區的東南亞各國，華人華僑就超過 4000
萬。經濟實力雄厚、科技實力增強、參政熱情高、華文媒體影響力
提升、僑胞社團力量逐步壯大，是當前海外華人華僑呈現出的五大
特徵。"面對難得的歷史機遇，亞洲特別是東南亞華商應充分發揮
優勢，積極參與 '一帶一路' 建設"，國務院台辦副主任何亞非強
調，華商經濟可在五個方面大有作為：推動產業梯度轉移和轉型升
級；參與互聯互通基礎設施建設機會空前；推動人民幣更加廣泛使
用；深化海洋經濟開發與合作；構建科技與智力支撐網絡。[1] 華人華
僑的積極作用不需做過多贅述，而孔子學院雖不是為 "一帶一路"
而生，但客觀上為沿線國家的民心相通做了鋪墊。在新的時代背景
下，孔子學院與 "一帶一路" 可以攜手同行，相輔相成。孔子學院
是文明復興的時代體現，也是中國魅力的生動寫照。古絲綢之路播
下的中國與沿線國家友誼的種子，經孔子學院澆灌後生根發芽，再
經過 "一帶一路" 建設開花結果。"一帶一路" 強調共商、共建、共

1　參見何亞非：《華僑華人參與 "一帶一路" 建設大有作為》，中國新聞網，
　　2015 年 5 月 21 日。

用理念，與孔子學院一脈相承。弘揚和平合作、開放包容、互學互鑒、互利共贏的絲路精神，也因此為孔子學院未來發展提供了新的動力，促進了個體層面上的相互了解，一定程度上避免了個體道德問題的出現。

　　第二，"一帶一路"的道德風險源自中國內部，這需要中國在"一帶一路"建設的過程中注重與民交流，不斷深化對外開放的水平，推動國內改革，深化沿線周邊國家對華了解，以真誠的態度促使民心溝通，以負責任的態度解決"一帶一路"建設過程中的道德風險。正如在中國官方文件中指出的，傳承和弘揚絲綢之路友好合作精神，廣泛開展文化交流、學術往來、人才交流合作、媒體合作、青年和婦女交往、志願者服務等，為深化雙多邊合作奠定堅實的民意基礎，逐步通過以上的途徑，克服道德風險，促使"民心相通"的實現。

四、如何推進"一帶一路"建設

　　建設"一帶一路"關鍵是實現"五通"：1.建設從太平洋到波羅的海和印度洋的橫跨歐亞大陸的交通幹線。2.發展貿易和投資。3.加強貨幣流通。4.加強政策溝通，把兩條絲綢之路建設成為利益共同體和命運共同體。5.加強人文合作，實現民心相通。

如何建設 "一帶一路"？習近平指出，關鍵是實現 "五通"：
1. 建設從太平洋到波羅的海和印度洋的橫跨歐亞大陸的交通幹線。
2. 發展貿易和投資。簡化貿易程序；擴大貿易規模，改善貿易結構，增加高新技術和高附加值產品比重；加強投資合作。3. 加強貨幣流通。促進貨幣互換，實行貿易本幣結算，增強金融體系防範金融風險能力，提高國際競爭力；設立金融機構為建設兩條絲綢之路融資。4. 加強政策溝通，把兩條絲綢之路建設成為利益共同體和命運共同體。5. 加強人文合作，實現民心相通。2015 年 3 月 28 日，國家發展改革委員會、外交部、商務部聯合發佈的《推動共建絲綢之路經濟帶和 21 世紀海上絲綢之路的願景與行動》將五通內容表述為："沿線各國資源稟賦各異，經濟互補性較強，彼此合作潛力和空間很大。以政策溝通、設施聯通、貿易暢通、資金融通、民心相通為主要內容，重點在以下方面加強合作。"

這 "五通" 超越了歐洲人開創全球化以來主要集中在貿易暢通、資金融通的階段，也超越了古代絲綢之路以貨易貨、文化交融的層次，而是涉及政府、公司、社會，推動物流、資金流、人流、信息流在內的全方位交流與創新。

為實現 "五通"，需要理念革新、理論創新、方式嶄新。

大國競爭，勝在理念。"一帶一路" 強調共商、共建、共用原則，超越了馬歇爾計劃、對外援助以及 "走出去" 戰略，關鍵是如何在實施過程中始終貫徹好這一理念，開創 21 世紀全球化合作新模式。

中國改革開放是當今世界最大的創新，"一帶一路" 作為全方位對外開放戰略，正在以經濟走廊理論、經濟帶理論、21 世紀的國際合作理論等創新經濟發展理論、區域合作理論、全球化理論。

"一帶一路" 建設，既遇到沿線國家、地區已有合作框架的相容、並軌問題,又遭遇域內外勢力的質疑甚至破壞,必須以嶄新方式實施,創造性實現"五通",才能從長遠上確保取得成效,把好事做好、做成。

(一)理念創新

勝在理念,超越西方。"一帶一路"強調共商、共建、共用原則,超越了馬歇爾計劃、對外援助以及走出去戰略,給 21 世紀的國際合作帶來新的理念。

"一帶一路"建設規劃立足於當下中國國情和世界整體發展態勢,為合理利用外匯儲備、完成國內產業結構調整升級提供了新思路,為深挖內陸地區潛力、保持經濟增長勢頭提供了新動力,為營造和平、和諧的周邊環境開闢了新路徑,從長遠看也將為中國牢固樹立"三個自信"、塑造負責任的大國形象提供物質和信用支撐。"一帶一路"適應了"新常態"下中國經濟和社會發展的需要,體現出全新的發展理念、合作理念和開放理念,展現了中國對自身發展、經營周邊環境、參與國際議程和規則制定的全新態度。

具體而言,"一帶一路"有如下理念創新:

1. 多邊共贏的合作理念

合作共贏應是各國處理國際事務的基本政策取向。習近平曾指出:"我們為此作出全面深化改革的總體部署,着力點之一就是以更完善、更具活力的開放型經濟體系,全方位、多層次發展國際合作，擴大同各國各地區的利益匯合、互利共贏"。[1]建設"一帶一路"的提議契合了沿線各國共謀發展、共用機遇的美好願景，也表達了中國與沿線各國一同直面全球經濟頹勢、共克發展難關的決心和意志。中國先後提出"共商、共建、共用"理念和以"命運共同體"、"利益共同體"為代表的"共同體"理念，宣導多邊共贏的國際合作新局面。

"共商、共建、共用"理念的提出，粉碎了此前關於中國通過建設"一帶一路"大搞單邊主義、意欲主導亞歐大陸的謬論。"一帶一路"建設將以和平共處五項原則為基礎，在聯合國憲章所申明的宗旨和原則指導下進行。首先，中國宣導"共商"，即在整個"一帶一路"建設當中充分尊重沿線國家對各自參與的合作事項的發言權，妥善處理各國利益關係。沿線各國無論大小、強弱、貧富，都是"一帶一路"的平等參與者，都可以積極建言獻策，都可以就本國需要對多邊合作議程產生影響，但是都不能對別國所選擇的發展路徑指手畫腳。通過雙邊或者多邊溝通和磋商，各國方可找到經濟優勢的互補，實現發展戰略的對接。其次，中國宣導"共建"。"商討"畢竟只是各方實質性參與"一帶一路"建設的第一步，接下來要進一步做好"走出去"的服務工作，同時鼓勵沿線國家在引入資金、技術後培養相關人才，增強自主發展能力。只有做到了前面兩點，才能保證"一帶一路"建設的成果能夠被沿線國家所共用。

"共同體"理念則將互利共贏的合作觀提升到了新的高度，充分體現了中國新一屆領導集體在外交理念上的超越和昇華。"零和博弈"和冷戰思維已經過時，"共同體"意識恰恰反映出中國對國際

1　習近平：《弘揚絲路精神　深化中阿合作》，新華網，2014 年 6 月 5 日。

合作的新看法：一國的發展不應以損害別國發展為代價，平衡發展
不是零和式的發展轉移，而完全可以實現以創新為基礎的共贏的發
展。"一帶一路" 沿線國家對經濟發展有着共同的訴求，又在和平共
處五項原則的指導下進行頻繁的溝通交流，加上"一帶一路"本身
着重沿線基礎設施建設，暢通的交通和通訊將把同處於 "共同體"
的沿線國家更緊密地聯繫起來。換句話說，"一帶一路" 將助推沿線
國家 "共同體" 共識的形成，幫助實現共同的、有活力的、和諧的
發展。

　　建設 "一帶一路"，有利於沿線國家共同繁榮、深化區域經濟合
作、增進沿線國家間的政治互信和睦鄰友好，也有利於加大中國內
陸地區開放力度，打造陸海統籌、東西互濟的全方位對外開放新格
局。共建 "一帶一路"，應依託並不斷增進與沿線各國的傳統友誼，
充分利用現有合作機制和平台，照顧各方利益關切，把沿線國家的
立足點結合起來，擴大利益匯合點，積極樹立雙贏、多贏、共贏的
新理念，將政治關係優勢、地緣毗鄰優勢、經濟互補優勢轉化為務
實合作優勢、持續增長優勢。

2. 空前包容的開放理念

　　"一帶一路" 的核心理念是包容。"一帶一路" 背景下的開放是
一種空前包容的開放。商務部部長高虎城在《求是》雜誌刊發文章，
指出共建 "一帶一路" 戰略將開創中國全方位對外開放新格局。建
設 "一帶一路"，是國家以全新理念推動的新一輪對外開放，它有助
於形成國內與國際的互動合作、對內開放與對外開放的相互促進，
有助於利用好兩個市場、兩種資源，拓展發展空間、釋放發展潛

力。新一輪對外開放的包容性集中體現在它"全方位"的要求之上。[1]

"全方位開放"並非新話題。上世紀 90 年代初，鄧小平"南方談話"開啟了第二波對外開放浪潮。中共十四大報告指出，對外開放的地域要擴大，形成多層次、多管道、全方位開放的格局；中共十五大報告指出，要完善全方位、多層次、寬領域的對外開放格局，發展開放型經濟，增強國際競爭力，促進經濟結構優化和國民經濟素質的提高。一大批沿邊、沿江及內陸省會城市隨之開放。1998 年，一個"由沿海到內地、由一般加工業到服務業的全方位、多層次、寬領域的對外開放格局"已經基本形成。[2]中國加入世界貿易組織（WTO）後，對外開放再次邁向新高度。中國認真履行入世承諾，追求實現向制度性開放的轉型，受到對外開放政策影響的地區進一步增加。如今，對外開放政策實施已有三十多年，中國開放型經濟建設取得了豐碩成果。然而，國務院發展研究中心的研究表明，中國對外開放程度仍然處於或低於世界平均水平，服務貿易額和對外投資額與世界主要發達國家相比仍有較大差距，整個社會的開放程度尚不高。[3]歷史經驗表明，對外開放是順應時代潮流之舉，而提高開放水平則是抓住工業"4.0 時代"機遇，維護和延長中國戰略機遇期的必由路徑。

不難看出，"全方位、多層次、寬領域"分別對對外開放的地域、程度和行業範圍提出了要求。"一帶一路"戰略所構建的"全方位開放體系"，重點仍在於緩解長久以來各地區發展不平衡所造成的

1　參見高虎城：《共建"一帶一路"戰略，開創我國全方位對外開放新格局》，《求是》2015 年第 5 期。

2　參見劉向東：《從封閉走向全方位、多層次、寬領域的對外開放》，《求是》1998 年第 22 期。

3　參見高虎城：《把握世界大勢，提高開放水平》，《求是》2015 年第 2 期。

矛盾和問題，為 "新常態" 下的中國經濟做好地域佈局，挖掘內陸
（尤其是中西部）市場潛力；但同時，"全方位" 開放體系的含義又
不止步於此。作為新一輪對外開放，它要在如下四個方面實現 "升
級"：

一是開放主體。首先，"一帶一路" 建設要立足國情，強調內陸
地區開放水平的提高，緩解漸進式開放過程中產生的失衡問題。在
對外開放之初，由於中國力量有限、經驗不足，無法一步到位地實
現對外開放，所以開闢了一條由經濟特區開始逐步放開的政策性開
放道路，中國取得的巨大經濟成就與這一決策密不可分；然而，它
同時也是中國今日地區發展不平衡的歷史原因。建設 "一帶一路"，
要全面調動沿線和地方的積極性，尤其是調動中西部欠開放、欠發
達地區的積極性，將其生產優勢與東部和絲路沿線國家的市場需
求結合起來。其次，"一帶一路" 沒有對參與成員的 "身份" 進行
限制，對沿線國家和以其他形式參與進來的國家和實體也具有開放
性，提倡多樣化經營，宣導政府、企業、民間的多層面交往。

二是開放對象。"一帶一路" 要求確立面向更廣闊的國內、國際
市場的開放政策。"一帶一路" 發端於中國，是世界上跨度最長的經
濟大走廊。建設 "一帶一路"，首先要擴大 "對內開放"，即沿線各
省份要積極投入、搞好自身經濟建設，將轄區內的建設項目落到實
處，實現與國內其他地區的相互聯通。建設 "一帶一路"，也要擴
大 "對外開放"，即面向數量更多、多樣化程度更高的國家實施開
放政策。中國推進 "一帶一路" 建設不針對、不排斥任何國家，合
作伙伴的選擇空間可謂空前廣泛。"一帶一路" 貫通中亞、東南亞、
南亞、西亞乃至歐洲部分區域，東牽亞太經濟圈，西繫歐洲經濟
圈，覆蓋約 44 億人口，經濟總量約 21 萬億美元，分別佔到全球總
量的 63% 和 29%。它本身就跨越了傳統的地緣區域界限，所經國家

和地區發展水平參差不齊，在民族、宗教、發展歷史、文化背景等方面存在着巨大差異；中國政府更是表示，除了沿線國家，世界各個國家和國際組織、地區組織的建設性參與都將受到歡迎。為證明誠意，中國曾多次向域外國家闡述"一帶一路"倡議，還曾就籌建亞洲基礎設施投資銀行等配套融資機構專門赴金融業發達的美國和歐洲國家介紹情況，希望吸納更多國家和實體的力量共同致力於這項偉大事業。

三是互動形式。開放是為了更好地實現雙邊或多邊的經濟互動。從貿易來看，"一帶一路"將重點支持中國與沿線國家相聯接的交通、通訊等基礎設施建設，提高沿線地區物流效率，便利雙向或多邊的貿易往來；通過提高沿線地區人們的消費水平，也能夠挖掘出更大的消費市場，形成可持續的貿易往來模式。從投資來看，"一帶一路"將幫助中國的製造業提升在全球價值鏈分工中的地位。持續助力中國企業"走出去"，努力形成與"引進來"相當的雙向互動，是"一帶一路"包容性開放的重要內涵。當下，中國的國際競爭力仍然集中在勞動密集型產業上，傳統產業升級換代、提升價值的空間巨大。不難想見，"一帶一路"建設能夠帶來一大批技術和資本密集型產業的訂單，為提升中國在技術密集、知識密集、資本密集型行業的國際競爭力添一把火，實現進口替代市場的大幅增長。過去十年中，中國出口增長最快的不是低端加工後貼上"中國製造"標籤的消費品，而是船舶、汽車、通訊設備、成套設備。例如：華為、中興產品銷往全球，主打發展中國家提供，海外銷售量已經遠超國內。"一帶一路"建設為沿線發展中國家提供工業化、城鎮化的新契機，它們必然需要建設配套基礎設施。在包括能源、電力、水泥、鋼鐵、機械、交通、通訊等在內的基礎設施建設行業，中國企業在中國的工業化、城鎮化建設中積累了資本、人才、技術和豐富的經驗，在國際化競爭中實力超群。專家預測，在未來一段時間內，全球將面臨一個基礎設施建設高潮。這對中國來說就是機遇。中國要抓住戰略機遇期的新機遇，實現參與全球競爭的新優勢。

四是開放心態。中國通過建設"一帶一路"，宣導進行更具包容性的對外開放、開展更具包容性的務實合作，引領國際合作新風。以往發動如此大規模的經濟帶建設，主導國家往往選擇以單向輸出為主的方式來確保自身利益無虞。在"一帶一路"建設過程中，中國將貫徹不干涉內政原則，不走容易引發矛盾衝突的老路，做到與鄰為善、美美與共，謀求共同發展。"一帶一路"強調中國不搞單邊主義，不把自己的意志強加於人；"一帶一路"歡迎沿線國家直陳自身發展優勢和需要，支持沿線國家自主創新能力的提高和國家間以坦誠溝通達成的高效合作。儘管倡議是由中國提起的，但"一帶一路"建設當中，中國仍可以"不當頭"，以沿線國家的平等協商來確保相關項目合理性和可行性。同時，"一帶一路"建設有賴於沿線國家間"五通"的實現，即政策溝通、設施聯通、貿易暢通、資金融通、民心相通。順利推進"一帶一路"，必須重視"心通"，它要求沿線國家和地區以打造命運共同體為遠大理想和目標，要求沿線地區人民以更加包容的心態實現文化共存、價值共惠，為實體經濟的聯通和建設提供精神支撐、塑造發展信心。中國將積極提供公共產品、主動承擔國際責任，務實推進沿線國家和地區的互利發展，以國之大同的理念看待其他國家，多做換位思考，弘揚包容性開放理念，拉近民心。

3. 均衡協調的發展理念

"一帶一路"包含了對內和對外兩個政策方向，是中國政府對內發展政策和對外交往政策的有機結合，均衡、協調的發展理念也在這兩個方向上得到了很好地體現。

首先，"一帶一路" 重視國內各區域的均衡發展。

改革開放三十多年間，中國國內經濟建設取得了舉世矚目的成就，但是發展失衡的問題已經日益成為牽制中國 "再進步" 的桎梏。在新世紀開始之時，國家推動實施了以統籌協調區域發展為目標的西部大開發戰略，隨後又推出中部崛起戰略和振興東北的戰略規劃，雖成果顯著，但這些戰略所涉及的內陸地區仍存在大量貧困人口，社會經濟發展面臨的深層次問題未能得到妥善的解決。作為漸進式開放政策下的 "後進生"，又受到自然區位、交通條件、經濟基礎、市場化水平等因素的限制，內陸地區的優勢資源和市場潛力難以得到科學的開發。在全球化時代，內陸地區競爭劣勢依然明顯，與沿海發達地區的差距仍在拉大。

地區發展不平衡給整個國家的社會經濟帶來了嚴重影響。一方面，這種發展失衡使得地區間利益矛盾突出。內陸地區尚未完成資本積累，卻早已負擔着資金、人才、資源的外流和生態環境惡化帶來的後果。地區發展機遇不平等，發展水平差距持續存在甚至拉大，內陸地區難以得到與其代價相應的回饋和補償，不及時處理就有可能影響到地方經濟建設的積極性；另一方面，地區間發展的差距一旦超越社會承載的範圍，就容易引發社會問題，影響社會穩定和團結。內陸地區積蓄着國家發展的 "後勁"，有能力為國家建設提供強大的自然資源和人才供給，有尚未挖掘的廣闊市場空間，對內陸地區的開發需要一個穩定的社會環境。然而，地區發展的差距容易降低人們對社會的認同感，破壞社會和諧，國家制定和實施大型的發展規劃時面臨的不可控因素就會隨之增加。

當前，制約內陸地區進一步發展的主要障礙在於開放度不高，且產業結構不合理、升級困難。絲綢之路經濟帶的建設致力於拓寬陸上開放通道，直接為中西部地區開放型經濟的發展打開窗口，為中西部地區開發和居民增收注入新活力，推動當地經濟新增長和社會新發展，推進市場化進程，緩解區域發展失衡帶來的一系列問題；同時，"一帶一路"的作用區域與一併列入國家發展戰略行列的"京津冀協同發展"和"長江經濟帶"戰略相互聯結，各區域將建成完善基礎設施，搭建地區間互聯互通的平台。這不僅便利了內陸地區"借船出海"、利用好沿海地區外向型經濟的長期發展經驗和管道，滿足沿海地區乃至海外市場的需求，反過來也將刺激內陸各省份轉變發展思路，因地制宜地開發優勢資源，找到提升產業發展水平、提高企業競爭實力、淘汰落後產能、促進產業結構升級的路徑。

其次，"一帶一路"着力拉動沿線國家經濟增長，促進全球經濟的協調發展。世界經濟發展過程中同樣存在馬太效應：有的國家越來越富裕，而有的國家卻長期貧窮落後，這樣的局面難以持續。當下，儘管上一輪經濟和金融危機的影響力尚未完全消退，隨着"工業 4.0"時代的到來，發達經濟體和發展中經濟體都迫切需要把握時機，以開放的姿態找尋經濟復蘇的契機。相較而言，發展中經濟體基礎薄弱，資金、人才、技術相對短缺，更加需要從外部獲取支持。"一帶一路"橫穿亞歐大陸，沿線多為發展中國家。習近平指出："水漲船高，小河有水大河滿，大家發展才能發展大家。各國在謀求自身發展時，應該積極促進其他國家共同發展，讓發展成果更多更好惠及各國人民。"[1] 本着這樣的精神，中國通過"一帶一路"建設分享中國改革發展紅利，也帶去中國發展的經驗和教訓，着力

1　習近平：《弘揚和平共處五項原則　建設合作共贏美好世界》，《人民日報》2014 年 6 月 29 日。

推動沿線國家間實現合作與對話，建立更加平等均衡的新型全球發展伙伴關係，夯實世界經濟長期穩定發展的基礎。

（二）理論創新

"一帶一路" 建設，在共商、共建、共用的理念指導之下，中國領導集體結合內外局勢在理論方面做出了重大創新，主要包括在經濟發展領域與區域合作領域內的建構。在這些創新型理論指導之下，中國將 "引進來" 與 "走出去" 更好地結合，在融入世界之時，分享中國發展紅利，以求開放並且平等地實現同世界各國的共同發展與互利共贏。除此之外，中國在經濟發展理論與區域合作理論的創新超越了傳統的經濟理論與區域合作模式，並以其 "均衡、包容、和諧" 的理念深深地影響着當今全球化進程，這些理論上的創舉為世界提供了新的發展思路，推動着全球互聯互通的早日實現。

1. 經濟發展理論

自中共十八屆三中全會將 "一帶一路" 上升為重要國家戰略以來，中國領導人在傳承歷史的基礎之上，以經濟合作為主軸，開放且包容地在陸上與海上同時進行 "絲路" 建設。就陸上而言，既有着眼北方，輻射沿線俄羅斯、中亞諸國乃至歐洲的 "絲綢之路經濟帶" 建設；又有力圖帶動中國西南地區發展，深入南亞、東南亞地區，促進彼此睦鄰友好的 "經濟走廊建設"，其主要包括 "中巴經濟走廊"、"孟中印緬經濟走廊" 與維持東北亞地區繁榮穩定，鞏固

傳統友誼的"中蒙俄經濟走廊"。"絲綢之路經濟帶建設理論"與
"經濟走廊建設理論"兩大經濟理論創新性地指導着陸上絲綢之路的
建設。同時，與海上絲綢之路建設協同並進，以其"包容性、開放
性、創新性"受到沿線各國的普遍歡迎。"一帶一路"中經濟發展
理論的建設力圖以其創新性超越傳統的經濟學理論，並在分享中國
發展紅利的同時，輻射周邊國家，調動各國積極性，避免彼此之間
的利益爭端、貿易壁壘，為區域之間經濟的長期性、持續性合作搭
建有效平台，最終通過沿線國家的共同參與、平等合作共建政治共
商、經濟共榮、文化共諧的新路。

中國在"一帶一路"戰略經濟發展理論方面的創新主要體現在
"陸上絲綢之路"的建設過程中，即"絲綢之路經濟帶"建設與"經
濟走廊"建設，兩者在聚焦不同地區的同時，又在國家層面的統一
指導之下形成趨同，共同開創中國對外開放的新格局，以更加負責
任的心態參與到全球化進程中去，從依靠域外資源的帶動到同世界
互聯互通，真正的去落實"共商、共建、共用"的發展理念，促進
歐亞大陸的共同發展與互利共贏。

（1）"絲綢之路經濟帶"建設

2013 年 9 月，國家主席習近平在訪問哈薩克斯坦期間提出"絲
綢之路經濟帶"這一偉大戰略思想並得到哈薩克斯坦總統納扎爾巴
耶夫的讚揚與支持。從其內涵來看，習近平指出，這是一種"創新
合作模式"，同時提出"五通"建設，即"加強政策溝通、道路相
通、貿易暢通、貨幣流通、民心相通"。可見，"絲綢之路經濟帶"
力圖建立一種新的發展模式，以"非排他性"的原則，開放包容的
態度歡迎各國的廣泛參與，同時試圖打破傳統經濟合作模式中"超
國家行為體"原則標準的限制，在實現互聯互通的基礎上，實現彼
此的互利共贏。

　　"經濟帶" 概念就是對地區經濟合作模式的創新，其中經濟走廊——中蒙俄經濟走廊、新亞歐大陸橋、中國—中亞—西亞經濟走廊、孟中印緬經濟走廊、中國—中南半島經濟走廊、海上經濟走廊等，以經濟增長極輻射周邊，超越了傳統發展經濟學理論。

　　"絲綢之路經濟帶" 的出現，具有深刻的內外背景。一方面，從內部發展來看，經過幾十年的改革開放，中國東部地區特別是沿海地區獲得極大發展，社會財富豐厚，人才儲備充足，對外交流頻繁，開放程度高。然而，與此形成鮮明對比的是，儘管中央大力推進 "西部大開發" 戰略，但西部地區仍然受制於其內陸型的地理位置，招商引資較為困難，從而導致開發程度低，基礎設施不完善，地方人才大量 "孔雀東南飛" 的困境，在開放程度上相比東部較為落後。此次 "絲綢之路" 經濟帶建設，包括各類 "經濟走廊" 建設，正是為了改變這一窘境，將西部地區作為連接中亞、南亞、東南亞乃至歐洲的重要樞紐，將其由內陸附屬地位推進到對外開放的前沿，縮小中國東西發展差距，落實全方位的對外開放戰略。另一方面，從外部形勢來看，伴隨着美國重返亞太戰略的提出，加之日本俯瞰地球儀式外交戰略的實行，"中國威脅論" 甚囂塵上，中國在亞太地區受到打壓與排擠在所難免。此時提出 "絲綢之路經濟帶" 思想，體現了中方的誠意。我們絕不稱霸，而是真誠地同各國共用成果，以改變各國對中國崛起後 "修昔底德陷阱" 出現的猜疑；同時，在西方世界，金融危機的爆發導致世界發達資本主義國家經濟增速放緩，而廣大發展中國家卻表現出了強勁的發展勢頭，絲綢之路經濟帶的出現有利於深化中國同這些新興發展中國家的聯繫，為自身經濟增長尋求新的推動力。

　　從性質上來講，中國所提出的 "絲綢之路經濟帶" 概念，不同於歷史上所出現的各類 "經濟區" 與 "經濟聯盟"，同以上兩者相比，經濟帶具有靈活性高、適用性廣以及可操作性強的特點，各國都是平等的參與者，本着自願參與、協同推進的原則，發揚古絲綢之路相容並包的精神。"絲綢之路經濟帶"所涵蓋的地區，主要包括從東亞到歐洲的沿線國家，途徑東亞、中亞、西亞等眾多區域。由於"絲綢之路經濟帶"的包容開放，因此在組織機制設置上同歐盟等制定統一規則並強制各成員國遵循的政策不同，"絲綢之路經濟帶"主張發揮沿線各國自身的獨特文化與制度優勢，提倡不同發展程度的國家互通有無、取長補短，共同參與到"絲綢之路經濟帶"的建設之中。目前來看，當今"絲綢之路經濟帶"的建設應首先加強沿線基礎設施建設，完善交通運輸網，便利資本與勞力的自由流通，從而以點帶面，實現能源、金融等重點領域的合作，逐步實現"五通"。尤其值得關注的是，"中亞地區"由於其重要的地緣位置與所蘊含的豐富自然資源，應在"絲綢之路經濟帶"建設過程中被置於重要的位置。2013 年，中國與中亞國家建立了戰略伙伴關係，加之上海合作組織的存在，中國與中亞國家的經濟政治合作具有了上層建築強有力的支持。為充分發揮中亞地區國家的戰略優勢，深化中國與中亞國家在能源方面的合作，加強在公路、鐵路、通訊、電力等基礎設施建設方面的合作勢在必行，尤其是基礎設施的完善，對於推動第二條歐亞大陸橋的建設與落實意義深遠。

"絲綢之路經濟帶"的建設，以其創新性豐富了經濟發展的內涵，以開放並包的姿態在推動歐亞大陸協同發展、共同富裕方面發揮了積極的作用。這體現了中國審時度勢、求真務實、與時俱進的理論品質與工作作風。

（2）"經濟走廊"建設

經濟走廊最早是由大湄公河次區域合作機制於 1996 年在馬尼拉舉行的第八屆大湄公河次區域經濟合作部長級會議上提出，其含義是指在一個特殊的地理區域內聯繫生產、貿易和基礎設施的機制；其主要是通過對交通走廊的擴充，提高經濟利益，促進相連地區或國家之間的經濟合作與發展。建設"跨國經濟走廊"則要求幾個國家在其相連或相近區域發揮各自的資源與稟賦優勢，優勢互補，開展基礎設施、貿易投資、產業合作、貿易旅遊等合作。[1] 作為"一帶一路"建設之中與"絲綢之路經濟帶"建設相互補充、相互協調的配套措施，中國"經濟走廊"的建設將東亞、東北亞、東南亞、南亞乃至非洲北部國家緊密地聯繫在一起，通過與不同區域國家深化經貿合作，開展業務往來，將局部統一於整體，以其"開放包容性"與"全面整體性"開創了經濟發展的新局面，為區域之間的經濟合作提供了新的思路與模式。

根據"一帶一路"走向，陸上依託國際大通道，以沿線中心城市為支撐，以重點經貿產業園區為合作平台，共同打造各種國際經濟合作走廊。具體而言，我們在東北亞、東南亞、南亞、中亞地區依據不同的現實情況，因地制宜地建立了不同的"經濟走廊"模式，主要包括"中蒙俄經濟走廊"、"孟中印緬經濟走廊"、"中巴經濟走廊"、中國—中亞—西亞、中國—中南半島經濟走廊等。儘管不同經濟走廊在具體的配套措施與政策安排上存在差異，但其理念卻是一以貫之的，即突出體現"共商、共建、共用"的理念，堅持包容開放、非強制的原則。這是一種和諧共生、和睦相容的經濟創新模式。

作為中國的"全面戰略協作伙伴"與"全面戰略伙伴"，俄羅斯與蒙古同中國具有良好而穩固的合作基礎。一方面，三者在經濟結

---

1 邵建平、劉盈盈：《孟中印緬經濟走廊建設：意義、挑戰和路徑思考》，《印度洋經濟體研究》2014 年第 6 期。

構方面尤其是能源結構方面互補性強。2014 年 5 月,歷經十餘年談判,中俄最終簽訂為期 30 年的東段天然氣供氣協議,以每年 380 億立方米的供氣量促使中俄關係進一步親近。俄羅斯方面,伴隨烏克蘭問題而出現的西方制裁,加之當前俄羅斯石油價格下降,葉巖氣革命的影響,俄方也需要同中國簽訂這一協定從而開拓新的市場。同理,蒙古對於俄羅斯能源也具有強烈的依賴,中蒙俄三國如能在供氣管道方面實現共建又將是一次質的飛躍。另一方面,由於中蒙俄三國接壤,在地緣上關係親密,同氣連枝,隨之而來的是經貿的繁榮與政治上的頻繁會晤。同時,三國在維護東亞、東北亞乃至亞洲和平穩定方面都發揮着巨大的作用。中國提出的 "中蒙俄經濟走廊" 計劃由於其高度的開放性與適應性,可以同區域內業已存在的俄羅斯的 "歐亞聯盟計劃" 與蒙古國所主張的 "草原絲綢之路" 相契合,優勢互補,有利於三方真正開闢統一市場,搭建貿易互通的便利網,這對於維護地區穩定,推動地區經濟一體化具有重大作用。

　　"孟中印緬經濟走廊" 的建設,將東亞、南亞與東南亞聯繫在一起。其最早是由李克強總理在 2013 年訪問印度時提出,中印兩國倡議在孟中印緬地區合作論壇的基礎之上共建經濟走廊,這一倡議不久之後得到了其餘相關國家的認同與贊許,四國在共建經濟走廊這一問題上達成共識。2012 年中共十八大之後,中國在外交領域越來越重視周邊國家的作用,堅持與鄰為善、以鄰為伴,堅持睦鄰、富鄰、安鄰的原則,體現親、誠、惠、容的理念,而 "孟中印緬經濟走廊" 正是對中國周邊外交理念的生動體現。通過經濟走廊的建設,有利於促進區域內生產要素,例如勞動力、資本、技術、信息等要素的自由流動,同時中方採取一視同仁的態度,主張各國不論強弱大小,都有權利參與到經濟走廊的建設之中,以期縮小區域內的發展差距,實現共同繁榮與和平穩定。同時 "孟中印緬經濟走廊"

的建設，有利於中國西南部地區提高對外開放的水平，加強以雲南省為代表的西南省份同南亞、東南亞國家的聯繫，從而縮小東西發展差距，進一步深化中國改革開放的進程，落實中共十八屆三中全會《決定》中關於推動內陸開放的決定。

2013 年年初，中國同意代替新加坡接手經營巴基斯坦的瓜達爾港，同年 5 月，借助李克強總理訪問巴基斯坦的契機，雙方在會談後發表的《全面戰略合作聯合聲明》中指出共建 "中巴經濟走廊"，其目的主要是打通從新疆到巴基斯坦，從而進入印度洋的陸上通道。目前來看，中巴經貿繁榮，中國為其第二大交易伙伴與第四大出口目的地，中巴關係良好，加之中巴之間互聯互通的建設已經存在一定的交通運輸基礎，中巴 "經濟走廊" 的建設基礎良好、前景廣闊。雙方應該繼續深化戰略合作，推動彼此之間的經貿往來、人員交流、開展能源等關鍵領域的合作，進一步提高業已存在的互聯互通的水平，帶動走廊沿線，包括中國新疆地區到巴基斯坦地區經濟的繁榮發展。

（3）海上絲綢之路經濟發展理論

"中國文明中不乏海洋基因，只是長期被大陸基因所抑制"。[1] 在當今社會，"海洋" 成為了外交的新興領域之一。從內陸走向海洋已經是必要的選擇，伴隨着 "21 世紀海上絲綢之路" 理論的提出，中國也逐步由陸向外交延伸至海向外交，從 "大河" 走向 "大海"，積極發展海上力量，增強海上實力，發展同周邊國家的海洋關係。這既是為了應對同周邊國家的海上領土爭端，也是更好地融入世界的必然要求。

1　參見王義桅：《海殤？—— 歐洲文明啟示錄》，世紀出版集團、上海人民出版社 2013 年版。

　　"21 世紀海上絲綢之路"重點方向是從中國沿海港口過南海到印度洋，延伸至歐洲，從中國沿海港口過南海到南太平洋。途中經過的區域主要包括東南亞、南亞、西亞、北非等地區與南太平洋地區，海上絲路沿線的國家被緊密地聯繫在一起，例如目前中國啟動了中日韓自貿區談判，同時升級同東盟自貿區的關係，拓寬合作管道，推動區域一體化進程。同時，海上絲綢之路也以其高度的包容性同陸上絲綢之路相配合，"一帶一路"內外相兼，海陸相結，同時推進中國改革開放的進一步深化與亞歐大陸乃至世界的和平穩定與繁榮發展。

　　中國是世界最大貿易國家，卻奉行不結盟政策，提出與作為海上霸主的美國建設新型大國關係。這就要求中國提出 21 世紀海洋合作新理念，創新航運、物流、安全合作模式，通過特許經營權、共建共用港口等方式，推進海上與陸上絲路對接。"21 世紀海上絲綢之路"貴在"21 世紀"：表明中國既不走西方列強走向海洋的擴張、衝突、殖民的老路，也不走與美國海洋霸權對抗的邪路，而是尋求有效規避傳統全球化風險，開創人海合一、和諧共生、可持續發展的新型海洋文明。

　　"21 世紀海上絲綢之路"同時體現了中國"21 世紀海洋合作的新理念"。這一新理念主張創新航運合作模式，例如提出特許經營權、共建港口等方式。之所以強調 21 世紀，突出的是中國海洋合作理念的創新性與時代性，即中國不走以往歷史上西方依靠海洋殖民擴張，建立霸權的老路，中國所宣導的是一條平等、真誠、普惠共贏、可持續發展的和平之路。正如李克強總理在 2014 年 6 月中希海洋合作論壇上提出的，中方願意同世界各國一道，通過發展海洋事業帶動經濟發展，深化國際合作，促進國際和平，努力建設一個和平、合作、和諧的海洋。

　　以上所述的經濟理論創新，包括“絲綢之路經濟帶”、“經濟走廊”以及“21世紀海上絲綢之路”的創建，都不可能是一帆風順的，在其建構實施的過程中必然受到域內域外勢力的影響。例如中國各省份為趕上“一帶一路”的順風車，盲目出台各類計劃，造成計劃重疊，浪費大量人力、物力資源。又如國際社會，各國所出台的各類政策，如美國的“新絲綢之路計劃”、歐盟的“新中亞戰略”、土耳其宣導的“突厥語國家聯盟”等，由於相關聯地域的契合，都會對“一帶一路”的實施造成一定影響。同時，因為西方國家的宣傳與誤導，伴隨中國崛起所出現的“中國霸權論”、“中國威脅論”等理論層出不窮，一定程度上削弱了各國，特別是周邊國家對中國的政治信任，對理論的創新性實施造成了不良影響。但是，我們仍然需要相信，道路是曲折的，其前途卻是光明的。

　　中國在“一帶一路”建設中，所提出的各類經濟發展理論，其共性在於理論自身的開放性與包容性，中國自身並不謀求領導地位，而僅僅是作為倡議者引領建設。由於理論政策自身的“非排他性”，所有國家都可以本着自願的原則平等地參與到以上各類建設之中，通過彼此的合作交流，分享到中國改革開放的紅利，體會到中國負責任的大國擔當，實現互利共贏、共同發展。更重要的是，中國所提出的以上諸多經濟發展理論，由於其“開放性”、“包容性”、“互惠性”打破了傳統的區域經濟合作模式，為在後金融危機時代經濟發展速度放緩的各國提供了新的發展思路，即“不是建立超國家的機構和約束機制，而是在尊重各國利益的基礎上，尋求一種自下而上、自然而然的融合與互動，使世界經濟格局更趨合理，保證區域內各國的經濟安全，以經濟合作帶動政治文化交流，以穩定的國家關係和相互的信任促進經濟的共同繁榮與進步。"[1]

2. 區域合作理論

上文所敘述的諸多經濟發展理論，包括"絲綢之路經濟帶"、"經濟走廊"以及"21 世紀海上絲綢之路"都同"一帶一路"建設之中的區域合作密切相關，各不同區域之間的協作與整合，也是在上述經濟理論的指導下開展的。古代絲綢之路，歷史性地創造了一條由東亞至歐洲的陸上交通大動脈，將中國與中亞、西亞乃至南歐的廣大區域連接在一起。各區域之間借助絲路通商貿易，沿途繁榮，彼此不衝突、不對抗，相安無事，以其包容性在促進區域合作方面發揮了巨大作用。同時，這條路將古老的中國文化、波斯文化、阿拉伯文化乃至希臘雅典文化緊密地聯繫在一起，成為了文化溝通的橋樑。目前，中國所宣導的"一帶一路"覆蓋範圍與古代相比，有過之而無不及，其東起亞太，西至歐洲，在如此廣袤的區域內進行"一帶一路"建設，必然充滿機遇與挑戰，而創新性的區域合作模式或思維在解決域內爭端，開創合作新局面方面作用巨大。

（1）區域合作的原則

在"一帶一路"的區域合作之中，中方堅持"管分歧、促合作，共同發展、互利共贏"的區域合作原則。"一帶一路"覆蓋範圍廣，民族國家眾多，各類歷史問題、宗教問題、領土爭端屢見不鮮。同時，區域內諸多國家地緣政治優勢突出，導致域外大國試圖參與其中，謀取自身勢力範圍，建立主導權。以上各類複雜問題的雜糅導

1　孫壯志：《"絲綢之路經濟帶" 構想的背景、潛在挑戰和未來走勢》，《歐亞經濟》2014 年第 4 期。

致分歧在所難免。但是，對於中方來講，在區域合作中，合作是永恆的主題，分歧不應該也不能成為區域合作的障礙。

在具體的行為過程中，中方堅持以相互尊重為前提，以平等交流的方式，共同應對分歧、處理分歧而不迴避分歧。在此基礎上，不斷尋求彼此之間的共同利益，以擴大共同利益的方式消弭分歧的影響，最終實現 "共同發展，互利共贏" 這一區域合作目標，順應世界區域經濟一體化的趨勢，推動諸如商品、資本和勞動力等生產要素的自由流動。

中國所提出的區域合作原則，體現出了中國不干涉內政，不謀求勢力範圍與主導優勢的特點。在同周邊沿線國家共建 "一帶一路" 的過程中，中方謀求的是彼此之間的紅利共用與利益共建。下面以中美關係為例來展現中國區域合作原則在處理中美分歧中的實際效用。"一帶一路" 中所涉及的中東、中亞等區域，由於其具有豐富的能源礦產資源與特殊的地緣優勢，同美元的主導地位和美國的霸權密切相關，因此美國致力於在該地區建立自身霸權，而中國將中東、中亞地區納入 "一帶一路" 範疇不可避免地導致中美矛盾。就目前來看，美國一方面重返亞太，開展 TPP 談判，力圖通過設立高門檻、高標準來抑制中國與俄羅斯的參與，同其盟友加緊控制亞太地區的經濟主導權，力圖削弱地區內中國崛起的影響；另一方面，美國提出 "新絲綢之路" 計劃，為中亞地區開闢經由阿富汗、巴基斯坦和印度南下印度洋的通道，力圖使中亞諸國擺脫對中國的依賴。對於美國上述種種舉措，中方採取了親誠的態度妥善處理，習近平主席在與奧巴馬總統的安納伯格莊園會晤中提出打造中美新型大國關係，即 "不衝突、不對抗、相互尊重、合作共贏"，共同建構 21 世紀中美新型關係，同時這一理論也被用於中美爭議的解決。如果從理論層面來講，首先，中國 "一帶一路" 政策具有強大的開放性與包容性，可以同區域內業已存在的諸多計劃或者組織相銜接，並不會產生本質上的深刻矛盾。因此，"一帶一路"計劃與美國"新絲綢之路"計劃存在共融的空間；其次，中美兩國在諸多領域也存在共同利益，例如目前中美兩國在"大湄公河次區域合作"（GSM）的能源交流方面已經取得一定成果，又如在中東地區維和，打擊 ISIS 極端組織，穩定伊拉克、阿富汗等國家安全穩定，保障能源運輸方面都具有共同利益，而中方也積極從這些共同利益出發促使中美合作，調解爭端。在建設"一帶一路"過程中，本着負責任的態度，同美國進行平等真誠的溝通，在最大程度上促成相互之間的合作，共同為區域的繁榮穩定做出努力。

（2）區域合作的具體內容與特點

2013 年 9 月，習近平主席在哈薩克斯坦納扎爾巴耶夫大學演講倡議建立"絲綢之路經濟帶"時，曾經為這一計劃定下目標，即"以點帶面、從線到片，逐漸形成區域大合作"，並進一步提出了"五通"思路，即"政策溝通、道路相通、貿易暢通、貨幣流通、民心相通"。這"五通"的背後，體現了在"一帶一路"建設過程中，區域合作的主要內容與具體特點。

2014 年 11 月，"推進絲綢之路經濟帶、海上絲綢之路建設，形成全方位開放新格局"被正式寫入中共十八屆三中全會所通過的《中共中央關於全面深化改革若干重大問題的決定》中，這意味着"一帶一路"建設正式成為中國重要戰略。就其內容而言，"一帶一路"建設由於其長期性與複雜性，不可能一蹴而就，需在理清現實需要的基礎之上，抓住各國所需，按需分配，逐步推進。在其具體實施過程中，應從以下幾方面着手推進。第一，完善道路、運輸管道、通訊、信息等基礎設施的建設。由於一帶一路涉及區域廣，其中中部廣大發展中國家在基礎設施建設方面不夠完善，例如道路運輸條件差、安全隱患多,信息溝通交流不通暢,通訊網絡覆蓋範圍小、傳輸效果差等問題,而基礎設施的完善是實現一切互聯互通的基礎,因此將基礎設施的協作作為 "一帶一路" 建設中區域合作的第一步與切入點具有其合理性與必然性;第二,在完善基礎設施建設的基礎之上,深化彼此了解,加強政策溝通,力圖推進各類自貿區建設,並同域內業已存在的各類戰略目標相契合,提高區域合作的緊密性與層級性。在這一過程中,中國應進一步地尋求區域合作的契合點,按照不同國家的需要展開不同類別的企業合作、能源合作等,例如可以推動中國國內過剩產業如鋼鐵產業的外向轉移,以實際努力為促進目標國經濟的發展與繁榮做出努力。同時,為保證 "一帶一路" 建設的進一步落實,中國可以提升合作層次,例如打造中國與東盟自貿區關係的升級版,嘗試同中亞國家建立自貿區,將非洲北部國家或其他沿線國家納入合作軌道;第三,在不斷實現 "五通" 的過程之中,逐步建立起涵蓋東亞、南亞、東南亞、中亞、西亞乃至歐洲的歐亞大陸集群,在此集群內,實現生產要素的自由流動,促進勞動力、資本和貨幣等自由流通,建立起便利的交通運輸網、信息合作網與科技交流網,減少貿易壁壘,加強經貿合作,真正建立起和諧穩定的共同體,推動實現共同繁榮、共同發展、共同進步。以上的 "三步走" 僅是筆者為展現中國區域合作建設步驟所做出的大體規劃,在具體的實施過程中,還需要結合實際情況,以時間、地點、條件為轉移。但是,可以肯定的是,中國在促進區域合作的過程中,始終堅持穩定性與持續性的統一,穩紮穩打,步步深化,通過不斷加深相互之間的了解,真誠交流,在實現 "五通" 的過程中,建立起榮辱與共的 "共同體"。

在經由區域合作的強化逐步實現 "一帶一路" 目標的過程中,中國領導集體為國際社會提供了嶄新的思路,充分展現了自身的特點。第一，主動性。在中國改革開放發展的過程之中，首先採取的是 "引進來" 戰略，即通過 "搭便車" 的方式借助國際資源來拉動自身經濟發展。緊接着 "走出去"，更好地利用國外市場，進一步深化中國改革開放的程度與水平。目前，中國 GDP 已經超越日本，一躍位居世界第二位，面臨國際社會疑惑中國將會怎麼做，做什麼的問題，此刻中國政府主動出擊，將 "引進來" 與 "走出去" 相結合，充分分享自身的發展紅利，惠及周邊沿線國家，承擔起大國責任，向國際社會展現自身風範，最大程度上打消各國疑慮，應對各種 "中國威脅論"。中國主動將 "引進來" 與 "走出去" 相結合，能夠更好地利用國內外兩個市場，兩種資源，在深化自身改革開放的同時，推動與不同區域之間的合作。第二，全面性。中國在推動區域合作的過程中，遵循 "由點到面，由線到片，促進區域大合作" 的方針，這一循序漸進的手段，展現了在不同空間維度，不同時間維度的政策安排。這是一種不同於歷史上網狀發展模式的條形結構，而條形結構本身就能夠更加全面地納入各類行為體，充分啟動其合作的活力與動力。同時，從上文所闡釋的區域合作內容可知，"一帶一路" 不僅僅局限在基礎設施領域內的互聯互通，而是以此為切入點，步步深入，全面落實，推動經貿、科技、人文等更多領域內的全面合作，建立起全領域 "共商、共建、共用" 的新型區域合作模式。第三，務實性。在中國推進 "一帶一路" 區域合作的過程中，求真務實為一貫原則，即從國內、國際兩個維度，立足實際，紮實推進。就國內而言，改革開放造成東部開放程度遠遠高於西部地區，因此以西部地區為關鍵樞紐的 "一帶一路" 建設能夠有效地縮小東西部之間的發展差異，提高西部對外開放的水平，形成東西部在兩大區域協同推進開放的良好局面；就國際社會而言，中國的務實性一方面體現在對各國實際情況的把握，按各國所需進行分配，充分承擔起自身的國際責任，實現區域內的協調增長，縮小不同國家之間的發展差距，以求共同發展、共同進步。另一方面，中國在同不同區域進行合作的過程中，既會努力處理好同地區大國之間的關係，又會顧及其餘各國。對於有分歧的國家，在維護中國國家利益的前提下，會充分考慮對方的合理要求，採取平等、真誠與坦率的態度為問題的解決做出努力。對於區域內業已存在的地區組織與地區規劃，中國在合作的過程中也會尋求政策上的對接，這一切都體現了平等、務實的特點。

以上從區域合作的原則、內容與特點出發，闡述了中國的區域合作理論，體現了中國開放包容、平等真誠、共用共贏的態度，為不同國家之間、不同民族之間、不同區域之間尋求合作展現了一條新的思路，提供了一種新的形式。在區域合作的過程中，中國支持不同區域之間為實現彼此的互利共贏展開的合作，對同中國相合作的區域，中國從自身政策出發，堅持周邊外交中睦鄰、安鄰與富鄰的政策，與鄰為善、以鄰為伴，親、誠、惠、容地處理各類問題，打造中國周邊外交的升級版，促進合作的實現與發展。同時，在區域合作的過程中，中國不稱霸，也不允許別國稱霸，不謀求建立自身的區域主導地位，堅持走和平崛起的道路，承擔起自身的國際責任。在實際操作過程中，中國平等地開展同各類國家之間的交流合作，相互尊重、相互諒解，聽取其合理的利益訴求，積極推動區域合作中 “五通” 的實現。另外，同經濟發展思路相一致的是，在區域合作中，中國也不是 “一帶一路” 的主導者與領導者，而僅僅是一位倡議者，力圖以相容並包、海納百川的態度，調動起各國的積極性，號召各國本着自願的原則參與到 “一帶一路” 的建設之中，共同為區域合作的實現做出貢獻，這也是中國 “一帶一路” 建設中 “非排他性” 的典型表現。

3. 全球化理論

　　當今時代，是全球化的時代，尤其以經濟全球化為主，生產、貿易、金融與企業貿易全球化在帶來充裕財富的同時，也造成了一系列問題。中國所提出的 "一帶一路" 政策，以其經濟發展和區域合作兩方面的創新發展思路，對全球化過程中所出現的諸多問題的解決是大有裨益的。也就是說，"一帶一路" 的諸多創想，能夠更好地發揮全球化的積極作用，同時超越傳統意義上的一體化建設，謀求全球化時代的合作共贏。目前而言，"全球化過程中出現了諸如'世界多極化'、'全球治理權力分散化'、'國際問題碎片化'、'局域一體化機制構建加速' 等諸多問題。實際上，'一帶一路' 的共建與以上問題的解決存在着密切的聯繫，如果推進得好，對全球化的進一步良性發展將發揮巨大的積極作用。"[1] 具體而言，中國 "一帶一路建設" 在全球化理論方面的創舉主要體現在其利益共同體、命運共同體與責任共同體的建構以及其均衡、包容、和諧的三大理論特點。

　　由於 "一帶一路建設" 立足於共同發展的大局，因此涵蓋沿線區域的共同體建構必不可少，這是中國在全球化理論方面的重要創新之一。李克強總理在 2014 年 4 月的博鼇亞洲論壇開幕式上指出，要堅持共同發展的大方向，結成亞洲利益共同體；構建融合發展的大格局，形成亞洲命運共同體；維護和平發展的大環境，打造亞洲責任共同體。中國 "一帶一路" 的建設，更大程度上立足於全球化時代各國之間聯繫的緊密性，號召各國樹立 "一榮俱榮，一損俱損"

1　羅雨譯：《"一帶一路"：全球新秩序的福音》，《中國外匯》2014 年 10 月 1 日。

的共同體意識，各國共同面對安全方面的挑戰，實現共同發展與共同進步。具體來說，"利益共同體" 指的是各國之間的利益在不同程度上存在契合，各國應在尋求共同利益的過程中，不斷減少分歧，以利益促合作、謀發展，從而實現彼此之間的互利共贏；命運共同體指的是在全球化高度發展的今天，各國命運緊密地聯繫在一起，牽一髮而動全身已經成為一種普遍的態勢。不同國家，無論大小、貧富、強弱都對人類的共同命運負有責任，因此應當取消國別的限制，使得各國平等地參與到共同體建構的過程中去；"責任共同體" 指的是目前國際社會的許多問題超越了國別、國界的限制，單靠一國的力量難以解決，諸如生態問題、非傳統安全問題等，這就需要各國承擔起其對應的責任，彼此加強溝通配合，摒棄意識形態的羈絆，同心同力應對挑戰。在 "一帶一路" 建設實際的操作過程中，共同體建構在 "五通" 的指導下，主動地發展與沿線國家的經濟合作伙伴關係，共同打造政治互信、經濟融合、文化包容的利益共同體、命運共同體和責任共同體。

"一帶一路" 建設重要思路之一即是由點到面，由部分到整體，立足於全球化發展的大視野中，但是同全球化不同的是，中國 "一帶一路" 建設更加強調將全球化的積極作用最大化，盡可能地規避其風險，為人類提供一種嶄新的發展思路。"一帶一路建設" 在進行區域整合，即從部分到整體的過程中，突出體現了均衡、包容、和諧三大特點。第一，均衡。全球化時代突出的一個表現就是發達國家不斷從發展中國家攫取資源，同時壟斷發展中國家市場，造成 "富國越富，貧國越貧" 的現象，"一帶一路" 的 "均衡" 正是針對這一現象提出的。均衡指的是不應由一國壟斷財富，真正的發展應該是協同並進，共同富裕，同世界各國分享自己的發展紅利，縮小世界範圍內各國之間的貧富差距。例如，"一帶一路" 政策提出後所出現的 400 億絲路基金正是中國承擔起大國責任，促使國際社會的均衡發展，同世界分享自身發展成果的表現；第二，"包容"。全球化的發展必然伴隨一體化進程的加快，一體化儘管在一定程度上推動了區域的繁榮，但也造成了諸多弊端。以歐盟為例，歐債危機的爆發，體現了歐盟在制度設計上的缺陷，一體化造成的超國家機制與規則使得其難以照顧到各國的實際情況。在歐洲央行的主導之下，整個歐元區統一匯率政策使得成員國失去了自身的匯率工具，而不得不置身於整個歐洲一體化之中，唯一的貨幣政策和成員國不同的政策偏好形成矛盾。包容一定程度上可以改善一體化的這一困境，即在一體化進程之中，需要更多的關注不同成員國自身的文明特點、發展特徵、資源與制度稟賦的優勢，力圖統一於一體化的建構之中，這超越了傳統的一體化建設"超國家"的特點，為新時代一體化的建設提供了新的思路；第三，和諧。中國在"一帶一路建設"的過程中，將會高舉"和諧"的大旗，將"一帶一路建設"與中國提倡的"和諧世界"理念相結合，推動實現國際關係民主化，推動實現人類的持久和平與共同發展。

"一帶一路"建設在全球化層面充分借鑒了在經濟發展理論與區域合作理論中的諸多創想，在世界全球化、一體化進程加快的今天，為全球問題的解決提供了良好的借鑒。若能充分地調動"一帶一路"沿線 60 多個國家，40 多億人口的積極性，秉承着共同體的意識，力圖打造均衡、包容與和諧的全球環境，將會超越傳統的一體化與全球化進程，促使全球問題的解決，為世界的蓬勃發展與共同繁榮注入活力。

（三）方式嶄新

　　迄今為止，有關 "絲綢之路經濟帶" 的主要內容體現在習近平在哈薩克斯坦納扎爾巴耶夫大學的演講和上合組織元首理事會第十三次會議講話，2015 年 3 月 28 日國家發改委、外交部、商務部聯合發佈的《推動共建絲綢之路經濟帶和 21 世紀海上絲綢之路的願景與行動》中。習近平在哈薩克斯坦講話的亮點是中國對中亞政策的 "四要原則"、"絲綢之路經濟帶" 的 "五大支柱" 和上合組織開展務實合作的五大具體措施，其中道路聯通是基礎，貿易暢通是本質內容。

　　"四要原則" 是：中國與中亞國家要堅持世代友好，做和諧和睦的好鄰居；要堅定相互支持，做真誠互信的好朋友；要大力加強務實合作，做互利共贏的好伙伴；要以更寬的胸襟、更廣的視野拓展區域合作，共創新的輝煌。概括起來，四 "要" 對應四 "堅持"：堅持開放合作，堅持和諧包容，堅持市場運作，堅持互利共贏。

　　"絲綢之路經濟帶" 戰略構想的 "五大支柱" 為：

　　一是政策溝通。"一帶一路" 的順利推進有賴於沿線國家間高度的政治互信，反過來，經濟互動形成的依存度將為國家間關係的和諧不斷提供新的動力。通過加強友好對話與磋商，各國可以共商經濟發展戰略和對策，求同存異，消除政策壁壘和其他人為的合作屏障，協商制定推進區域合作的規劃和措施，以政策、法律和國際協議為沿線經濟融合保駕護航。為此，加強政府間合作，積極構建多層次政府間宏觀政策溝通交流機制，深化利益融合，促進政治互信，達成合作新共識，是 "一帶一路" 建設的重要保障。為方便沿線各國就經濟發展戰略和對策進行充分交流對接，共同制定推進區域合作的規劃和措施，協商解決合作中的問題，共同為務實合作及大型項目實施提供政策支持，可成立絲路組織或論壇，進行高層磋商；或在中央黨校舉辦絲路講習研討班，為"一帶一路"沿線國家中層幹部交流提供學習平台。

二是設施聯通。設施聯通主要包括四大類：一是交通基礎設施，尤其是關鍵通道、關鍵節點和重點工程，優先打通缺失路段，暢通瓶頸路段，配套完善道路安全防護設施和交通管理設施設備，提升道路通達水平。推進建立統一的全程運輸協調機制，促進國際通關、換裝、多式聯運有機銜接，逐步形成相容規範的運輸規則，實現國際運輸便利化。二是口岸基礎設施，暢通陸水聯運通道，推進港口合作建設，增加海上航線和班次，加強海上物流信息化合作。拓展建立民航全面合作的平台和機制，加快提升航空基礎設施水平。三是能源基礎設施，共同維護輸油、輸氣管道等運輸通道安全，推進跨境電力與輸電通道建設，積極開展區域電網升級改造合作。四是跨境光纜等通信幹線網絡，提高國際通信互聯互通水平，暢通信息絲綢之路。加快推進雙邊跨境光纜等建設，規劃建設洲際海底光纜項目，完善空中（衛星）信息通道，擴大信息交流與合作。中國走出了一條基建先行的發展道路。實踐證明，道路、通訊、能源、電力等基礎設施的完備對於提高開放水平、打造良好的投資環境、拉動附近地區經濟增長和居民增收而言至關重要。的確，基礎設施互聯互通是"一帶一路"建設的優先領域。中國與"一帶一路"沿線國家基礎設施互聯互通水平相對滯後——這一方面是受到自然條件的限制：沿線地形地貌等建設條件複雜，工程量和難度巨大，需要投入巨額資金；另一方面，由於缺少維護，骨幹通道普遍存在缺失和斷裂現象，另有一些交通通道建設等級低，無法滿足聯通需求。"設施聯通"，即在"一帶一路"建設過程中要利用好中國基礎設施相關行業產能，發揮出先進技術、優秀人才和實踐經驗的優勢，為陸上和海上絲綢之路沿線的國家鋪好開放之路、發展之路、致富之路。做到設施聯通，需要沿線各國通力合作、加強對接，開闢交通和物流大通道，通暢從波羅的海到太平洋、從中亞到印度洋和波斯灣的交通運輸走廊。公路、鐵路（高鐵）、海運、電力、通訊、能源等基礎設施的聯通將使中國與“一帶一路”沿線國家立體化聯通，用“硬件”保障絲路合作長期、有效地運行。

為此，在尊重相關國家主權和安全關切的基礎上，沿線國家加強基礎設施建設規劃、技術標準體系的對接，共同推進國際骨幹通道建設，逐步形成連接亞洲各次區域以及亞歐非之間的基礎設施網絡，是“一帶一路”建設的基礎工程。當然，這需要強化基礎設施綠色低碳化建設和運營管理，在建設中充分考慮氣候變化影響，建設綠色絲綢之路。

三是貿易暢通。對外貿易是一個國家對外開放水平和品質的量表。就傳統的貨物貿易而言，在及時的政策溝通基礎上，“一帶一路”沿線國家才能更全面地了解他國的發展思路，對相關國家的產業結構、發展階段和貿易特徵進行合理分析，進而重點開發優勢資源，發展優勢產業，發揮出比較優勢；服務貿易也是對外貿易的重要組成部分，服務貿易的暢通更加依賴相關國家間的政策協調。隨着信息化時代的到來，服務貿易也從傳統的人員流動升級為包括電子商務及相關服務在內的龐大體系。只有用法律、政策、國際合作協定等形式固化合作，落實政策協調的結果，充分利用基礎設施互聯互通帶來的物流便利，進一步粉碎自然和人為形成的貿易壁壘，降低各種生產要素跨境流通帶來的風險，沿線國家才能優化貿易結構，實現“量”和“質”的雙重提升。絲綢之路經濟帶總人口近30億，市場規模和潛力獨一無二，各國在貿易和投資領域合作潛力巨大。各方應該就貿易和投資便利化問題進行探討並作出適當安排，消除貿易壁壘，降低貿易和投資成本，提高區域經濟循環速度和品質，實現互利共贏。

投資貿易合作是"一帶一路"建設的重點內容。推進投資貿易便利化，消除投資和貿易壁壘，加強雙邊投資保護協定、避免雙重徵稅協定磋商，保護投資者的合法權益，構建區域內和各國良好的營商環境，積極同沿線國家和地區共同商建自由貿易區，激發釋放合作潛力，做大做好合作"蛋糕"，是努力方向。

四是資金融通。如果各國在經常項下和資本項下實現本幣兌換和結算，就可以大大降低資金流通成本，增強抵禦金融風險能力，提高本地區經濟的國際競爭力。"一帶一路"建設將為中國和沿線國家實現金融安全提供新契機。金融被公認為是現代經濟發展的核心。"一帶一路"所經國家大多使用域外國家的貨幣作為國際支付和結算手段。為滿足沿線國家融資需求、支持重大項目的跨國合作和建設，"一帶一路"需要利用好"絲路基金"和區域內多邊機構開發投資銀行的資源，調動和協調上合組織銀行聯合體等資源，創新和深化與沿線國家的金融合作。同時，"一帶一路"宣導擴大本幣結算和本幣互換，以降低在相關國家進行投資和貿易活動的匯率風險和結算成本，促使相關國家在經濟交往中形成金融風險共擔的貨幣安全網，進而提高各國捍衛自身金融安全和經濟利益的能力。

《推動共建絲綢之路經濟帶和21世紀海上絲綢之路的願景與行動》為此指出，資金融通是"一帶一路"建設的重要支撐。深化金融合作，推進亞洲貨幣穩定體系、投融資體系和信用體系建設。擴大沿線國家雙邊本幣互換、結算的範圍和規模。推動亞洲債券市場的開放和發展。共同推進亞洲基礎設施投資銀行、金磚國家開發銀行籌建，有關各方就建立上海合作組織融資機構開展磋商。加快絲路基金組建運營。深化中國－東盟銀行聯合體、上合組織銀行聯合體務實合作，以銀團貸款、銀行授信等方式開展多邊金融合作。支持沿線國家政府和信用等級較高的企業以及金融機構在中國境內發行人民幣債券。符合條件的中國境內金融機構和企業可以在境外發行人民幣債券和外幣債券，鼓勵在沿線國家使用所籌資金。同時，加強金融監管合作，推動簽署雙邊監管合作諒解備忘錄，逐步在區域內建立高效監管協調機制。完善風險應對和危機處置制度安排，構建區域性金融風險預警系統，形成應對跨境風險和危機處置的交流合作機制。加強徵信管理部門、徵信機構和評級機構之間的跨境交流與合作。充分發揮絲路基金以及各國主權基金作用，引導商業性股權投資基金和社會資金共同參與"一帶一路"重點項目。

五是加強民心相通。"一帶一路"建設需弘揚睦鄰友好的合作精神，在教育、文化、旅遊等領域深入開展人文合作，以文化交流推動包容開放理念的形成和擴散，促進文化交融，促成文化認同感，為深化沿線國家合作提供內在動力。近年來，中國與沿線國家官方和民間互動頗為頻繁，人文合作的效益日益明顯。中國將一如既往地堅持傳承和弘揚"絲路精神"，宣導友好合作，拉近沿線國家民心，使其成為深化合作堅實的民意基礎。中國與沿線國家開展人文交流與合作有着廣闊的空間，部分具體措施已經在高層講話當中體現出來。例如：中國將增加向沿線國家提供政府獎學金的名額，資助沿線國家有關人員來華參加研修培訓；與沿線國家互辦文化年、藝術節等活動；加強與沿線國家旅遊宣傳推廣合作，擴大旅遊投資合作等等。

可以看到，"絲綢之路經濟帶"至今還是一個相對抽象的構想，對於該經濟帶覆蓋的地理範圍、合作領域和合作機制安排、具體實施路徑、實施階段及目標等都需要盡快具體化，形成國際共識。

可喜的是，"一帶一路"建設已經形成如下共識：超越單一資源和原材料貿易的局限；從雙邊入手，增加對沿線國家經濟投入和力度，需要提供更多的公共產品和公共服務；避免排他性，強調開放性和包容性，找準與周邊國家建設兩條"絲綢之路"的利益契合點，貫徹互利共贏的原則，與周邊國家形成利益共同體；在軟環境建設方面，提高消費者互信，實現企業互動和文化教育人才的交流與互通。

對應的合作領域則包括：互聯互通基礎設施建設；實現貿易便利化，創新貿易方式；鼓勵直接投資，擴大投資領域，增加當地居民就業機會；加強金融合作，推進貿易本幣結算；加強能源合作，提高能源產業的開採、加工和增值能力，實現能源進口和出口多元化；人文交流；生態環境。

與五大支柱相對應的五大具體措施包括：

1）提供貸款：向亞洲、非洲、拉丁美洲等發展中國家宣佈，中國願意向友好國家提供國家貸款，用於借款國的基礎設施建設。

2）減免關稅：向中國交好的不發達國家提供部分商品的減免關稅待遇，使相互間的貿易繁榮起來。

3）培養人才：中國將為發展中國家培訓培養各類人才，在當地設立培訓和研究機構，為留學生提供政府獎學金等，使當地經濟能真正發展起來。

4）增加援助：在涉及農業、糧援、教育培訓、衛生、清潔能源等諸多領域向發展中國家提供各種援助。在金融危機下，不減免援助，與兄弟國家一起共同發展，共克時艱。

5）消除債務：金融危機爆發以來，中國克服自身困難，繼續向亞非拉發展中國家提供了包括無償援助、無息貸款、優惠貸款等幫助。

　　“絲綢之路經濟帶”屬於跨國經濟帶，遠景目標是構建區域合作新模式。“絲綢之路經濟帶”與傳統的區域合作模式的區別在於，傳統的區域合作是通過建立互惠的貿易和投資安排，確立統一的關稅政策，然後建立超國家的機構來實現深入的合作。“絲綢之路經濟帶”沒有設立高端目標，近期主要是貿易、交通、投資領域的合作，未來不會設定關稅同盟。“經濟帶”不是“緊密型一體化合作組織”，不會打破現有的區域制度安排，更多的是一種務實靈活的經濟合作安排。

　　在推進“一帶一路”建設首次工作會議上，國務院副總理張高麗強調，“一帶一路”建設是一項宏大系統工程，要突出重點、遠近結合，有力有序有效推進，確保“一帶一路”建設工作開好局、起好步。要堅持共商、共建、共用原則，積極與沿線國家的發展戰略相互對接。要把握重點方向，陸上依託國際大通道，以重點經貿產業園區為合作平台，共同打造若干國際經濟合作走廊；海上依託重點港口城市，共同打造通暢安全高效的運輸大通道。要強化規劃引領，把長期目標任務和近期工作結合起來，加強對工作的具體指導。要抓好重點項目，以基礎設施互聯互通為突破口，發揮對推進“一帶一路”建設的基礎性作用和示範效應。要暢通投資貿易，着力推進投資和貿易便利化，營造區域內良好營商環境，抓好境外合作園區建設，推動形成區域經濟合作共贏發展新格局。要拓寬金融合作，加快構建強有力的投融資管道支撐，強化“一帶一路”建設的資金保障。要促進人文交流，傳承和弘揚古絲綢之路友好合作精神，夯實“一帶一路”建設的民意和社會基礎。要保護生態環境，遵守法律法規，履行社會責任，共同建設綠色、和諧、共贏的“一帶一路”。要加強溝通磋商，充分發揮多邊雙邊、區域次區域合作機制和平台的作用，擴大利益契合點，謀求共同發展、共同繁榮，

攜手推進 "一帶一路" 建設。

建設 "絲綢之路經濟帶" 和 "21 世紀海上絲綢之路" 的構想賦予 "絲綢之路" 以嶄新的時代內涵和生命力。"一帶一路" 的空前包容性使得它在眾多多邊經貿合作框架當中脫穎而出，散發着獨特的魅力，但同時也使得 "一帶一路" 推進過程面臨更多挑戰和考驗。"一帶一路" 框架下的合作是一種着眼長遠、相容並包、有層次結構的合作，它需要我們擬定分期發展的規劃、分階段扶持重點行業發展，需要我們考慮到國家、企業、個人等多種行為主體的特殊作用，需要我們更全面地分析沿線各國發展水平和需求，還需統籌兼顧沿線地區在政治、經濟、文化和安全領域的多種利益訴求。

正如習近平 2014 年 10 月在 "加強互聯互通伙伴關係" 東道主伙伴對話會上講話中所指出的，如果將 "一帶一路" 比喻為亞洲騰飛的兩隻翅膀，那麼互聯互通就是兩隻翅膀的血脈經絡。"一帶一路" 是一個跨越時空的宏大戰略構想，將成為中國自主搭建的最大的外交平台。要建好這一平台，需要中國繼續秉承務實合作的態度和風格，將 "互聯互通" 的要求落到實處，而要用好這一平台則需要中國確立一個與之相應的長遠目標，讓 "中國夢" 通過絲綢之路與沿線國家的繁榮發展之夢相連、與世界和平發展之夢相連。

實現與沿線國家互聯互通是推進 "一帶一路" 建設、構建國際合作新模式的內在要求，以基礎設施建設為先導，帶動產業佈局優化，促進中國與沿線國家共同發展，是 "一帶一路" 建設初期必須達成的目標。"五通" 的提出將互聯互通的目標細化到政策溝通、設施聯通、貿易暢通、資金融通和民心相通五個方面，為解答沿線國家關於具體如何構建中國與絲路沿線各國的互聯互通的疑問畫出了一幅路線圖，表達了中國以建設 "一帶一路" 增進與鄰國和其他沿線國家政治互信、提升絲路沿線經濟發展水平、加強民間交流和文明互鑒的意願，充分展現了中國的決心和務實態度。做到這 "五通"
將為中國外交環境的改善、經濟的長遠發展和社會的持久穩定打下
堅實的基礎。

　　"五通" 是中國促進區域合作、與 "一帶一路" 沿線國家共謀發
展的行動指南。通過加速與相關國家的硬件設施聯通和坦誠對話，
中國致力於在實現 "五通" 的過程中，逐步建立起涵蓋東亞、南亞、
東南亞、中亞、西亞乃至歐洲的歐亞大陸集群，實現集群內部生產
要素的自由流動，使相關國家間關係進一步和諧化，使各方逐步成
為興衰相伴、安危與共、同舟共濟的好鄰居、好朋友、好伙伴，推
動實現共同繁榮、共同發展、共同進步，逐步形成榮辱與共的 "共
同體"。

　　世界上現存的 "共同體" 組織並不多，它們大多是地區性的合
作組織，頻繁的經貿往來和較高水平的經濟合作是它的主要內涵。
歷史上，"共同體" 一詞真正為人熟知是因為 1965 年歐洲經濟共同
體的成立，代表區域經濟一體化進程中的一個階段，是區域經濟合
作制度化的表現。然而，隨着經濟全球化的深入和現代交通、通訊
技術的長足發展，國際行為主體之間相互依存的關係持續加強，人
類面臨的共同挑戰和外部性問題日益增多，國際治理格局正在發
生變化。基於這樣的認識，中共十八大報告提出了人類命運共同體
的概念，宣導在追求本國利益時兼顧他國合理關切，在謀求本國發
展中促進各國共同發展，建立更加平等均衡的新型全球發展伙伴關
係。它發展了傳統的 "共同體" 概念，將對共同體的理解和認識置
於地理範疇之外，超越單一的經濟領域合作，促進人類更加全面的
進步和發展。

　　到目前為止，中國領導人在各種場合提及的 "共同體" 主要有
"利益共同體"、"責任共同體" 和 "命運共同體" 等。李克強總理

在博鼇亞洲論壇開幕式上曾指出，要堅持共同發展的大方向，結成亞洲利益共同體；構建融合發展的大格局，形成亞洲命運共同體；維護和平發展的大環境，打造亞洲責任共同體。中國先後向東盟、非洲、拉丁美洲和加勒比海地區國家表達過樹立"共同體"意識、促進中國同這些地區國家全面開展合作的意願。例如：中國提出建設"中國 — 東盟命運共同體"，強調要堅持講信修睦、合作共贏、守望相助、心心相印、開放包容，為雙方和本地區人民帶來更多福祉；習近平主席在上任後首份非洲政策演說中指出，"中非從來都是命運共同體"，並支持非洲國家積極探索適合本國國情的發展道路。但是，"共同體"概念的內涵應當更為廣泛。從沿線國家互聯互通的客觀效果來看，"一帶一路"建設可以使中國與沿線國家一道，共同打造政治互信、經濟融合、文化包容的利益共同體、命運共同體和責任共同體。

一是弘揚絲路精神，推動文明互鑒，打造文明共同體。絲綢之路在世界文明史上具有特殊的地位。作為古代絲綢之路的東端起點，中國是中華文明的發源地和核心地區。古代絲綢之路用奢侈品貿易將四大文明的發源地串連起來，中華文明得以與其他文明相互聯通、相互借鑒，為人類社會的進步貢獻了獨特的力量。中華文明的影響力也借由兩條絲綢之路向周邊地區傳播，形成了一個龐大的中華文明圈，在地理意義上包括了今天處於中國周邊的中亞、東南亞和東亞的絕大部分地區。因此，"一帶一路"要繼承古代絲綢之路的這一功能，有着深刻的歷史基礎。歷史上受到中華文明影響的廣大地區與中國地緣接近、文化相通，是中國構建文明共同體的理想伙伴。基礎設施的互聯互通還將便利中國與沿線國家間的人文交流和合作，文明的傳承和擴散範圍將會更加廣泛。發揚絲路精神，還應尊重其他文明和其他國家的發展選擇。人類文明從來不應有高低優劣。文明間的平等交流和碰撞往往能夠豐富其內涵、開拓其思路,使人類文明更加多姿多彩。建設"一帶一路",還應宣導文明寬容、鼓勵文明互鑒,以寬容促和諧,以互鑒促進步,不給極端勢力留下挑撥文明衝突的間隙,增強沿路各國的凝聚力和向心力。

二是相互理解,多維合作,打造利益共同體。"利益共同體"理念立足於多方互利的務實合作,提升利益融合,不斷擴大利益交匯點。李克強總理在 2014 年博鼇亞洲論壇發表主旨演講中指出,利益共同體指的是各國之間的利益在不同程度上存在契合,各國應在尋求共同利益的過程中,不斷減少分歧,以利益促合作、謀發展,從而實現彼此之間的互利共贏。

利益共同體要求做到中國利益與沿線國家利益的協調。

絲路沿線國家大多都是發展中國家。過去幾十年來,中國與這些國家開展的經貿往來多是以出口低附加值的消費品換取石油、天然氣等礦產資源的形式完成的。這種形式的交往既無法幫助當地形成替代性的製造業、滿足人們基本生活的需要,也很難拉動當地優勢資源相關產業的技術升級。而且,絲路沿線不甘只做中國商品傾銷市場和原材料供應基地的國家越來越多,更有國家擔心中國因循這樣的交往形式、危及其經濟安全,故對中國建設"一帶一路"的傳統交往方式遲遲不予表態,影響了建設進度。中國意識到這個問題,提出建設利益共同體,化解沿線國家疑慮。

實踐證明,只有回應了沿線國家現代化的發展需求,"一帶一路"的建設才可能得到它們的支持和投入。"一帶一路"的規劃可以體現出中國更加注重對外交往對象的利益訴求。"一帶一路"的建設將充分考慮相關國家發展要求,以沿線國家(尤其是發展中國家)實現經濟現代化為要義,尋求中國與這些國家共同利益的真正契合點。這種新型的合作建立在相關國家充分討論和協商的基礎之上,確保建設成果不僅符合對方國家的利益和需求，也能夠提升中國企業"走出去"的地位，同時改善中國國際形象，提高國際地位。

"一帶一路"還要求在發展對外關係時做到經濟、政治、安全與文化利益的兼顧和協調。

以傳統的外交觀念處理對外關係，易將經濟、政治、安全、文化等不同性質的國家利益區隔開來，一一分析處理。尤其是，中國周邊外交環境複雜，歷史糾葛較多，地緣、宗教、民族衝突時有發生，在與周邊國家的交往當中各領域外交關係的親疏遠近不一定相互吻合，中日之間時常出現的"政冷經熱"的現象就是最好的例證。"一帶一路"作為一項涉外的戰略規劃，將國家利益的各種項目串聯起來，開創了一種新的外交思路。

在"一帶一路"建設當中，中國追求以經濟合作為先導、確保沿線國家合作意願，以政治合作為基石、消除開展經濟合作的人為障礙，以文明交流和文化合作為支撐、彌合沿線國家間的信任鴻溝，贏得民心、塑造合作基礎，進而拔除極端勢力根源、預防安全衝突，打造一種全方位的對外關係發展理念。這一理念可謂"多管齊下"，有助於確保中國以建造"絲路"回饋世界的效果，賦予了"一帶一路"戰略空前的穩定性。

三是共擔風險，共同治理，打造責任共同體。李克強總理指出，目前國際社會的許多問題超越了國別、國界的限制，單靠一國的力量難以解決，諸如生態問題、非傳統安全問題等，這就需要各國承擔起其對應的責任，彼此加強溝通配合，摒棄意識形態的羈絆，同心同力應對挑戰，建立"責任共同體"。"一帶一路"合作是沿線各國積極應對共同挑戰、實踐共治、善治的一次有益嘗試。當下，世界政治格局正處於轉型變革的關鍵時期，經濟全球化和信息化條件下，原本就存在的包括氣候變化、糧食安全、貧困等問題長期沒有得到妥善的解決，核擴散、金融安全、網絡安全、海洋安全等非傳統安全挑戰還有愈演愈烈的趨勢。全球公共問題的爆發呼喚着全球治理能力和治理體系的升級。"一帶一路"建設對沿線國家的全面合作提出了較高的要求，要求相關國家進行政策協同、聯通基礎設施、共擔金融風險、推動民間交流。這樣的要求將把沿線國家間關係推向新的高度，使得沿線國家不得不共同面對全球性問題的挑戰。所以，加入"一帶一路"建設是相關國家嘗試解決全球治理問題的創舉，將有助於相關國家攜手直面問題，共同出力提供公共產品，真正做到責任共擔。

中國在責任共同體當中將主動承擔起大國責任，積極為"一帶一路"建設提供配套服務和其他公共產品。中國看到了上一輪經濟危機的衝擊，看清了各國經濟亟待重振、結構亟待調整、全球產業分工亟待更新的形勢，看準了全球性產能過剩可能造成的嚴重後果。通過發起建設"一帶一路"的倡議，中國已經邁出了成為"負責任大國"的關鍵一步。接下來，中國還將用雄厚的資金實力和基礎設施相關行業的強大競爭力為沿線國家實現工業化、城鎮化提供資金、技術、人才等支持，真正以大國心態做好"一帶一路"的建設工作。

四是鞏固經濟合作成果，共同打擊極端勢力，打造安全共同體。2014 年底，國防部外事辦公室前主任錢利華曾在香山論壇上提到，亞洲國家多元性問題突出，要建立"安全共同體"還為時尚早。"一帶一路"所涉及的國家地理上更加分散，具體國情也千差萬別，短期內要建立安全共同體的確存在不小的困難。

"一帶一路"建設將為沿線建立安全共同體提供三重機遇。其一，根據卡爾·多伊奇的定義，安全共同體是指不以戰爭解決爭端的高度融合的人群或組織。它是一個社會概念，是不同國家的人們

產生和培養認同的結果。交往溝通是安全共同體建立的核心與必要
條件，是組織存在與維繫的黏合劑。交往和溝通能夠產生認同感，
成為一個團體擁有共同思想、觀念與行動的重要基礎。[1] 反觀 "一帶
一路" 建設，互聯互通將給沿線國家的人們以充分交往和溝通的機
會，從而對安全共同體的形成逐漸積澱民意基礎。其二，經濟安全
是國家安全的重要組成部分。高度的互聯互通會把絲路沿線各國的
經濟依存度提到歷史新高點。經濟依存使得國家間發生衝突的可能
性大大降低，同時也使各國在實體經濟和金融領域更緊密地聯繫在
一起，遇到重大風險時必須挑起責任，共同保障經濟和金融安全。
其三，隨着 "一帶一路" 建設的推進，保護經濟合作成果、保障互
聯互通基礎設施的正常運行將日益成為絲路沿線國家的共同需要。
"絲綢之路經濟帶" 穿越中亞、南亞北端和中東地區，那裏局勢動
盪，受到恐怖主義、分裂主義、宗教極端勢力的影響較大，爆發局
部衝突的可能性較高；"海上絲綢之路" 則穿過中國東海和南海，海
洋爭端也將給絲路設施的安全和絲路物流的暢通帶來嚴重威脅。建
設 "一帶一路"，使得沿線國家不得不共同應對極端勢力的威脅，
以鞏固經濟合作成果，將利己與利他統一起來。

　　五是共迎挑戰，共謀發展，打造命運共同體。"共同體" 概念的
五個部分是五個不同層級，各層級有着不同的內涵，體現出中國外
交合作中的務實態度。命運共同體是上述四個共同體的昇華和更高
階段。中國對周邊國家和 "一帶一路" 沿線地區的其他發展中國家
提出 "命運共同體" 概念，既基於對正在經歷類似發展進程的國家
的認同，也是對共謀發展、共擔責任、共迎挑戰、共用收益的意願

1　　參見秦亞青：《國際關係理論：反思與重構》，北京大學出版社 2012 年
　　版，第 16 頁。

表達。

“命運共同體”一詞先後出現在中共十八大報告、周邊工作會議報告等重要文件當中，足見其影響力。在全球化高度發展的今天，各國命運緊密地聯繫在一起，可謂牽一髮而動全身。“命運共同體”包含了平等公正的權力觀念、互利共贏的合作觀念和中國自己的國際義利觀，強調風雨同舟、患難與共，體現了中國外交理念從獨善其身到兼濟天下的重大轉變。

世界養育中國，中國回饋世界。改革開放三十多年，中國實現了經濟騰飛，在社會發展和人民生活水平的提高上也都取得了舉世矚目的成就。一花獨放不是春，百花齊放春滿園。逆轉全球經濟頹勢、推動世界和平與發展需要各個國家的共同努力。追求中國的繁榮富強和為世界發展作出更大貢獻都是“中國夢”的重要內涵——“一帶一路”將使這兩者更加自然、和諧地統一起來，沿線各國的前途命運也將更加緊密相連、休戚與共。中國直接表示歡迎相關國家“搭乘中國發展的便車”。通過把互惠互利的國際合作原則提升至命運共同體的高度，中國將在“一帶一路”建設中本着互利共贏的合作態度，與沿線國家一道確定共同利益，並把各方利益的融合提升到更高水平，使中國的發展更好地惠及他國，也使中國從他國發展當中獲益。

結語　講好"一帶一路"故事，奉獻國際公共產品

　　絲路是歐亞國家的共同記憶，"一帶一路"也是沿線國家的共同事業，始終堅持"共商、共建、共用"原則，通過共商共建絲路，達到共擔風險、共襄盛舉的目標，為此要更有效地傳播絲路文化、講好絲路故事、闡明絲路精神。

古人云,"國之交在於民相親、民相親在於心相通"。絲路外交,作為中國外交的大局,需要長期經營、精心策劃、妥善運籌,其中"民心相通"尤為關鍵。公共外交要解決建設兩條絲綢之路的"五通"中的民心相通。古老的絲綢之路將沿途各國變成了好鄰居、好朋友、好伙伴。"親望親好、鄰望鄰好",中國堅持與鄰為善、以鄰為伴,堅持睦鄰、安鄰、富鄰,積極踐行"親、誠、惠、容"理念,絲路公共外交就是要努力把中國的發展與沿途各國的發展對接起來,把中國夢與沿途各國人民過上美好生活的夢想對接起來,讓周邊國家從中國的發展中獲得裨益和助力,也使中國從周邊國家的共同發展中獲益。

(一)

"絲綢之路的復興指日可待啊,這讓我們想起來了亞歷山大遠征的輝煌。"馬其頓總統格奧爾蓋·伊萬諾夫在伊斯坦布爾舉行的第 18 屆歐亞經濟峰會上回應筆者"一帶一路助推歐亞文明復興"發言後如是說。巴爾干、中亞和外高加索地區的多名政要也呼應了筆者的發言,然而多借此展示各自國家絲路的輝煌,以及對復興所在國那段絲路的憧憬。看來,不同國家有不同的絲路觀,要形成"一帶一路"共識,還得好好努力。更讓我感到奇怪的是,精英雲集的會上,許多人還是第一次聽說中國頒佈了《推動共建絲綢之路經濟帶和 21 世紀海上絲綢之路的願景與行動》文件。

事實上,這不能怪人家,我們自己對"一帶一路"都有這樣那樣的錯誤解讀。可以說,"一帶一路"存在認知風險,概括起來有:

1. "一帶一路"是戰略。一些人有意無意地將"一帶一路"解讀為應對美國重返亞太的"西進戰略",因此要極力推。這引起了其他國家的警惕，以為中國借此在推行地緣政治擴張。其實要慎談戰略，多講文明；尤其避免用"大戰略"的概念，因為"大戰略"通常指霸權國家的全球戰略。

2. "一帶一路"是中國的。將"一帶一路"視為"戰略"的應有之義，就是"一帶一路"是中國的，也就是"我的"，而非"我們的"，這樣中國就要承擔"一帶一路"的發改委、財政部甚至絲路解放軍的角色，為此提供規劃、資金與安全支撐，甚至兜底。其實，"一帶一路"是中國提出的偉大合作倡議，不屬於中國，而是屬於沿線所有國家，並給世界帶來巨大發展機遇。

3. "一帶一路"重"路"輕"帶"。有說法稱"一帶一路"是海上佯攻，意在陸上，顯然又是戰略術語。"一帶一路"不存在孰輕孰重、孰先孰後的問題，而是歐亞大陸的互聯互通，並延伸到非洲、南太平洋地區，只有這樣才能發揮系統效應。

4. "一帶一路"是借復興來復古。一些國家擔心中國說復興，其實在復古，就是恢復朝貢體系。這反映出他們擔心經濟依附於中國。其實，"一帶一路"是文明的復興，不只是中華文明復興，更是歐亞文明的復興。

5. "一帶一路"是輸出過剩產能。所謂"一帶一路"是中國版馬歇爾計劃的提法，就是受到輸出過剩產能的說法鼓勵，同時杜撰中國借此確立地區霸權。顯然，過剩產能是國內的說法，對"一帶一路"沿線國家而言，應該是優質富裕產能，否則也難體現出"將中國機遇變成世界機遇"的理念。

6. "一帶一路"是中國版經濟帝國主義，或全球化 4.0 版——中國版全球化。所謂中國資本擴張的說法，地緣政治思維流行，助長了這種不切實際且十分有害的說法。"一帶一路"是中國提供給國際社會的公共產品，秉承"共商、共建、共用"原則，強調開放包容，不可能是中國版的經濟帝國主義。

7. "一帶一路" 是中國中心主義的復活。"一帶一路" 強調與沿線國家進行政策、技術、標準的對接，給人造成 "讓人家對接我，而我不願對接人家" 的印象。比如，與印度 "季風計劃" 對接，是真心歡迎該計劃呢，還是將其納入 "一帶一路" 軌道？認識、說法的模糊會造成如此認知風險。其實，對接的目標是互聯互通。既然互聯互通，不存在只是跟誰通的問題。

8. "一帶一路" 是中國周邊外交。其實，"周邊" 的概念仍然是以中國為中心的，應該用 "睦鄰" 取代 "周邊" 概念。"一帶一路" 強調地區治理，包括安全治理，而非簡單的中國周邊外交或多邊外交。

9. "一帶一路" 是一個封閉的環。網絡上流行的地圖多將 "一帶一路" 畫成一個封閉的環。其實，"一帶一路" 並非封閉的環，而是開放帶，是集經濟走廊、經濟帶於一身的基建、投資、貿易、信息網絡。

10. "一帶一路" 是中國以經濟合作掩護軍事擴張。"橋頭堡"、"節點" 等提法具有軍事色彩，須慎用。"一帶一路" 強調開創 21 世紀地區與國際合作理念，不會也不應該重複西方擴張老路。

種種認知風險表明，名不正則言不順，言不順則心不齊。"一帶一路" 必須正視已有或將有的稀奇古怪的認知風險，避免陷入 "文明的衝突"。

如何克服認知風險？必須確立這樣的認識，即絲路是歐亞國家的共同記憶，"一帶一路" 也是沿線國家的共同事業，始終堅持 "共商、共建、共用" 原則，通過共商共建絲路，達到共擔風險、共襄盛舉的目標，為此要更有效地傳播絲路文化、講好絲路故事、闡明絲路精神。

（二）

"一帶一路"偉大倡議是中國外交新政，不僅有利於化解中國的產能過剩，立足中國全面開放戰略，而且以中國在全球分工體系中新的比較優勢開創歐亞大陸一體化，這是首先要向國際社會闡明的。其次，絲路沿途國家及域外國家對"一帶一路"怎麼看，也是絲路公共外交重點工作對象。

如此說來，絲路公共外交的三大對象：

其一，針對絲綢之路本身的公共外交：文明共同體。2014 年 6 月筆者在烏魯木齊參加國新辦舉辦的"共建、共用、共贏、共榮絲綢之路經濟帶"會議。與會國際嘉賓對中方的絲路戰略說，連連發問：何謂絲綢之路經濟帶？包涵哪些國家？中國想幹嘛？給我帶來什麼好處和風險？如何與已有的地區架構相容？其結果，歐美冷眼旁觀，俄羅斯冷嘲熱諷，中亞滿腹狐疑，南亞一頭霧水……這是會議開幕第一天的普遍反應。經過一天中國官員、學者連番解釋，第二天氣氛總算和諧許多。這提醒我們，"一帶一路"不宜稱為"戰略"，更好的說法是"倡議"。要慎談戰略，多講文明及包容性發展，核心是，絲路復興，要旨在於開創全球化時代的文明共同體。

其二，針對域外國家的公共外交：利益共同體。"一帶一路"是需要幾代人持續不斷的艱苦努力才能建成的偉大事業，如何處理好與美國主導的現行國際體系及全球化關係？換言之，"一帶一路"如何與地區已有合作架構及國際體系實現共融、共通，實現域外國家與域內國家的共用、共贏？這是絲路公共外交必須回答好的大問題，也就是絲路精神的開放、包容原則如何打造域內、域外利益共同體的問題。

其三，針對域內國家的公共外交：命運共同體。絲綢之路是和平、貿易、文化交流之路。發展"一帶一路"面臨海上安全風險、國家猜忌，以及宗教、三股勢力等挑戰，如何確保安全的發展與發展的安全？這就要將中國的和平發展理念外延。"一帶一路"也是切實回答中國崛起後給世界帶來什麼——發展的機遇與安全的責任。中國是世界貿易大國中僅有的非美國盟國，長期堅持獨立自主的和平外交政策，沒有海外盟友與軍事基地，只能通過租賃、特許經營權、合建港口等方式解決海上通道安全及未來航母補給站等問題。這就是中國和平發展、可持續安全觀的極好展示。同時，基礎設施投資都是戰略性、長期性的，有賴於沿途國家的政局穩定、對華關係穩定。要防止可能的顏色革命干擾和對華挑撥。因此，絲路相關國家，包括沿途及利益攸關方，在實現各自國內良治、善治基礎上，共同提供安全公共產品，確保絲路的和平穩定，必須以同甘共苦精神，塑造命運共同體意識。

（三）

傳播絲路文化、講好絲路故事、闡明絲路精神，是絲路公共外交的三大內涵。

傳播絲路文化，關鍵挑戰是將對傳統絲路文化的興趣與熱愛轉化為對當代絲路文化的興趣與熱愛，將對當代絲路文化的興趣與熱愛轉化為對現實"一帶一路"的興趣與熱愛。正如習近平主席指出的，"要使中華民族最基本的文化基因與當代文化相適應、與現代社會相協調，以人們喜聞樂見、具有廣泛參與性的方式推廣開來，把跨越時空、超越國度、富有永恆魅力、具有當代價值的文化精神弘揚起來，把繼承傳統優秀文化又弘揚時代精神、立足本國又面向世界的當代中國文化創新成果傳播出去。要系統梳理傳統文化資源，讓收藏在禁宮裏的文物、陳列在廣闊大地上的遺產、書寫在古籍裏的文字都活起來。要以理服人，以文服人，以德服人，提高對外文化交流水平，完善人文交流機制，創新人文交流方式，綜合運用大眾傳播、群體傳播、人際傳播等多種方式展示中華文化魅力。"習主席關於中華文化的論述完全適用於絲路文化。尤其是，針對域外國家對"一帶一路"的猜忌、疑惑，要以絲路文化的魅力實現有效化解，將絲路文化與其他文化的共通性挖掘出來，通過絲路文化的復興而推動其他文化的復興和人類文化的繁榮。

講好絲路故事，已經成為絲路公共外交的重點努力方向。需要絲路國家的歷史學家、文學家、藝術家們，借鑒人類絲路文明研究成果，講清楚絲路故事背後的制度根源與文化基因，將其轉化為"一帶一路"所開創的新型治理體系與發展模式，開創更具包容性的全球化，實現絲路安全、發展、治理的三位一體。用好大數據，以宏大敘事講清楚絲路所推動的文明轉型——5000年來首次實現從內陸文明向海洋文明、從農耕文明向工業（信息）文明、從地區性文明向全球性文明轉型，以及這三種轉型對人類文明轉型的偉大貢獻。與國際主流媒體、出版社合作提供影視、文學作品，將這種宏大敘事變成諾貝爾文學獎、世界電影大獎、網絡遊戲等產品。

闡明絲路故事背後的絲路精神，是絲路公共外交新的努力方向。必須講清楚絲路成功故事背後的價值根源及其普適性，向國際社會廣為傳播絲綢之路承載的和平合作、開放包容、互學互鑒、互利共贏精神。和平合作，就是通過坦誠對話、深入溝通進行平等交流，不斷深化不同國家和地區之間的交流合作，形成命運共同體、責任共同體，將政治關係優勢、地緣毗鄰優勢、經濟互補優勢轉化為務實合作優勢、持續增長優勢。開放包容，就是以世界眼光和戰略思維兼收並蓄、博採眾長。這是絲綢之路精神最顯著的特徵。

在深化絲綢之路沿線國家間的交流合作中，應堅持相互包容、求同存異，充分尊重各國自主選擇社會制度和發展道路的權利。互學互鑒，就是在尊重文明多樣性、道路多樣化和發展水平不平衡等差異的基礎上相互學習、相互借鑒，取長補短、共同提高。互利共贏，就是不同種族、不同信仰、不同文化背景的國家和地區通過互惠合作，共同應對威脅和挑戰，共同謀劃利益和福祉，進而實現互惠互利的共贏發展。絲路精神中，和平合作是前提，開放包容是根本，互學互鑒是手段，互利共贏是目的。絲路精神是人類精神的寶貴財富，並且與時俱進地推動全球化新時代人類共同精神的形成。

（四）

絲路公共外交的精髓在於發掘、傳播、闡釋好 21 世紀的絲路文明，把握好復興、包容、創新三部曲。

第一步是復興：亞歐大陸被地緣政治學家麥金德譽為 "世界島"。"一帶一路" 的偉大倡議及建設，正在塑造 "歐亞人" 共同身份，讓歐亞大陸重回人類文明中心。亞歐大陸本是世界文明中心，至少在埃及文明衰落之後如此。東西方兩大文明經過歷史上的絲綢之路聯繫在一起，直至奧斯曼土耳其帝國崛起，切斷絲綢之路，歐洲才被迫走向海洋，而歐洲走向海洋也得益於中國的指南針、火藥等四大發明，經過阿拉伯傳到歐洲。歐洲走向海洋，以殖民化方式開啟全球化，絲綢之路衰落，東方文明走向封閉保守，進入所謂的近代西方中心世界。直至美國崛起，西方中心從歐洲轉到美國，歐洲衰落，歷經歐洲一體化而無法根本上挽回頹勢。如今，歐洲迎來了重返世界中心地位的歷史性機遇，這就是歐亞大陸的復興。歐盟的互聯互通與中國的 "一帶一路" 對接，以政策、貿易、交通、貨幣、民心這 "五通" 對接和平、增長、改革、文明這中歐 "四大伙伴" 關係，讓歐亞大陸回歸人類文明中心，並輻射至非洲大陸，推動實現人類持久和平、共同繁榮。

第二步是包容："一帶一路" 成功的關鍵在於實現相關國家發展、安全與治理的三位一體——在國內實現有效治理基礎上實現絲路的可持續發展、可持續安全，實現中華文明、阿拉伯文明、穆斯林文明、波斯文明、印度文明、基督教文明等絲路沿途文明的復興、轉型與創新，共塑新絲路文明。傳統全球化由海而起，由海而生，沿海地區、海洋國家先發展起來，陸上國家、內地則較落後，形成貧富差距。"一帶一路" 倡議鼓勵向西開放，帶動西部開發以及中亞、蒙古等內陸國家的開發，在國際社會推行全球化的包容性發展理念，開啟全球化新時代文明包容互鑒的新篇章。

第三步是創新："絲綢之路" 不僅是歐亞大陸貿易通道，也是歐亞文明交流的紐帶。"絲綢之路經濟帶" 不僅在全球化時代繼承了古老貿易與文明通道，更開啟陸上全球化以對沖海上全球化風險，開啟文明交流互鑒以實現歐亞大陸的和平與繁榮，開啟人類可持續發展新文明。"21 世紀海上絲綢之路" 則開創了有別於西方列強走向海洋的擴張、衝突、殖民的舊模式，有效規避了傳統全球化的風險，開創人海合一、和諧共生、可持續發展的新型海洋文明。

附錄

附錄一
推動共建絲綢之路經濟帶和 21 世紀海上絲綢之路的願景與行動

國家發展改革委　外交部　商務部

（經國務院授權發佈）

2015 年 3 月

目　錄

前　言

2000 多年前，亞歐大陸上勤勞勇敢的人民，探索出多條連接亞歐非幾大文明的貿易和人文交流通路，後人將其統稱為"絲綢之路"。千百年來,"和平合作、開放包容、互學互鑒、互利共贏"的絲綢之路精神薪火相傳,推進了人類文明進步,是促進沿線各國繁榮發展的重要紐帶,是東西方交流合作的象徵,是世界各國共有的歷史文化遺產。

進入 21 世紀,在以和平、發展、合作、共贏為主題的新時代,面對復蘇乏力的全球經濟形勢,紛繁複雜的國際和地區局面,傳承和弘揚絲綢之路精神更顯重要和珍貴。

2013 年 9 月和 10 月,中國國家主席習近平在出訪中亞和東南亞國家期間,先後提出共建"絲綢之路經濟帶"和"21 世紀海上絲綢之路"(以下簡稱"一帶一路")的重大倡議,得到國際社會高度關注。中國國務院總理李克強參加 2013 年中國 — 東盟博覽會時強調,鋪就面向東盟的海上絲綢之路,打造帶動腹地發展的戰略支點。加快"一帶一路"建設,有利於促進沿線各國經濟繁榮與區域經濟合作,加強不同文明交流互鑒,促進世界和平發展,是一項造福世界各國人民的偉大事業。

"一帶一路"建設是一項系統工程,要堅持共商、共建、共用原則,積極推進沿線國家發展戰略的相互對接。為推進實施"一帶一路"重大倡議,讓古絲綢之路煥發新的生機活力,以新的形式使亞歐非各國聯繫更加緊密,互利合作邁向新的歷史高度,中國政府特制定並發佈《推動共建絲綢之路經濟帶和 21 世紀海上絲綢之路的願景與行動》。

一、時代背景

當今世界正發生複雜深刻的變化,國際金融危機深層次影響繼續顯現,世界經濟緩慢復蘇、發展分化,國際投資貿易格局和多邊投資貿易規則醞釀深刻調整，各國面臨的發展問題依然嚴峻。共建"一帶一路"順應世界多極化、經濟全球化、文化多樣化、社會信息化的潮流，秉持開放的區域合作精神，致力於維護全球自由貿易體系和開放型世界經濟。共建"一帶一路"旨在促進經濟要素有序自由流動、資源高效配置和市場深度融合，推動沿線各國實現經濟政策協調，開展更大範圍、更高水平、更深層次的區域合作，共同打造開放、包容、均衡、普惠的區域經濟合作架構。共建"一帶一路"符合國際社會的根本利益，彰顯人類社會共同理想和美好追求，是國際合作以及全球治理新模式的積極探索，將為世界和平發展增添新的正能量。

共建"一帶一路"致力於亞歐非大陸及附近海洋的互聯互通，建立和加強沿線各國互聯互通伙伴關係，構建全方位、多層次、複合型的互聯互通網絡，實現沿線各國多元、自主、平衡、可持續的發展。"一帶一路"的互聯互通項目將推動沿線各國發展戰略的對接與耦合，發掘區域內市場的潛力，促進投資和消費，創造需求和就業，增進沿線各國人民的人文交流與文明互鑒，讓各國人民相逢相知、互信互敬，共用和諧、安寧、富裕的生活。

當前，中國經濟和世界經濟高度關聯。中國將一以貫之地堅持對外開放的基本國策，構建全方位開放新格局，深度融入世界經濟體系。推進"一帶一路"建設既是中國擴大和深化對外開放的需要，也是加強和亞歐非及世界各國互利合作的需要，中國願意在力所能及的範圍內承擔更多責任義務，為人類和平發展作出更大的貢獻。

二、共建原則

恪守聯合國憲章的宗旨和原則。遵守和平共處五項原則，即尊重各國主權和領土完整、互不侵犯、互不干涉內政、和平共處、平等互利。

堅持開放合作。"一帶一路"相關的國家基於但不限於古代絲綢之路的範圍，各國和國際、地區組織均可參與，讓共建成果惠及更廣泛的區域。

堅持和諧包容。宣導文明寬容，尊重各國發展道路和模式的選擇，加強不同文明之間的對話，求同存異、相容並蓄、和平共處、共生共榮。

堅持市場運作。遵循市場規律和國際通行規則，充分發揮市場在資源配置中的決定性作用和各類企業的主體作用，同時發揮好政府的作用。

堅持互利共贏。兼顧各方利益和關切，尋求利益契合點和合作最大公約數，體現各方智慧和創意，各施所長，各盡所能，把各方優勢和潛力充分發揮出來。

三、框架思路

"一帶一路"是促進共同發展、實現共同繁榮的合作共贏之路，是增進理解信任、加強全方位交流的和平友誼之路。中國政府倡議，秉持和平合作、開放包容、互學互鑒、互利共贏的理念，全方位推進務實合作，打造政治互信、經濟融合、文化包容的利益共同體、命運共同體和責任共同體。

"一帶一路"貫穿亞歐非大陸，一頭是活躍的東亞經濟圈，一頭是發達的歐洲經濟圈，中間廣大腹地國家經濟發展潛力巨大。絲綢之路經濟帶重點暢通中國經中亞、俄羅斯至歐洲（波羅的海）；中國經中亞、西亞至波斯灣、地中海；中國至東南亞、南亞、印度洋。

21 世紀海上絲綢之路重點方向是從中國沿海港口過南海到印度洋，延伸至歐洲；從中國沿海港口過南海到南太平洋。

根據"一帶一路"走向，陸上依託國際大通道，以沿線中心城市為支撐，以重點經貿產業園區為合作平台，共同打造新亞歐大陸橋、中蒙俄、中國—中亞—西亞、中國—中南半島等國際經濟合作走廊；海上以重點港口為節點，共同建設通暢安全高效的運輸大通道。中巴、孟中印緬兩個經濟走廊與推進"一帶一路"建設關聯緊密，要進一步推動合作，取得更大進展。

"一帶一路"建設是沿線各國開放合作的宏大經濟願景，需各國攜手努力，朝着互利互惠、共同安全的目標相嚮而行。努力實現區域基礎設施更加完善，安全高效的陸海空通道網絡基本形成，互聯互通達到新水平；投資貿易便利化水平進一步提升，高標準自由貿易區網絡基本形成，經濟聯繫更加緊密，政治互信更加深入；人文交流更加廣泛深入，不同文明互鑒共榮，各國人民相知相交、和平友好。

四、合作重點

沿線各國資源稟賦各異，經濟互補性較強，彼此合作潛力和空間很大。以政策溝通、設施聯通、貿易暢通、資金融通、民心相通為主要內容，重點在以下方面加強合作。

政策溝通。加強政策溝通是"一帶一路"建設的重要保障。加強政府間合作，積極構建多層次政府間宏觀政策溝通交流機制，深化利益融合，促進政治互信，達成合作新共識。沿線各國可以就經濟發展戰略和對策進行充分交流對接，共同制定推進區域合作的規劃和措施，協商解決合作中的問題，共同為務實合作及大型項目實施提供政策支持。

設施聯通。基礎設施互聯互通是"一帶一路"建設的優先領域。在尊重相關國家主權和安全關切的基礎上，沿線國家宜加強基礎設施建設規劃、技術標準體系的對接，共同推進國際骨幹通道建設，逐步形成連接亞洲各次區域以及亞歐非之間的基礎設施網絡。強化基礎設施綠色低碳化建設和運營管理，在建設中充分考慮氣候變化影響。

抓住交通基礎設施的關鍵通道、關鍵節點和重點工程，優先打通缺失路段，暢通瓶頸路段，配套完善道路安全防護設施和交通管理設施設備，提升道路通達水平。推進建立統一的全程運輸協調機制，促進國際通關、換裝、多式聯運有機銜接，逐步形成相容規範的運輸規則，實現國際運輸便利化。推動口岸基礎設施建設，暢通陸水聯運通道，推進港口合作建設，增加海上航線和班次，加強海上物流信息化合作。拓展建立民航全面合作的平台和機制，加快提升航空基礎設施水平。

加強能源基礎設施互聯互通合作，共同維護輸油、輸氣管道等運輸通道安全，推進跨境電力與輸電通道建設，積極開展區域電網升級改造合作。

共同推進跨境光纜等通信幹線網絡建設，提高國際通信互聯互通水平，暢通信息絲綢之路。加快推進雙邊跨境光纜等建設，規劃建設洲際海底光纜項目，完善空中（衛星）信息通道，擴大信息交流與合作。

貿易暢通。投資貿易合作是"一帶一路"建設的重點內容。宜着力研究解決投資貿易便利化問題，消除投資和貿易壁壘，構建區域內和各國良好的營商環境，積極同沿線國家和地區共同商建自由貿易區，激發釋放合作潛力，做大做好合作"蛋糕"。

　　沿線國家宜加強信息互換、監管互認、執法互助的海關合作，以及檢驗檢疫、認證認可、標準計量、統計信息等方面的雙多邊合作，推動世界貿易組織《貿易便利化協定》生效和實施。改善邊境口岸通關設施條件，加快邊境口岸"單一窗口"建設，降低通關成本，提升通關能力。加強供應鏈安全與便利化合作，推進跨境監管程序協調，推動檢驗檢疫證書國際互聯網核查，開展"經認證的經營者"（AEO）互認。降低非關稅壁壘，共同提高技術性貿易措施透明度，提高貿易自由化便利化水平。

　　拓寬貿易領域，優化貿易結構，挖掘貿易新增長點，促進貿易平衡。創新貿易方式，發展跨境電子商務等新的商業業態。建立健全服務貿易促進體系，鞏固和擴大傳統貿易，大力發展現代服務貿易。把投資和貿易有機結合起來，以投資帶動貿易發展。

　　加快投資便利化進程，消除投資壁壘。加強雙邊投資保護協定、避免雙重徵稅協定磋商，保護投資者的合法權益。

　　拓展相互投資領域，開展農林牧漁業、農機及農產品生產加工等領域深度合作，積極推進海水養殖、遠洋漁業、水產品加工、海水淡化、海洋生物製藥、海洋工程技術、環保產業和海上旅遊等領域合作。加大煤炭、油氣、金屬礦產等傳統能源資源勘探開發合作，積極推動水電、核電、風電、太陽能等清潔、可再生能源合作，推進能源資源就地就近加工轉化合作，形成能源資源合作上下游一體化產業鏈。加強能源資源深加工技術、裝備與工程服務合作。

　　推動新興產業合作，按照優勢互補、互利共贏的原則，促進沿線國家加強在新一代信息技術、生物、新能源、新材料等新興產業領域的深入合作，推動建立創業投資合作機制。

　　優化產業鏈分工佈局，推動上下游產業鏈和關聯產業協同發展，鼓勵建立研發、生產和行銷體系，提升區域產業配套能力和綜合競爭力。擴大服務業相互開放，推動區域服務業加快發展。探索投資合作新模式，鼓勵合作建設境外經貿合作區、跨境經濟合作區等各類產業園區，促進產業集群發展。在投資貿易中突出生態文明理念，加強生態環境、生物多樣性和應對氣候變化合作，共建綠色絲綢之路。

中國歡迎各國企業來華投資。鼓勵本國企業參與沿線國家基礎設施建設和產業投資。促進企業按屬地化原則經營管理，積極幫助當地發展經濟、增加就業、改善民生，主動承擔社會責任，嚴格保護生物多樣性和生態環境。

資金融通。資金融通是"一帶一路"建設的重要支撐。深化金融合作，推進亞洲貨幣穩定體系、投融資體系和信用體系建設。擴大沿線國家雙邊本幣互換、結算的範圍和規模。推動亞洲債券市場的開放和發展。共同推進亞洲基礎設施投資銀行、金磚國家開發銀行籌建，有關各方就建立上海合作組織融資機構開展磋商。加快絲路基金組建運營。深化中國—東盟銀行聯合體、上合組織銀行聯合體務實合作，以銀團貸款、銀行授信等方式開展多邊金融合作。支持沿線國家政府和信用等級較高的企業以及金融機構在中國境內發行人民幣債券。符合條件的中國境內金融機構和企業可以在境外發行人民幣債券和外幣債券，鼓勵在沿線國家使用所籌資金。

加強金融監管合作，推動簽署雙邊監管合作諒解備忘錄，逐步在區域內建立高效監管協調機制。完善風險應對和危機處置制度安排，構建區域性金融風險預警系統，形成應對跨境風險和危機處置的交流合作機制。加強徵信管理部門、徵信機構和評級機構之間的跨境交流與合作。充分發揮絲路基金以及各國主權基金作用，引導商業性股權投資基金和社會資金共同參與"一帶一路"重點項目建設。

民心相通。民心相通是"一帶一路"建設的社會根基。傳承和弘揚絲綢之路友好合作精神，廣泛開展文化交流、學術往來、人才交流合作、媒體合作、青年和婦女交往、志願者服務等，為深化雙多邊合作奠定堅實的民意基礎。

擴大相互間留學生規模，開展合作辦學，中國每年向沿線國家提供 1 萬個政府獎學金名額。沿線國家間互辦文化年、藝術節、電影節、電視周和圖書展等活動，合作開展廣播影視劇精品創作及翻譯，聯合申請世界文化遺產，共同開展世界遺產的聯合保護工作。深化沿線國家間人才交流合作。

加強旅遊合作，擴大旅遊規模，互辦旅遊推廣周、宣傳月等活動，聯合打造具有絲綢之路特色的國際精品旅遊線路和旅遊產品，提高沿線各國遊客簽證便利化水平。推動 21 世紀海上絲綢之路郵輪旅遊合作。積極開展體育交流活動，支持沿線國家申辦重大國際體育賽事。

強化與周邊國家在傳染病疫情信息溝通、防治技術交流、專業人才培養等方面的合作，提高合作處理突發公共衛生事件的能力。為有關國家提供醫療援助和應急醫療救助，在婦幼健康、殘疾人康復以及愛滋病、結核、瘧疾等主要傳染病領域開展務實合作，擴大在傳統醫藥領域的合作。

加強科技合作，共建聯合實驗室（研究中心）、國際技術轉移中心、海上合作中心，促進科技人員交流，合作開展重大科技攻關，共同提升科技創新能力。

整合現有資源，積極開拓和推進與沿線國家在青年就業、創業培訓、職業技能開發、社會保障管理服務、公共行政管理等共同關心領域的務實合作。

充分發揮政黨、議會交往的橋樑作用，加強沿線國家之間立法機構、主要黨派和政治組織的友好往來。開展城市交流合作，歡迎沿線國家重要城市之間互結友好城市，以人文交流為重點，突出務實合作，形成更多鮮活的合作範例。歡迎沿線國家智庫之間開展聯合研究、合作舉辦論壇等。

加強沿線國家民間組織的交流合作，重點面向基層民眾，廣泛開展教育醫療、減貧開發、生物多樣性和生態環保等各類公益慈善活動，促進沿線貧困地區生產生活條件改善。加強文化傳媒的國際交流合作，積極利用網絡平台，運用新媒體工具，塑造和諧友好的文化生態和輿論環境。

五、合作機制

當前，世界經濟融合加速發展，區域合作方興未艾。積極利用現有雙多邊合作機制，推動"一帶一路"建設，促進區域合作蓬勃發展。

加強雙邊合作，開展多層次、多管道溝通磋商，推動雙邊關係全面發展。推動簽署合作備忘錄或合作規劃，建設一批雙邊合作示範。建立完善雙邊聯合工作機制，研究推進"一帶一路"建設的實施方案、行動路線圖。充分發揮現有聯委會、混委會、協委會、指導委員會、管理委員會等雙邊機制作用，協調推動合作項目實施。

強化多邊合作機制作用，發揮上海合作組織（SCO）、中國—東盟"10+1"、亞太經合組織（APEC）、亞歐會議（ASEM）、亞洲合作對話（ACD）、亞信會議（CICA）、中阿合作論壇、中國—海合會戰略對話、大湄公河次區域（GMS）經濟合作、中亞區域經濟合作（CAREC）等現有多邊合作機制作用，相關國家加強溝通，讓更多國家和地區參與"一帶一路"建設。

繼續發揮沿線各國區域、次區域相關國際論壇、展會以及博鰲亞洲論壇、中國—東盟博覽會、中國—亞歐博覽會、歐亞經濟論壇、中國國際投資貿易洽談會，以及中國—南亞博覽會、中國—阿拉伯博覽會、中國西部國際博覽會、中國—俄羅斯博覽會、前海合作論壇等平台的建設性作用。支持沿線國家地方、民間挖掘"一帶一路"歷史文化遺產，聯合舉辦專項投資、貿易、文化交流活動，辦好絲綢之路（敦煌）國際文化博覽會、絲綢之路國際電影節和圖書展。倡議建立"一帶一路"國際高峰論壇。

六、中國各地方開放態勢

推進"一帶一路"建設，中國將充分發揮國內各地區比較優勢，實行更加積極主動的開放戰略，加強東中西互動合作，全面提升開放型經濟水平。

西北、東北地區。發揮新疆獨特的區位優勢和向西開放重要窗口作用，深化與中亞、南亞、西亞等國家交流合作，形成絲綢之路經濟帶上重要的交通樞紐、商貿物流和文化科教中心，打造絲綢之路經濟帶核心區。發揮陝西、甘肅綜合經濟文化和寧夏、青海民族人文優勢，打造西安內陸型改革開放新高地，加快蘭州、西寧開發開放，推進寧夏內陸開放型經濟試驗區建設，形成面向中亞、南亞、西亞國家的通道、商貿物流樞紐、重要產業和人文交流基地。發揮內蒙古聯通俄蒙的區位優勢，完善黑龍江對俄鐵路通道和區域鐵路網，以及黑龍江、吉林、遼寧與俄遠東地區陸海聯運合作，推進構建北京—莫斯科歐亞高速運輸走廊，建設向北開放的重要窗口。

西南地區。發揮廣西與東盟國家陸海相鄰的獨特優勢，加快北部灣經濟區和珠江—西江經濟帶開放發展，構建面向東盟區域的國際通道，打造西南、中南地區開放發展新的戰略支點，形成 21 世紀海上絲綢之路與絲綢之路經濟帶有機銜接的重要門戶。發揮雲南區位優勢，推進與周邊國家的國際運輸通道建設，打造大湄公河次區域經濟合作新高地，建設成為面向南亞、東南亞的輻射中心。推進西藏與尼泊爾等國家邊境貿易和旅遊文化合作。

沿海和港澳台地區。利用長三角、珠三角、海峽西岸、環渤海等經濟區開放程度高、經濟實力強、輻射帶動作用大的優勢，加快推進中國（上海）自由貿易試驗區建設，支持福建建設21世紀海上絲綢之路核心區。充分發揮深圳前海、廣州南沙、珠海橫琴、福建平潭等開放合作區作用，深化與港澳台合作，打造粵港澳大灣區。推進浙江海洋經濟發展示範區、福建海峽藍色經濟試驗區和舟山群島新區建設，加大海南國際旅遊島開發開放力度。加強上海、天津、寧波 —舟山、廣州、深圳、湛江、汕頭、青島、煙台、大連、福州、廈門、泉州、海口、三亞等沿海城市港口建設，強化上海、廣州等國際樞紐機場功能。以擴大開放倒逼深層次改革，創新開放型經濟體制機制，加大科技創新力度，形成參與和引領國際合作競爭新優勢，成為 "一帶一路" 特別是21世紀海上絲綢之路建設的排頭兵和主力軍。發揮海外僑胞以及香港、澳門特別行政區獨特優勢作用，積極參與和助力 "一帶一路" 建設。為台灣地區參與 "一帶一路" 建設作出妥善安排。

內陸地區。利用內陸縱深廣闊、人力資源豐富、產業基礎較好優勢，依託長江中游城市群、成渝城市群、中原城市群、呼包鄂榆城市群、哈長城市群等重點區域，推動區域互動合作和產業集聚發展，打造重慶西部開發開放重要支撐和成都、鄭州、武漢、長沙、南昌、合肥等內陸開放型經濟高地。加快推動長江中上游地區和俄羅斯伏爾加河沿岸聯邦區的合作。建立中歐通道鐵路運輸、口岸通關協調機制，打造 "中歐班列" 品牌，建設溝通境內外、連接東中西的運輸通道。支持鄭州、西安等內陸城市建設航空港、國際陸港，加強內陸口岸與沿海、沿邊口岸通關合作，開展跨境貿易電子商務服務試點。優化海關特殊監管區域佈局，創新加工貿易模式，深化與沿線國家的產業合作。

七、中國積極行動

一年多來，中國政府積極推動"一帶一路"建設，加強與沿線國家的溝通磋商，推動與沿線國家的務實合作，實施了一系列政策措施，努力收穫早期成果。

高層引領推動。習近平主席、李克強總理等國家領導人先後出訪 20 多個國家，出席加強互聯互通伙伴關係對話會、中阿合作論壇第六屆部長級會議，就雙邊關係和地區發展問題，多次與有關國家元首和政府首腦進行會晤，深入闡釋"一帶一路"的深刻內涵和積極意義，就共建"一帶一路"達成廣泛共識。

簽署合作框架。與部分國家簽署了共建"一帶一路"合作備忘錄，與一些毗鄰國家簽署了地區合作和邊境合作的備忘錄以及經貿合作中長期發展規劃。研究編製與一些毗鄰國家的地區合作規劃綱要。

推動項目建設。加強與沿線有關國家的溝通磋商，在基礎設施互聯互通、產業投資、資源開發、經貿合作、金融合作、人文交流、生態保護、海上合作等領域，推進了一批條件成熟的重點合作項目。

完善政策措施。中國政府統籌國內各種資源，強化政策支持。推動亞洲基礎設施投資銀行籌建，發起設立絲路基金，強化中國—歐亞經濟合作基金投資功能。推動銀行卡清算機構開展跨境清算業務和支付機構開展跨境支付業務。積極推進投資貿易便利化，推進區域通關一體化改革。

發揮平台作用。各地成功舉辦了一系列以 "一帶一路" 為主題的國際峰會、論壇、研討會、博覽會，對增進理解、凝聚共識、深化合作發揮了重要作用。

八、共創美好未來

共建 "一帶一路" 是中國的倡議，也是中國與沿線國家的共同願望。站在新的起點上，中國願與沿線國家一道，以共建 "一帶一路" 為契機，平等協商，兼顧各方利益，反映各方訴求，攜手推動更大範圍、更高水平、更深層次的大開放、大交流、大融合。"一帶一路" 建設是開放的、包容的，歡迎世界各國和國際、地區組織積極參與。

共建 "一帶一路" 的途徑是以目標協調、政策溝通為主，不刻意追求一致性，可高度靈活，富有彈性，是多元開放的合作進程。中國願與沿線國家一道，不斷充實完善 "一帶一路" 的合作內容和方式，共同制定時間表、路線圖，積極對接沿線國家發展和區域合作規劃。

中國願與沿線國家一道，在既有雙多邊和區域次區域合作機制框架下，通過合作研究、論壇展會、人員培訓、交流訪問等多種形式，促進沿線國家對共建 "一帶一路" 內涵、目標、任務等方面的進一步理解和認同。

中國願與沿線國家一道，穩步推進示範項目建設，共同確定一批能夠照顧雙多邊利益的項目，對各方認可、條件成熟的項目抓緊啟動實施，爭取早日開花結果。

　　"一帶一路"是一條互尊互信之路,一條合作共贏之路,一條文明互鑒之路。只要沿線各國和衷共濟、相嚮而行,就一定能夠譜寫建設絲綢之路經濟帶和 21 世紀海上絲綢之路的新篇章,讓沿線各國人民共用"一帶一路"共建成果。

附錄二

推進"一帶一路"建設工作領導小組辦公室負責人就"一帶一路"建設有關問題答記者問

問：提出"一帶一路"建設的時代背景是什麼？

答：2013年9月和10月，中國國家主席習近平在出訪中亞和東南亞國家期間，先後提出共建"絲綢之路經濟帶"和"21世紀海上絲綢之路"的戰略構想，得到國際社會高度關注和有關國家積極回應。國務院總理李克強參加2013年中國—東盟博覽會時強調，鋪就面向東盟的海上絲綢之路，打造帶動腹地發展的戰略支點。共建"一帶一路"，是中國政府根據國際和地區形勢深刻變化，以及中國發展面臨的新形勢、新任務，致力於維護全球自由貿易體系和開放型經濟體系，促進沿線各國加強合作、共克時艱、共謀發展提出的戰略構想，具有深刻的時代背景。

第一，當今世界經濟正發生複雜深刻的變化。國際金融危機深層次影響持續顯現，世界經濟緩慢復蘇、發展分化，國際投資貿易格局和多邊投資貿易規則醞釀深刻調整。各國面臨的發展問題依然嚴峻，迫切需要秉持開放的精神，開展更大範圍、更高水平、更深層次的區域合作，共同打造開放、包容、均衡、普惠的區域經濟合作架構，推動區域內要素有序自由流動和優化配置。

第二，互聯互通、合作共贏成為時代最強音。歷史上，陸上絲綢之路和海上絲綢之路就是中國同中亞、西亞、南亞、東南亞、東非、歐洲經貿和文化交流的大通道。共建"一帶一路"致力於亞歐非大陸及附近海洋的互聯互通，建立和加強沿線各國互聯互通伙伴關係，構建全方位、多層次、複合型的互聯互通網絡，實現沿線各國多元、自主、平衡、可持續的發展。"一帶一路"的互聯互通項目將推動沿線各國發展戰略的對接與耦合，發掘區域內市場的潛力，促進投資和消費，創造需求和就業，增進沿線各國人民的人文交流與文明互鑒，讓各國人民相逢相知、互信互敬，共用和諧安寧富裕的生活。

　　第三，中國改革開放深入推進。當今中國經濟和世界經濟高度關聯，要實現中國經濟全面協調可持續發展，必須一以貫之地堅持對外開放的基本國策，提升沿海開放水平，深化內陸和沿邊開放，實施向西開放，構建全方位開放新格局，深度融入世界經濟體系。中國的發展需要世界，世界的發展也需要中國。共建"一帶一路"順應世界多極化、經濟全球化、社會信息化的潮流，有利於促進經濟要素有序自由流動、資源高效配置和市場深度融合，推動沿線各國實現經濟政策協調，維護全球自由貿易體系和開放型世界經濟。共建"一帶一路"符合中國和國際社會的根本利益，彰顯人類社會共同理想和美好追求，將為世界和平發展增添新的正能量。中國將在力所能及的範圍內承擔更多責任義務，為人類和平發展作出更大的貢獻。

　　問：中國在與沿線國家共同推進"一帶一路"建設中，將遵循哪些基本原則？

　　答：千百年來，"和平合作、開放包容、互學互鑒、互利共贏"的絲綢之路精神薪火相傳，推進了人類文明進步，是東西方交流合作的象徵，是世界各國共有的歷史文化遺產。在新的歷史時期，推進共建"一帶一路",中國將繼續秉承古絲綢之路精神,在恪守聯合國憲章的宗旨原則和和平共處五項原則的同時,堅持以下四個原則:

一是堅持開放合作。共建"一帶一路"的國家基於但不限於古代絲綢之路的範圍,各國和國際、地區組織均可參與,讓共建成果惠及更廣泛的區域。

二是堅持和諧包容。宣導文明寬容,尊重各國發展道路和模式的選擇,加強不同文明之間的對話,求同存異、相容並蓄、和平共處、共生共榮。

三是堅持市場運作。遵循市場規律和國際通行規則,充分發揮市場在資源配置中的決定性作用和各類企業的主體作用,同時發揮好政府的作用。

四是堅持互利共贏。兼顧各方利益和關切,尋求利益契合點和合作最大公約數,體現各方智慧和創意,各施所長,各盡所能,把各方優勢和潛力充分發揮出來。

問:共建"一帶一路"的總體思路是什麼?

答:共建"一帶一路",將秉持和平合作、開放包容、互學互鑒、互利共贏的理念,以"五通",即政策溝通、設施聯通、貿易暢通、資金融通、民心相通為主要內容,全方位推進務實合作,打造政治互信、經濟融合、文化包容的利益共同體、責任共同體和命運共同體。具體包括三個方面:

一是把握好合作方向。"一帶一路"貫穿亞歐非大陸,一頭是活躍的東亞經濟圈,一頭是發達的歐洲經濟圈,中間是發展潛力巨大的腹地國家。絲綢之路經濟帶重點合作方向有三個,分別是中國經中亞、俄羅斯至歐洲(波羅的海),中國經中亞、西亞至波斯灣、地中海,中國至東南亞、南亞、印度洋;21 世紀海上絲綢之路重點合作方向有兩個，分別是從中國沿海港口過南海到印度洋並延伸至歐洲，從中國沿海港口經南海到南太平洋。

二是共建國際經濟合作走廊。陸上依託國際大通道，以沿線中心城市為支撐，以重點經貿產業園區為合作平台，共同打造新亞歐大陸橋、中蒙俄、中國—中亞—西亞、中國—中南半島等國際經濟合作走廊。海上以重點港口為節點，共同建設通暢安全高效的運輸大通道。中巴、孟中印緬兩個經濟走廊與"一帶一路"建設關聯緊密，將進一步推動合作，取得更大進展。

三是推動形成區域經濟一體化新格局。"一帶一路"建設是沿線各國開放合作的宏大經濟願景，需要各國攜手努力，朝着互利互惠、共同安全的目標相嚮而行，盡早建成安全高效的陸海空通道網絡，實現區域互聯互通，促進投資貿易便利化達到一個新水平，彼此之間經濟聯繫更加緊密，政治互信更加深入，形成更大範圍、更寬領域、更深層次的區域經濟一體化新格局。同時，要推動"一帶一路"沿線各國人文交流更加廣泛深入，使不同文明互鑒共榮，各國人民友好相處。

問：如何加強與"一帶一路"沿線國家政府間合作，加強政策溝通？

答："一帶一路"沿線各國發展水平不同、利益訴求多元，加強政府間合作、做好政策交流對接是共建"一帶一路"的重要保障。政策溝通將以高層互訪為引領，加強政府間合作，着力推進雙多邊合作，積極構建多層次政府間政策交流機制和聯動機制，加強政策對話和協商，深化經濟合作，增進政治互信，達成合作新共識。沿線各國可以就經濟發展戰略和對策進行充分交流對接，本着求同存異理念，共同制定推進區域合作的規劃和措施，及時協商解決合作中出現的問題，營造良好的政策環境。

　　問：基礎設施互聯互通是"一帶一路"建設的優先領域，請問如何加強與"一帶一路"沿線各國在設施聯通領域的合作？

　　答：在尊重相關國家主權和安全關切的基礎上，沿線各國應加強基礎設施建設規劃、技術標準體系的對接，共同推進國際骨幹通道建設，逐步形成連接亞洲各次區域以及亞非歐之間的基礎設施網絡，建設中充分考慮氣候變化影響，強化基礎設施綠色低碳化建設和運營管理。應重點在以下三個方面加強合作。

　　在交通基礎設施合作方面，要抓住關鍵通道、關鍵節點和重點工程，優先打通"斷頭路"，暢通瓶頸路段，配套完善道路安全防護和交通管理設施設備。推進建立統一的全程運輸協調機制，促進國際通關、換裝、多式聯運有機銜接，逐步形成相容規範的運輸規則，實現國際運輸便利化。推動口岸設施建設和港口合作建設，暢通陸水聯運通道，增加海上航線和班次，加強海上物流信息化合作。拓展建立民航全面合作的平台和機制。

　　在能源基礎設施合作方面，要加強與中亞、西亞、東南亞、俄羅斯等能源通道建設合作，共同維護輸油、輸氣管道等運輸通道安全。推進跨境電力與輸電通道建設，積極開展區域電網升級改造合作。

　　在通信基礎設施合作方面，要加快推進雙邊跨境光纜等建設，規劃建設洲際海底光纜項目，完善空中（衛星）信息通道，擴大信息交流與合作，共同推進區域通信幹線網絡建設，大幅度提高國際通信互聯互通水平，打造暢通便捷的信息絲綢之路。

　　問：投資貿易合作是"一帶一路"建設的重點內容，中國將從哪些方面推進與沿線國家的合作？

答：投資貿易合作是推進"一帶一路"建設的傳統領域，也是大有可為的重中之重，需要各方着力研究解決投資貿易便利化問題，消除投資和貿易壁壘，構建良好的營商環境，共同商建自由貿易區，激發釋放合作潛力，做大做好合作"蛋糕"。中國將與沿線國家在以下幾個方面加強合作：

一是努力提高貿易自由化便利化水平。沿線國家宜加強信息互換、監管互認、執法互助等方面的海關合作，以及檢驗檢疫、認證認可、標準計量、統計信息等方面的多雙邊合作，推動世界貿易組織《貿易便利化協定》生效實施。改善邊境口岸通關條件，降低通關成本，提升通關能力。加強供應鏈安全與便利化合作，推動檢驗檢疫證書國際互聯網核查，開展"經認證的經營者"（AEO）互認。降低非關稅壁壘，共同提高技術性貿易措施透明度。

二是努力促進貿易轉型升級。進一步拓寬貿易領域，優化貿易結構，挖掘貿易新增長點，促進貿易平衡。建立健全服務貿易促進體系，鞏固和擴大傳統貿易，大力發展現代服務貿易。創新貿易方式，發展跨境電子商務等新的商業業態。把投資和貿易有機結合起來，以投資帶動貿易發展。

三是努力加快投資便利化進程。加強與有關國家雙邊投資保護協定、避免雙重徵稅協定磋商，消除投資壁壘，保護投資者的合法權益。協調解決工作簽證、投資環境、融資需求、優惠政策等問題。

四是拓展相互投資領域。繼續推動在農林牧漁業及生產加工等領域深度合作，積極推進海水養殖、遠洋漁業、海水淡化、海洋工程技術、環保產業等領域合作。加大傳統能源資源勘探開發合作，積極推動水電、核電、風電、太陽能等清潔可再生能源合作，推進能源資源就地就近加工轉化合作，形成能源資源合作上下游一體化產業鏈。加強能源資源深加工技術、裝備與工程服務合作。促進新一代信息技術、生物、新能源、新材料等新興產業領域深入合作，推動建立創業投資合作機制。

五是努力探索投資合作新模式。加強與有關國家在產業鏈條上的分工合作，推動上下游和關聯產業協同發展，提升區域產業配套能力和綜合競爭力。擴大服務業相互開放。積極與有關國家合作建設境外經貿合作區、跨境經濟合作區等，促進產業集群發展。中國歡迎各國企業來華投資，鼓勵本國企業參與沿線國家基礎設施建設和產業投資。

六是樹立投資合作新典範。在投資貿易中突出生態文明理念，加強生態環境、生物多樣性和應對氣候變化合作，共建綠色絲綢之路。支持中國走出去企業按屬地化原則經營管理，積極幫助當地發展經濟、增加就業、改善民生，主動承擔社會責任。

問：如何加強與"一帶一路"沿線各國在資金融通領域的合作？

答："一帶一路"建設需要大量的融資支持，經貿合作也將形成大量的貨幣流轉，因此，資金融通是推進"一帶一路"建設的重要支撐。一方面，要深化金融合作，推進亞洲貨幣穩定體系、投融資體系和信用體系建設。擴大沿線國家雙邊本幣互換、結算的範圍和規模。推動亞洲債券市場的開放和發展。共同推進亞洲基礎設施投資銀行、金磚國家開發銀行籌建，有關各方就建立上海合作組織融資機構開展磋商，加快絲路基金組建。深化中國—東盟銀行聯合體、上合組織銀行聯合體務實合作，以銀團貸款、銀行授信等方式開展多邊金融合作。支持沿線國家政府和信用等級較高的企業以及金融機構在中國境內發行人民幣債券。符合條件的中國境內金融機構和企業可以在境外發行人民幣債券和外幣債券，鼓勵在沿線國家使用所籌資金。另一方面，加強金融監管合作，推進在區域內建立高效監管協調機制。積極與有關國家共同完善風險應對和危機處置制度安排，構建區域性金融風險預警系統。加強徵信管理部門、徵信機構和評級機構之間的跨境交流與合作。充分發揮絲路基金以及各國主權基金作用，引導商業性股權投資基金和社會資金共同參與"一帶一路"重點項目建設。

問：請問如何深化與"一帶一路"沿線各國在人文交流領域的合作？

答：民心相通是"一帶一路"建設的社會根基。歐亞大陸是古代文明的發祥地和歷史演進的最大舞台，每一次人類社會的進步，都在這裏留下過深刻的痕跡，人文遺產星羅棋佈、浩如煙海，不同文明交相輝映、春色滿園。通過共建"一帶一路"，傳承和弘揚絲綢之路的友好合作精神，推動中國與沿線各國廣泛開展文化等多領域的交流合作，不僅能夠為其他領域的合作打下堅實的民意基礎，更有助於發掘沿線深厚的人文資源，在交融往來中實現不同文明的互學互鑒，共同澆灌人類文明這棵參天大樹。應在以下幾個方面加強合作。

一是加強教育文化合作。擴大相互間留學生規模，加強青年學生之間的友好往來。中國每年向沿線國家提供 1 萬個政府獎學金名額。鼓勵沿線各國互辦文化年、藝術節、文藝展演等交流活動，聯合申請世界文化遺產，共同開展世界遺產的聯合保護工作，讓各國的寶貴文化資源進一步為全世界所熟知。加強體育合作，積極開展體育交流活動，支持沿線國家申辦重大國際體育賽事。

二是加強旅遊合作。擴大旅遊規模，聯合打造具有絲路特色的國際精品旅遊線路和旅遊產品，提高沿線各國遊客簽證便利化水平。推動 21 世紀海上絲綢之路郵輪旅遊合作。加強傳媒交流合作，積極利用網絡平台，運用新媒體工具，塑造和諧友好的文化生態和輿論環境。

三是加強醫療衛生合作。強化與沿線國家在傳染病防治等方面合作，提高合作處理突發公共衛生事件的能力。為有關國家提供醫療援助和應急醫療救助，在婦幼健康、殘疾人康復以及愛滋病、結核、瘧疾等主要傳染病領域開展務實合作，擴大在傳統醫藥領域的合作。

四是加強科技合作。推動共建聯合實驗室（研究中心）、國際技術轉移中心，促進科技人員交流，合作開展重大科技攻關，共同提升科技創新能力。積極推進與沿線國家在生態、氣候、醫療、工程技術等共同關心領域的務實合作。

五是加強公共外交。加強沿線國家之間政治團體的友好往來。開展城市外交，歡迎沿線國家重要城市之間互結友好城市。支持沿線國家智庫之間開展聯合研究、合作舉辦論壇等。加強民間組織交流合作，重點面向基層民眾，廣泛開展各類公益慈善活動，促進沿線貧困地區生產生活條件改善。

問：中國作為"一帶一路"建設的倡議者，下一步將與沿線各國推動建立和完善哪些合作機制和平台？

答：多年來，隨着經濟全球化和區域一體化進程不斷深入，全球各類多邊、雙邊和區域、次區域合作機制蓬勃發展，在提升分工效率、降低貿易壁壘、減少投資障礙等方面發揮了積極的促進作用。"一帶一路"建設的突出特點是開放性、包容性和多元性。我們將與沿線國家一道，通過在現有機制平台的"瓶子"中裝入"一帶一路"的"新酒",來推動相關重點領域和合作深入開展。同時,"一帶一路"建設也能夠進一步豐富各類多雙邊、區域次區域合作機制和平台蓬勃發展,實現你中有我、我中有你、相嚮而行、互為依託。

機制方面。在平等協商、互利共贏的前提下,積極推動與有關國家簽署"一帶一路"合作諒解備忘錄或編製雙邊合作規劃,完善雙邊工作機制,細化共建"一帶一路"的方案和路線圖。以此為起點,推動共建一批合作示範項目,讓雙邊合作沿着"一帶一路"駛向更加科學化、規範化的"快車道"。同時,我們宣導充分發揮上海合作組織(SCO)、中國—東盟"10+1"、亞太經合組織(APEC)、亞歐會議(ASEM)、亞洲合作對話(ACD)、亞信(CICA)、中阿合作論壇、中國—海合會戰略對話、大湄公河次區域(GMS)經濟合作、中亞區域經濟合作(CAREC)等現有多邊合作機制作用,使更多國家和地區參與"一帶一路"建設。

平台方面。將繼續發揮沿線各國區域、次區域相關國際論壇、展會以及博鰲亞洲論壇、中國—東盟博覽會、中國—亞歐博覽會、歐亞經濟論壇、中國國際投資貿易洽談會,以及中國—南亞博覽會、中阿博覽會、中國西部國際博覽會、中國—俄羅斯博覽會、前海合作論壇等平台的建設性作用。支持沿線國家地方、民間挖掘"一帶一路"歷史文化遺產,聯合舉辦專項投資、貿易、文化交流活動。中方還倡議建立"一帶一路"國際高峰論壇。

問:請問在"一帶一路"建設中如何發揮國內各地方比較優勢,全面提升開放型經濟水平?

答:我們在推進"一帶一路"建設中將充分發揮國內各地區積極性和比較優勢,將"一帶一路"建設與國內區域開發開放有機結合起來,以沿邊地區為前沿,以內陸重點經濟區為腹地,以東部沿海發達地區為引領，加強東中西互動合作，全面提升開放型經濟水平。

西北、東北地區。發揮新疆獨特的區位優勢和向西開放重要窗口作用，深化與中亞、南亞、西亞等國家交流合作，打造絲綢之路經濟帶核心區。發揮陝西、甘肅綜合經濟文化和寧夏、青海民族人文優勢，打造西安內陸型改革開放新高地，加快蘭州、西寧開發開放，推進寧夏內陸開放型經濟試驗區建設。發揮內蒙古聯通俄蒙的區位優勢，完善黑龍江對俄鐵路通道和區域鐵路網，以及黑龍江、吉林、遼寧與俄遠東地區陸海聯運合作，推進構建北京—莫斯科歐亞高速運輸走廊，建設好面向中亞、南亞、西亞、俄羅斯的開放窗口。

西南地區。主要發揮廣西、雲南、西藏等地優勢，加快北部灣經濟區和珠江—西江經濟帶開放發展，形成 21 世紀海上絲綢之路與絲綢之路經濟帶有機銜接的重要門戶，打造大湄公河次區域經濟合作新高地，建設成為面向南亞、東南亞的輻射中心，推進西藏與尼泊爾等周邊國家邊境貿易和旅遊文化合作，建設好面向東南亞、南亞開放重要門戶。

沿海和港澳台地區。利用長三角、珠三角、海峽西岸、環渤海等經濟區開放程度高、經濟實力強、輻射帶動作用大的優勢，支持福建建設 21 世紀海上絲綢之路核心區，打造粵港澳大灣區。充分發揮深圳前海、廣州南沙、珠海橫琴、福建平潭等開放合作區作用，深化與港澳台合作，推進浙江海洋經濟發展示範區、福建海峽藍色經濟試驗區和舟山群島新區建設，加大海南國際旅遊島開發開放。加強上海、天津、寧波—舟山、廣州、深圳、湛江、汕頭、青島、煙台、大連、福州、廈門、泉州、海口等沿海城市港口建設，強化上海、廣州等國際樞紐機場功能。發揮海外僑胞以及香港、澳門特別行政區的獨特優勢作用，積極參與和助力"一帶一路"建設。為台灣地區參與"一帶一路"建設作出妥善安排。

內陸地區。利用內陸縱深廣闊、人力資源豐富、產業基礎較好優勢，依託長江中游城市群、成渝城市群、中原城市群、呼包鄂榆城市群、哈長城市群等重點區域，打造重慶西部開發開放重要戰略支撐和成都、鄭州等內陸開放型經濟高地，加快推動長江中上游地區和俄羅斯伏爾加河沿岸聯邦區的戰略合作。建立中歐通道鐵路運輸、口岸通關協調機制，打造"中歐班列"品牌，建設溝通境內外、連接東中西的運輸通道。

問：中國在推進"一帶一路"建設過程中，已經做了哪些工作？取得了什麼成效？

答：一年多來，中國政府積極推動"一帶一路"建設，加強與沿線國家的溝通磋商，推動務實合作，實施了一系列政策措施，收穫了一批早期成果。

一是高層引領推動，達成合作新共識。習近平主席、李克強總理等國家領導人先後出訪了哈薩克斯坦、印尼、巴基斯坦等 20 多個國家，出席加強互聯互通伙伴關係對話會、中阿合作論壇第六屆部長級會議，就雙邊關係和地區發展問題，多次與有關國家元首和政府首腦進行會晤，深入闡釋"一帶一路"的深刻內涵和積極意義，達成了廣泛共識。

二是簽署合作協定，推動雙多邊合作。與哈薩克斯坦、塔吉克斯坦、卡塔爾簽署了共建"一帶一路"合作備忘錄，與科威特簽署了共同推進"絲綢之路經濟帶"與"絲綢城"有關合作的備忘錄，與俄羅斯簽署了地區合作和邊境合作的備忘錄。研究提出了中（國）哈（薩克斯坦）、中（國）吉（爾吉斯斯坦）毗鄰地區合作規劃綱要。

三是加強溝通磋商，推動重點項目建設。積極加強與沿線有關國家的溝通磋商，在基礎設施互聯互通、投資貿易合作、金融、人文、生態環境保護等領域，加快推進了一批條件成熟的重點合作項目建設。

四是統籌各種資源，完善政策措施。中國政府將統籌國內各種資源，強化對"一帶一路"建設的政策支持。如推動亞洲基礎設施投資銀行籌建，發起設立 400 億美元規模的絲路基金，強化中國—歐亞經濟合作基金投資功能，推動銀行卡清算機構開展跨境清算業務和支付機構開展跨境支付業務等。

五是地方積極回應，主動作為。自"一帶一路"戰略構想提出以來，各地方積極行動，根據自身情況，在組織專門力量、廣泛開展研究的基礎上，提出了參與"一帶一路"建設的總體思路。各地成功舉辦了一系列以"一帶一路"為主題的論壇、研討會、博覽會等，對增進理解、凝聚共識、深化合作發揮了重要作用。

問：《共建"一帶一路"的願景與行動》發佈後，中國政府將如何推動落實？

答："一帶一路"建設，是一項宏大系統工程，涉及面廣、跨越時間長、建設任務重，需要加強組織和領導，統籌做好對內、對外兩方面工作。為此，中國政府成立了推進"一帶一路"建設工作領導小組，指導和協調推進"一帶一路"建設。領導小組辦公室設在國家發展改革委，具體承擔領導小組日常工作。中國將與沿線國家一道，不斷充實完善"一帶一路"的合作內容和方式，共同制定時間表、路線圖，積極對接沿線國家發展和區域合作規劃，簽署合作框架協議和備忘錄；在既有雙多邊和區域次區域合作機制框架下，通過合作研究、論壇展會、人員培訓、交流訪問等多種形式，促進沿線國家對共建"一帶一路"內涵、目標、任務等方面的進一步理解和認同；穩步推進示範項目建設，共同確定一批能夠照顧雙多邊利益項目，對各方認可、條件成熟的項目抓緊啟動實施，爭取早日開花結果，讓當地人民受益。

（發展改革委網站，2015 年 3 月 30 日）

附錄三
傳承弘揚絲路精神
共築夢想同譜華章

人民日報評論員

2000 多年前，勤勞勇敢的中國人民用智慧、勇氣和汗水開拓了連接亞歐非大陸各文明的人文、貿易交流通路，與沿線各國人民共同鑄就了輝煌的古絲綢之路。千百年來，"和平合作、開放包容、互學互鑒、互利共贏"的絲路精神已深深融入到中華民族的靈魂與血液中，成為了中國參與全球政治、經濟、文化等交流活動的重要依託。

新的歷史時期，習近平主席準確把握國際秩序深刻調整、全球經濟一體化不斷深入的大趨勢，高屋建瓴提出共建"絲綢之路經濟帶"和"21 世紀海上絲綢之路"的重大倡議，得到國際社會高度關注和有關國家積極回應。建設"一帶一路"，共同打造開放、包容、均衡、普惠的區域經濟合作架構，將讓中國與世界更加緊密地聯繫在一起，推動更多國家和地區開展全方位合作，共克時艱、共創輝煌。這充分展示了中國主動參與國際事務的積極姿態和負責任大國的形象，表明中國將在力所能及的範圍內承擔起應負的責任與義務，為世界和平、繁榮與穩定作出更大貢獻。

"一帶一路"是促進共同發展、實現共同繁榮的合作共贏之路，是增進理解信任、加強全方位交流的和平友誼之路。中國將秉承絲路精神，與"一帶一路"沿線各國共同打造政治互信、經濟融合、文化包容的利益共同體、責任共同體和命運共同體。

　　"一帶一路"建設將以政策溝通為重要保障。我們將本着求同存異理念，積極推動沿線各國構建多層面的政策交流機制和聯動機制，加強頂層設計和戰略謀劃，協商研究確定有利於深化區域合作的制度安排，探索建立"一帶一路"雙多邊合作機制，推動共同編製合作規劃或簽署合作備忘錄，促進政治互信，深化利益融合，努力形成合作"最大公約數"。

　　"一帶一路"建設將以設施聯通為優先領域。我們將在尊重國家主權和安全關切的基礎上，推動沿線各國加強基礎設施建設規劃、技術標準體系對接，共同推進交通、能源、信息等國際骨幹通道建設，突出抓好區域間互聯互通，打通缺失路段，暢通瓶頸路段，提升通達水平，努力為沿線各國合作交往提供多元優質、便捷暢通、安全高效的基礎設施網絡。

　　"一帶一路"建設將以貿易暢通為重點內容。我們將與各國一道研究解決投資貿易便利化問題，努力消除投資和貿易壁壘，構建區域內和各國良好的營商環境，積極推動共同商建自由貿易區，促進各經濟體間發展自由貿易關係，形成覆蓋"一帶一路"、面向全球的高標準自貿區網絡，激發釋放合作潛力，做大做好合作"蛋糕"。

　　"一帶一路"建設將以資金融通為重要支撐。我們將與沿線各國深化金融合作，加強亞洲貨幣穩定體系、投融資體系和信用體系建設，共同發揮亞洲基礎設施投資銀行等金融機構的支撐作用，積極穩妥推動建立上海合作組織融資機構和金磚國家開發銀行，加快組建並發揮絲路基金的作用，推動沿線國家加強金融監管合作，逐步在區域內建立高效監管協調機制，構建區域性金融風險預警系統。

　　"一帶一路"建設將以民心相通為社會根基。我們將傳承和弘揚絲路精神，推動沿線各國間廣泛開展文化交流、學術互動、旅遊合作等多種形式的人文合作，支持各方互派留學生、訪問學者，共辦文化年、藝術節等活動，聯合打造具有絲路特色的世界精品旅遊線路和旅遊產品，加強民間組織交流合作，使"一帶一路"成為連接不同文明的紐帶，培育情感共同體。

"一帶一路"將以共同發展、共同繁榮為第一要義，賦予古絲綢之路新的時代內涵，不限國別範疇，不搞封閉機制，所有有意願的國家和經濟體都可以參與進來，成為"一帶一路"的支持者、建設者和受益者。

風起揚帆正當時，四海同心逐新夢。"一帶一路"戰略構想的宏偉藍圖已經繪就，中國願意與沿線國家一道，和衷共濟、相嚮而行，再現古絲綢之路曾經的榮耀與輝煌，共同鑄就團結、發展、繁榮、文明的希望之夢。

（《人民日報》2015 年 3 月 29 日）

參考文獻

包銘新：《絲綢之路——圖像與歷史》，東華大學出版社 2011 年版。

龔纓晏主編：《20 世紀中國"海上絲綢之路"研究集萃》，浙江大學出版社 2011 年版。

黃茂興：《歷史與現實的呼應：21 世紀海上絲綢之路的復興》，經濟科學出版社 2015 年版。

翦伯贊：《中國史綱要》，北京大學出版社 2006 年版。

紀雲飛主編：《中國海上絲綢之路研究年鑒（2013）》，浙江大學出版社 2013 年版。

李進新：《絲綢之路宗教研究》，新疆人民出版社 2008 年版。

林梅村：《絲綢之路考古十五講》，北京大學出版社 2006 年版。

劉育紅：《"新絲綢之路"經濟帶交通基礎設施與區域經濟增長》，中國社會科學出版社 2014 年版。

劉迎勝：《絲綢之路》，江蘇人民出版社 2014 年版。

李忠民：《"絲綢之路"經濟帶發展研究》，經濟科學出版社 2014 年版。

孟凡人：《絲綢之路史話》，社會科學文獻出版社 2011 年版。

馬莉莉、任保平：《絲綢之路經濟帶發展報告：2014》，中國經濟出版社 2014 年版。

芮傳明：《絲綢之路研究入門》，復旦大學出版社 2009 年版。

楊共樂：《早期絲綢之路探微》，北京師範大學出版社 2011 年版。

王義桅：《海殤？——歐洲文明啟示錄》，上海人民出版社 2013 年版。

張潔主編：《中國周邊安全形勢評估："一帶一路" 與周邊戰略》，社會科學文獻出版社 2015 年版。

張學鋒：《漢唐考古與歷史研究》，上海三聯書店 2013 年版。

鄒磊：《"一帶一路" 的政治經濟學》，上海人民出版社 2015 年版。

中國人民大學重陽金融研究院編：《歐亞時代——絲綢之路經濟帶研究藍皮書 2014—2015》，中國經濟出版社 2014 年版。

[古希臘] 阿里安：《亞歷山大遠征記》，李活譯，商務印書館 1979 年版。

[烏茲別克斯坦] 艾哈邁多夫：《16—18 世紀中亞歷史地理文獻》，陳遠光譯，人民出版社 2011 年版。

[美] 比爾·波特：《絲綢之路：追溯中華文明史上最輝煌的篇章》，馬宏偉、呂長青等譯，四川文藝出版社 2013 年版。

[加拿大] 貝旦寧：《東方遭遇西方》，孔新峰、張言亮譯，上海三聯書店 2011 年版。

[奧] 貝哲民：《新絲綢之路》，程仁桃譯，東方出版社 2011 年版。

[英] 大衛·米勒：《民族責任與全球正義》，楊通進、李廣博譯，重慶出版社 2014 年版。

[法] 魯保羅：《西域的歷史與文明》，耿昇譯，人民出版社 2012 年版。

[英] 馬丁·雅克：《當中國統治世界——中國的崛起和西方世界的衰落》，張莉、劉曲譯，中信出版社 2010 年版。

[英] 諾曼·大衛斯：《歐洲史》，郭芳、劉北成等譯，世界知

識出版社 2007 年版。

[美] 斯塔夫里阿諾斯：《全球通史》，吳象嬰、梁赤民等譯，北京大學出版社 2005 年版。

[英] 斯坦因：《西域考古記》，商務印書館 2013 年版。

[美] 撒母耳・亨廷頓：《文明的衝突與世界秩序的重建》，周琪等譯，新華出版社 1988 年版。

[瑞] 斯文・赫定：《絲綢之路》，江紅、李佩娟譯，新疆人民出版社 2013 年版。

[美] 伊曼紐爾・沃勒斯坦：《現代世界體系》，羅榮渠等譯，高等教育出版社 1998 年版。

[英] 吳思芳：《絲綢之路 2000 年》，山東畫報出版社 2008 年版。

[美] 布熱津斯基：《大棋局》，中國國際問題研究所譯，上海人民出版社 1998 年版。

BIN, YANG,"Buddhism and Islam on the Silk Road." *Journal of World History* 22.4 (2011): 825-828.

Brysac, and Shareen Blair, "The Virtual Silk Road." *Archaeology* 4 (2000): 72-72.

Christopher I. Beckwith, *Empires of the Silk Road*, Princeton University Press, 2009.

David C. Kang, *China Rising：Peace, Power, and Order in East Asia*, Columbia University Press, 2009.

David Gosset, "China's Role in the Future of Europe", in *Beijing Review*, January 16, 2012.

Edgar Knobloch, *Treasures of the Great Silk Road*, The History Press, 2013.

Foster, Robert W, "Journeys on the Silk Road", *Historian* 76.1 (2014):

151-152.

Gilbert Rozman, *China's Foreign Policy*: *Who Makes It, and How Is It Made*, Palgrave Macmillan, 2013.

James, N, "Silk Road Riches No Embarrassment." *Antiquity* 85.328 (2011): pags, 654-656.

Jeffrey Saches, *The Price of Civilization*, Random House, 2011.

Jim Brewster, *The Silk Road Affair*, Outskirts Press, 2009.

Kathryn Ceceri, *The Silk Road*: *Explore the World's Most Famous Trade*, Nomad Press, 2011.

Levi, Werner, *Modern China's Foreign Policy*, Literary Licensing, LLC, 2012.

Luce Boulnois, Wong HowMan, Amar Grover, *Silk Road*: *Monks, Warriors & Merchants on the Silk*, Airphoto International Ltd, 2012.

Mark Notrll, *Travelling The Silk Road*: *Ancient Pathway to the Modern World*, American Museum & Natural History, 2011.

Robert S. Ross, *China's Ascent*: *Power, Security, and the Future of International Politics*, Cornell University Press, 2008.

Valerie Hanson, *The Silk Road*, Oxford University Press ,2012.

後記

　　本書是應景之作。這個景，就是時代需要。感謝出版社和編輯以敏銳的眼光、專業的精神和時代擔當，約稿促成此書出版。

　　本書是應勢之作。"一帶一路"戰略提出後，國內外議論紛紛，眾說紛紜，這首先反映出中央領導高瞻遠矚、運籌帷幄，引領世界、把握時代，各方面充實其內涵、謀劃其路徑，預測其風險、思考其對策，可喜可嘉。然而，外界對"一帶一路"的錯誤理解不絕於耳，如把它稱為中國的"馬歇爾計劃"、"新朝貢體系"、"西進戰略"等說法層出不窮。因此，有必要及時拿出相關權威性思考和論述，引導國內外輿論、推動學界研究、宣導產學研協作。本書的寫作，不僅得益於"一帶一路"的美好時代，也得益於智庫時代的到來。研究中國問題，是研究世界問題的前沿，必將創造無愧於我們時代的學問。基於這一共識，筆者有幸擔任中國人民大學重陽金融研究院、國家發展與戰略研究院，以及中聯部當代世界研究中心、察哈爾學會、春秋發展戰略研究院高級研究員，研究和寫作得到這些迅速崛起為世界知名智庫的大力支持。尤其是察哈爾學會與人大重陽金融研究院先後為本書舉辦新書發佈會，宣傳此書。在此一併表示感謝。特別感謝人大重陽金融研究院執行院長王文委託我承擔"一帶一路"研究項目，並給予大力支持。

　　本書是學習之作。"一帶一路"是新生事物。在調研過程中，筆者有幸深入接觸經濟界、外交界，並得到各界領導和同仁的大力支持，特別是中國工商銀行張紅力副行長、外交部國際經濟司副司長劉勁松等"一帶一路"項目規劃與政策制訂者的幫助,使得本書的寫作更貼近政策實際。國新辦、外文局邀請筆者參加2014 年 6 月烏魯木齊"絲綢之路經濟帶 —— 共建共用與共贏共榮的新機遇"、2015 年 2 月泉州"共商、共建、共用:21 世紀海上絲綢之路"國際研討會,幫助筆者比較早地參與到"一帶一路"項目研究中,同時更好地了解到國際上的觀點。

本書是嘗試之作。寫作時,《推動共建絲綢之路經濟帶和 21 世紀海上絲綢之路的願景與行動》尚未發佈,這也促使本書更多地從理論層面、宏觀視角進行探討。這個文件發佈後,筆者依據文件對內容進行校對、調整。"一帶一路"是要幾代人、幾十個國家去書寫的壯麗畫卷。本書只是初步探討,寫作也顯倉促,錯誤與紕漏在所難免,希望聽取各方面意見,不斷修改完善。

三年以來,在人民大學的教學與研究工作;十三年來,在復旦大學的學習、工作,包括三年借調在中國駐歐盟使團工作,增添政策導向、外交情懷、愛國情結;三十年以來,求知與成長的道路,得到許許多多前輩、師友和同學們的支持與幫助。尤其是朱文熠、毛雨、鄭棟和陳子越等同學為本書部分章節的寫作做出不同程度的貢獻。好友程亞文等閱讀了初稿,並提出寶貴修改意見。當然,家人的理解與關懷彌足珍貴。在最新思考成果即將付梓之際,在此一併致謝。

王義桅

2015 年 6 月 1 日

中國人民大學靜園